제2판

미술교육과 미술치료

고 현 · 민형덕 · 박광숙 · 박신희 · 최은희

창지사

머리말

최근 우리는 문화와 예술에 증폭적인 관심을 보이는 추세다. 그런데 홍수처럼 쏟아지는 문화를 수용하는 자세나 태도는 위험수위를 넘었다고 해도 과언이 아니다. 선진국에서는 유아기부터 노년기까지 예술을 사랑하고 아끼는 방법을 배우면서 외부의 지식을 함께 쌓는다고 한다. 점차 복잡하고 다양한 사회문제가 발생하면서 인간성의 상실은 심각한 수준에 이르렀다.

그래서 현장 경험이 많은 이 책의 공저자들은 이 무한한 잠재력과 창의적인 상상을 발휘하여 미술교육과 미술치료 부분으로 나누어 미술이 갖는 교육적인 부분과 치료적인 속성으로 집필하고자 논의하였다.

이 책은 유아, 청소년, 중장년, 노년의 발달을 도와야 할 사람들을 위하여 그들을 이해하고 영육(靈肉) 간의 안정을 위해 미술이라는 예술을 통해 접근해 가는 방법들을 제시한 책이다.

융(Jung)은 만다라를 그림으로써 스스로 치유되는 것을 경험하였고, 아들러(Adler)는 "인간은 스스로 동기 부여되며 자발적으로 행동하는 것"이라고 주장하였다. 이처럼 교육 및 상담 현장에서 미술활동이 다른 활동과 다른 점은 창작을 통한 다양한 경험이 자기(self)를 찾고 종합적으로 사고할 수 있도록 돕는다는 것이다.

인간의 뇌는 어린 시절에 경험한 감정은 사실 여부와 상관없이 개인에게 강력한 기준이 되어 자기와 세상을 바라보게 한다. 미술은 다양한 방식으로 개인적 감정을 표현하므로 모든 현상의 이해를 얻기 위해서는 통합적인 접근이 중요하다.

요즘은 글로벌 사회이자 정보화 시대로 미술교육과 미술치료는 어떤 언어보다도 감동적이고 빠르며 정확하게 인식되고 있다. 현재 우리가 살아가는 동시대의 현대미술은 예술에 대한 새로운 인식과 다양한 장르의 작품 세계와의 상호 교감을 통하여 정신적 치유, 일상에서 미술 세계를 이해하는 미적 안목과 인간 삶의 질적 향상과 창의적 사고, 삶의 활력소로 예술에 대한 새로운 인식과 꿈을 갖게 하는 데 도움이 될 것이다. 또한, 미술활동을 통하여 신체발달뿐만 아니라 사고력, 추리력, 문제해결력, 창의력 등이 발달되고, 개인 내적 만족감, 성취감, 자신감을 갖게 될 것이다.

이 책의 특징 중 하나는 질문과 대화로 감상을 이끌어 내는 하브루타 감상기법과 푸드아트를 통한 자아효능감 기르기 등, 현대미술 작가의 생생한 작품을 통하여 공저자들은 창의적인 자료들을 구체적으로 제시함으로써 미술교육과 미술치료를 쉽게 접근하도록 나름대로 노력하였다.

이 책은 5장으로 나뉘어져 있는데, 제1장은 미술교육과 미술치료, 제2장은 미술치료의 심리검사기법, 제3장은 미술 매체의 활용, 제4장은 색채로 보는 심리진단, 마지막은 기법과 매체에 따른 작품심리분석으로 구성되어 있다.

탈고하기까지 부끄러움을 숨기고 많이 망설였지만 공저자들이 바쁜 와중에도 땀 흘리며 각자 맡은 부분을 정성껏 집필해 주신 덕분에 미약하나마 연구가 진행되었다. 많은 아쉬움과 역량이 부족한 부분을 인정하면서 이 책이 담고 있는 미술교육과 미술치료에의 내용들은 감성의 도구로, 무한한 가능성과 변화를 끌어내는 터전으로 교육과 상담 및 치료의 다양한 측면에서 접근할 수 있는 좋은 기회가 되길 바란다.

끝으로 어려운 여건 속에서도 『미술교육과 미술치료』가 탄생하기까지 출판에 도움을 주신 창지사 김기섭 사장님과 창지사 직원 여러분에게 감사드린다.

2022. 1.

풍암골 연구소에서

저자 일동

차례

CHAPTER Ⅱ 미술치료의 심리검사기법

CHAPTER Ⅲ 미술 매체의 활용

CHAPTER Ⅳ 색채로 보는 심리진단

CHAPTER V 기법과 매체에 따른 작품심리분석

표 차례

그림 차례

I

CHAPTER

미술교육과 미술치료

제목 : 세상을 바라보다
작가 : 이기원
크기 : 62×36×10cm
재료 : 화강석 + 철 + FRP
제작 : 2016년

1 미술교육

1) 미술교육의 개념

미술교육이란 생활감정의 표출을 통한 미적 인간을 형성하고, 지각과 균형을 발달시키며 순수한 감정을 육성하는 교육이다. 교육의 궁극적인 목표를 건강한 자아개념의 확립을 통한 인성의 발견으로 보면, 미술활동을 통해 미감을 발달시켜 지적 능력과 정서를 균형 있게 발달시켜 나가는 것이 중요한 교육활동의 목표를 이뤄나가는 데 도움이 된다. 미술교육의 결과는 유아·아동이 생활 속에서 스스로 선택하고 결정할 수 있도록 하며, 사회적 행동에 대한 책임을 질 수 있도록 해야 한다(권상구, 2001).

로슨(D. Lawson)은 미술교육을 "아동의 성장·발달을 돕는 네 있지 작품을 만들어 내는 것은 아니다."라고 했으며, 로다 켈로그(R. Kellogg, 1992)는 "미술활동을 함께 했을 때 학교생활이 생동감 있고 학습의 향상이 이루어졌다."라고 보고하였다. 미술교육은 재능을 가진 아동을 전문적인 미술가로 길러 내기 위한 것이 아니라 아동의 성장을 돕고, 아동이 표현 자체에 즐거움을 느끼며 미술에 더욱 흥미를 가지게 하는 것이다. 또한 정서를 순화시키고 아동 내면의 생명력을 소중히 기르자는 데 있다. 이를 통해 인지적·언어적 발달을 수반하는 부가적 개념으로 중요한 교육적 활동이라 할 수 있다. 부모 대부분은 유아기부터 특기교육의 시작으로 주로 예체능교육을 실시하는 것이 보편화되었다. 그러나 개성을 고려하지 않은 예체능교육은 균형을 잃은 성장을 초래할 수 있다고 본다. 즉, 미술교육은 시각적 표현활동과 미술에 대한 이해를 기르는 교과로 학습자의 미적 감각과 감수성의 개발에 초점을 맞추어야 한다.

미래 사회는 앞으로의 사회에 적응해 나갈 수 있는 능력을 갖춘 인재를 요구한다. 적응능력을 기르려면 다양한 시·지각적 활동을 통해 유아·아동들에게 개성과 창의성을 개발해 주고 다양한 사고력과 함께 정서 순화 및 미술문화를 이해하며 전인적인 인간 양성을 위한 목적이 되어야 한다. 이처럼 미술교육은 도구적이고 기계적인 관점이 아닌 인간형성의 바탕이 되어야 한다. 특히, 유아·아동에 대한 새로운 인식과 그들의 심리를 이해하는 것이 중요하다.

(1) 개념화 탈피의 유도 방법

유아·아동의 정서와 개념화된 사고를 자유롭게 하고 감동적인 표현이 될 수 있도록 유도하기 위해서는 다음과 같은 개념화 탈피의 방법이 중요하다.

- 그림에 진전이 없으면 재료나 기법을 바꾸어 주기
- 사물에 대한 고유의 색을 강요하지 않고 개성 있는 색채 표현하기
- 여러 각도에서 사물을 관찰하여 표현하기
- 잘 사용하지 않는 신체를 사용하여 표현하거나 생각지 않던 방향과 그림 순서 바꾸어 표현하기
- 명화감상을 통하여 자기 그림과의 차이점 발견하고 창의적으로 재구성하기

(2) 개념화 표현의 특징

표 Ⅰ-1 개념화 표현의 특징

항목	유치부	아동기
전체 내용	• 한정된 몇 개의 소재가 반복됨 • 표현 내용이 적어서 화면이 남음 • 상식에 의해 그림을 그리는 경향이 있음 • 그린 사람의 감정, 자극, 흥분 등의 내용이 들어 있지 않고 그냥 반복적인 표현임	• 자신의 독특한 표현이 없음 • 모방적이거나 기계적으로 그린 흔적을 볼 수 있음 • 때론 지나치게 기교적, 만화적으로 그림 • 내용의 전개가 지극히 단순하기도 함
주제 내용	• 때론 숙달된 듯하나, 항상 똑같은 패턴임 • 그림의 내용이 공식된 장면임	• 언뜻 보면 잘 그린 듯하나, 내용이 없음 • 어떤 극적인 감동이 없음

항목	유치부	아동기
화면 구도	• 선 한두 개로 하늘과 땅을 표현함 • 구도가 늘 반복됨 • 화면 구성이 단조로움 • 화면 구성이 상식적임	• 지극히 설명적인 구도를 잡음 • 때론 지나치게 묘화 발달 단계에 맞지 않는 정확한 구도를 잡는 경우도 있음 • 대략적인 구도 잡기를 좋아함 • 같은 구도를 반복해서 잡음
색채	• 사물에 대한 특정 색을 반복 사용한 • 공식화된 색이 단순하게 칠해짐 • 색깔이 늘 같은 감정임 • 고유색에 신경을 씀	• 깨끗한 색칠을 함 • 묘화 발달 단계에 맞지 않게 지나치게 기교적인 색칠을 함 • 도안적인 색칠을 함
형태	• 똑같은 주인공이 등장함 • 예쁜 인상을 주는 모양을 그림 • 만화로 발전될 가능성이 짙음 • 그리는 순서가 늘 같음	• 똑같은 주제가 반복됨 • 기술적으로 사실적인 묘사를 해서 회화적인 맛을 주지 않음 • 만화적인 묘사의 형체를 잡음
선의 표현	• 규격화된 선을 좋아하고 같은 표현이 되풀이됨 • 틀리면 자꾸 지우고 고치며 일정한 형을 좋아함 • 다정한 맛을 줌	• 일정한 훈련에 의한 선 표현임 • 지극히 조심스럽고 힘이 없음 • 도안적인 인상을 주며 예쁘게 표현하려 함 • 자유분방한 흔적이 없음
재료	• 재료 사용이 늘 같은 식임 • 재료 선택에는 흥미가 없음	• 새로운 재료에 대한 부적응을 나타냄 • 매번 같은 재료를 즐겨 사용함
순서	• 항상 똑같은 식으로 그림	• 기계적으로 반복된 틀의 순서를 가짐

출처: 권상구(2001). 아동미술교육. p.37.

2) 미술교육의 역사

미술교육은 19세기 유럽에서부터 미술교과과정이 교육과정으로 편성되었다. 이 당시 교육의 목적은 조형활동에 대해서 반응하게 하고 다양한 자아를 통해 정서, 감정, 통찰력을 표현하도록 하며, 개인적인 이해에 도움을 주고, 인간성을 육성하는 것이므로 전문 교육과는 구별된다.

예술은 시대가 바뀌고 사회가 발달함에 따라 미술교육에 대한 사회적 요구가 달라지면서 변화되었다. 예술에 대한 태도는 고대 그리스 시대의 플라톤과 아리스토텔레스로부터 서구 사회의 미술에 대한 관점이 현대미술에 상당한 영향을 미치고 있다. 현대 미술교육은 인간의 심상적 내면성과 기능적 외면성을 도야시키는 인간 형성 교육을 중시하며, 특히 인간 생활의 본질적인 요소인 창조력을 계발시켜 생동하는 정신력과 새로운 이미지를 구축하는 인간 형성 교육에 기여하고자 미술교과과정이 구성되었다. 즉, 창의적 자기표현과 자유로운 개성의 표현을 가장 중요시하며, 이는 학생의 개별적이고 자발적인 활동을 존중하는 지도 방법에서 비롯된 것이다.

산업혁명으로 인해 19세기 중반부터 학교 교육의 교과과정으로 도입된 미술교육은, 세계의 미술교육은 물론이고 우리나라 미술교육의 흐름에도 영향을 미치며 지금까지 여러 가지 형태와 방법으로 전개되었다. 페스탈로치(Pestalozzi)는 아동의 체험을 존중하며 자연물의 사생에 의한 소묘교육과 손의 기능 습득을 중요시하였고, 프뢰벨(Fröbel)은 놀이와 노작이 자기활동의 원리이고 인간 형성의 양면이라면서 기하도형이나 여러 실물에 의한 교육을 중시하였다.

20세기에 접어들면서 미학과 창의적 미술교육을 강조하였다. 1950~60년대에는 창의적 표현을 강조하였고, 70년대 들어서면서 통합적이고 근본적인 미술학 고찰이 대두되어 미술교육적 가치를 재평가하고 존중하는 한편, 생활과 놀이 및 타 교과와 연계하는 통합적 접근이 이루어졌다.

최근 미술교육의 동향은 서구 문화를 기준으로 문화의 유사성을 찾기보다는 자기 고유문화에 대한 자긍심을 바탕으로 보편화하여 세계적인 수준으로 나아가려는 다문화 미술교육으로 새로운 문화를 공유하게 되었다. 또한, 자연과 인간의 조화와 공존을 지향하는 생태학적 미술교육으로 자연의 조형적 아름다움뿐만 아니라 자연과의 관계를 회복하고 정서적인 측면에서 주변을 이해하는 경험으로 발전될 수 있다(박은덕 외, 2014).

표 Ⅰ-2 미술교육의 사조

사조		표현기능 중심 미술교육	창의성 중심 미술교육	이해 중심 미술교육
역사적 배경		• 산업혁명으로 인한 산업의 발달 • 미술 아카데미의 형성	• 아동 중심 교육사조 • 심리학의 발달 • 표현주의 미술의 등장	• 학문 중심 교육과정 영향 • 지각심리학의 영향 • 현대미술의 다양한 전개
특징		• 사회에서 필요로 하는 미술가 육성 교육 • 반복 훈련에 의한 미술 능력 향상에 초점 • 미술에 대한 기본적 요소와 체계적 구조에 의한 지도 강조	• 자유로운 자기표현 강조 • 미술을 통한 창의성 육성에 중점을 둠 • 표현 과정을 중시	• 미술교과의 독자성 강조 • 미술의 이해와 감상 강조 • 교육과정과 교사의 역할 중시
주요 미술교육 운동		• 바우하우스 미술교육 • 디자인 종합 교육	–	• 학문에 기초한 미술교육(DBAE) • 미적 교육
주요 미술교육 학자		• 콜(H. Cole) • 러스킨(J. Ruskin) • 벤자민 프랭클린(B. Franklin) • 다우(A. W. Dow)	• 지첵(F. Gizek) • 로웬펠트(V. Lowenfeld) • 리드(H. Read)	• 아이스너(E. W. Eisner) • 바칸(M. Barkan) • 맥피(J. K. McFee) • 하우스만(J. Hausman) • 펠트만(Feldman) • 에플랜드(Efland)
시사점	장점	• 미술교육을 합리적이고 체계적으로 지도 • 사회적 요구를 미술교육에 반영	• 미술교육 중심이 어린이로 옮겨감 • 미술교육을 중요한 위치로 자리 잡게 함 • 미술교육에서 표현과 발달 과정의 중요성 인식	• 표현뿐만 아니라 이해와 감상 강조 • 교사의 적극적 지도와 교육과정 강조 • 미술의 독자성 강조
	단점	• 학습자를 고려하지 않은 미술교육 • 학생을 작품 제작 도구로 인식 • 학교생활을 미래의 훌륭한 미술가가 되기 위한 준비로 여기고 희생과 훈련 강조	• 지나친 표현 중심 미술교육으로 흐름 • 미술의 본질과 사회의 요구를 중요시하지 않음 • 소극적인 교사의 역할	• 미술교육이 미술에 대한 지식 전달로 흐르게 할 가능성이 있음 • 구체적 교육과정, 지도 방법의 제시 미흡 • 학습량이 많고 교사의 능력을 무한히 요구

3) 유아·아동 미술의 발달 단계

유아·아동의 그림은 예술성보다는 환경에 의한 자기 감정과 정서에 대한 표현이라고 할 수 있다. 따라서 그림의 특성에 따라 유아·아동의 행동이 반영된다. 지금껏 유아·아동의 성장에서 발달 단계를 여러 가지로 구분하려는 시도는 많이 있었다. 이 중에서 로웬펠트가 제시한 발달 단계는 정상인의 미술을 이해하는 기본일 뿐만 아니라 정신병과 신체장애를 앓는 사람의 미술을 이해하는 데도 기본적으로 활용되고 있다(Malchildi et al., 2000).

(1) 발달 단계에 대한 학자들의 견해

다음에 언급하는 발달 단계는 모든 아동에게 거의 그대로 적용되며, 초기 단계의 경우에 특히 그렇다. 초기 단계에는 아동이 속한 문화가 아동의 미적 발달에 영향을 미치지 못한다(Lowenfeld et al., 1982). 〈표 Ⅰ-3〉에서는 로웬펠트(Lowenfeld)의 발달 단계를, 〈표 1-4〉에서는 시릴 버트(C. Burt)의 발달 단계를 살펴보고자 한다.

표 Ⅰ-3 로웬펠트의 발달 단계

연령	발달 단계	특징
2~4세	난화기	• 난화기를 착화기라고도 하며 목적과 두서없이 마구 난잡한 선으로 그리는 것을 말함 • 욕구 그 자체가 목적이 되어 난화를 통해 카타르시스를 경험함 • 반복적 동작이 팔운동과 시각 행위의 협응을 배가함 • 그려진 형태에 이름 붙이기 • 근육 운동의 변화를 보임 • 어린이들은 다음과 같은 것을 알게 됨 - 그려진 형상과 외계 사이의 관계를 알게 됨 - 눈앞에 없는 대상과 사건을 그릴 수 있게 됨 • 무질서한 난화기(1～2.5세) : 마구 긁적거림. 무의식적 표현임 • 조절하는 난화기 : 수평선, 수직선, 둥근 선 등이 나타남 • 의도적 난화기 : 그림에 이름을 붙임
4~7세	전도식기	• 자기중심적인 그림과 대상과의 관계를 찾으려 함 • 공간이 자신을 둘러싼 것으로 인식함 • 인물, 나무, 해, 산 등을 주로 그리며 특정 부분을 생략하거나 왜곡되게 그림 • 사람을 그릴 때 원은 머리, 선은 몸통을 상징하여 표현함 • 지각이 시작됨 • 보이는 것이 아니라 아는 것을 그림. 투명화나 투사적 묘사로, 논리적으로 보이지 않을지라도 존재한다고 알고 있는 바를 나타냄 • 5~6세 : 인간의 형태 표현이 제법 정확하나 유치한 상징 도식으로 나타남
7~9세	도식기	• 투시도법을 사용함 • 색채에 대한 개념이 형성되고 디자인된 모양이 나타남(조형 감각) • 공간적 배열과 같은 주위 환경의 관계에 대한 관심을 선화로 나타내기 시작함. 아동은 기하학적 선과 모양에 의존하기 시작함 • 사물과 사물 사이의 관계를 인식한 기저선이 나타나며 하늘과 땅을 구분함 • 중요한 부분을 과장하고 중요하지 않은 부분을 생략하며, 주관적인 인물과 공간 개념을 표현함

연령	발달 단계	특징
9~11세	또래 집단기	• 상징적 방식 : 개인적인 도식은 개념화와 일반화를 보여 주기 위해 사용됨 • 중요하지 않은 것은 생략함. 중요한 것을 과장하기 위해 사용하던 표준도식으로부터 이탈하여 좀 더 일반화하여 표현함 • 기저선, 태양, 천선은 공간 구성에 대한 주의를 보여 줌 • 같은 그림 속에 다른 일화들이 계획됨(예 : 여러 가지 사건을 차례로 보여 주기 위해 기저선이 높아짐) • 중첩과 기저선 사이의 공간을 인식하게 되며 위에서 본 모습을 표현함 • 또래 속에서의 활동과 공동 작성에 대한 의욕이 왕성함 • 이성의 식별이 나타남 • 특징 있는 색채를 사용하여 표현하기 시작함(예 : 물의 파란색과 하늘의 파란색을 구분)
12~14세	의사실기	• 한 점에서 조망하여 초점을 맞춤. 감추어진 부분을 나타내지 않고 형태를 중첩시키는 능력을 얻음(예 : 하늘과 땅을 맞닿게 그리거나 뒤에 있는 대상을 부분적으로만 그림) • 선이 좀 더 사실적으로 됨. 상투적인 도식과 기저선이 사라짐 • 원근법, 3차원적 공간 표현, 명암 등에 관심을 많이 가짐 • 논리적 시기로 넓은 세계와 미래에 관심을 확대해 나감 • 어린이도 아니고 성인도 아님을 인식하고 자신의 신념, 의견을 인정받고자 하며 강한 감정과 정서를 표현하기 시작함 • 소조를 통해서 아동의 무의식적이고 자발적인 입체 표현이 가능함
14~17세	결정기	• 신체적·정신적으로 새로운 상황에 적응해 나가야 할 복잡한 위기를 형성하는 단계임 • 환경을 창의적으로 받아들임 • 근육 운동 지각과 촉·지각적 경험도 시각적 언어로 전환하려 함 • 시각형 : 사물의 외형에서부터 접근하여 모양과 구조의 특성을 분석함 • 촉각형 : 신체 그 자체, 근육 감각, 촉감에 의한 인상, 자신과 가치 있는 관계를 맺고 있는 모든 경험을 중요한 매개체로 여김

표 Ⅰ-4 시릴 버트의 발달 단계

연령	발달 단계	특징
2~3세	난화기	• 무(無)목적적 난화 : 흔히 오른쪽에서 왼쪽으로 단순히 어깨를 움직이는 근육 운동 • 목적적 난화 : 낙서는 주위의 중심이고 이름을 붙임 • 모방적 난화 : 어깨 운동에서 분화되어 손목으로 그리게 되고 보통 성인의 글씨를 흉내 내려고 노력함 • 국한된 난화 : 물체의 특별한 부분을 재생시키려고 애씀
4세	선화기	• 시각통제가 발달되어 인물을 즐겨 다룸 • 머리는 원으로, 눈은 점으로, 두 다리는 가는 선으로 그리는 것이 보편적인 인물 형태임
5~6세	기술적 상징기	• 인물 모습이 상당히 정확해지나 엉성한 상징적 도식(schema)으로 표현함 • 도식은 어린이마다 조금씩 다르게 나타나고 얼굴 모습은 틀에 박힌 형태로 표현함
7~8세	기술적 사실기	• 그림은 여전히 시각적이기보다는 개념적이어서 그가 본 것을 그리는 것이 아니라 알고 있는 것을 그림 • 현존하는 인물이 아니라 일반적인 유형을 그림 • 주제를 통해서 기억하는 모든 것과 그에게 흥미로운 것을 전달하려고 노력함 • 측면 묘사를 시도함
9~10세	시각적 사실기	• 기억과 상상으로 그리는 단계에서 자연을 그리는 단계에 이름 • 2차원적 단계 - 윤곽선만 사용함 • 3차원적 단계 - 입체 표현을 시도 - 중첩과 원근, 투시법에 주의를 기울임 - 약간의 명암과 축도법이 시도되기도 하고 풍경화를 그리기 시작함

4) 유아·아동기 미술

(1) 유아기 미술

인간은 본능적으로 자신을 표현하려는 욕구가 있으며, 이러한 자기표현의 욕구가 많이 나타나기 시작하는 시기는 유아기이다. 유아기의 표현 경험은 유아의 모든 발달 영역에 중요한 영향을 미치므로 여러 가지 형태로 표현할 기회를 가져야 한다. 그중 유아기 미술활동은 기능 습득이 주가 아니라 유아의 스트레스 해소와 욕구를 만족시키는 데 있다. 유아는 그리기와 꾸미기, 만들기를 통하여 신체적, 정서적, 언어적, 인지적, 사회적인 측면에서 원만한 인격을 형성해 나간다.

또한, 여러 가지 매체로 생각이나 느낌을 표현함으로써 전인적인 인간으로 성장하게 된다. 특히, 유아의 그러한 표현은 자아 표현으로 볼 수 있다. 예를 들어, 유아는 낙서를 통해 자기의 분노나 희로애락을 표출하며, 이는 정서적으로도 중요한 매개체 역할을 한다. 즉, 보고 느끼며 생각한 바를 조형활동을 통해 미적 정서를 함양하고, 미적 문화를 창조하며, 삶을 보람차게 영위할 수 있다.

미술교육 자체가 아름다움과 정서적인 느낌을 나타내는 과정이므로 미술을 통해 직접적인 체험활동과 감상을 함으로써 긍정적인 사고와 창의력을 향상하는 데 도움을 준다.

(2) 아동기의 미술

아동기 미술은 표현하고자 하는 욕구에 충실한 경향을 보이기 때문에 발달적 측면과 신체, 인지적인 측면을 고려해서 주변의 다양한 정보를 제공해야 한다. 특히 아동기 미술은 창의성에 목표를 두며, 자신이 가지고 있는 느낌과 생각, 정서, 기질에 따라 자유롭게 표현하지만 교사나 부모의 긍정적인 지지가 뒷받침되지 않으면 창의적인 미술 표현은 기대하기 어렵고, 미술에 대한 불안심리만 조장할 뿐이다. 그러므로 아동기에는 적극적인 지지와 표현을 잘 할 수 있는 분위기 조성이 필요하다. 미술작품감상과 미술활동을 통해 창의적인 표현 능력을 신장할 수 있으며, 공감과 이성적인 요소의 조화로 전인적인 인간을 형성할 수 있다. 또한, 적절한 자극을 통해 작품을 만들어 내는 것이 아니라 자신을 나타낼 수 있는, 즉 자아 성장·발달을 위해 능력을 길러 주는 것이 중요하다.

(3) 유아·아동 미술교육의 목적

① 잠재 능력 개발과 함께 눈과 손의 협응을 통해 뇌 발달에 도움을 줄 수 있다.
② 미적 감각을 향상하고, 미적 인식과 경험을 통해 감수성을 기를 수 있다.
③ 풍부한 정서를 체험하고 스트레스를 감소시켜 정서 지능을 함양한다.
④ 표현력과 자신감, 긍정적이고 합리적인 사고를 기를 수 있다.
⑤ 창의성을 향상에 도움을 준다.
⑥ 미적 지식과 환경에 대한 감수성, 인간애, 시각적 개념을 고양하고 미적 판단을 기를 수 있다.
⑦ 탐구활동을 통해 주의집중이 신장될 수 있으며, 자신이 배운 개념과 새로운 방법을 고안하고 이해하며, 인지발달이 되도록 돕는다.

5) 미술교사의 자질과 역할

어린 시기의 미술놀이 활동은 신체, 인지, 사회, 정서 발달 등 다양한 발달 영역과 밀접한 관계가 있으며 전인적인 발달에 지대한 영향을 미치는 만큼 미술교사의 자질과 역할은 중요하다. 미술교사의 자질과 역할을 구체적으로 살펴보기로 한다.

(1) 미술교사의 자질

① 유아·아동의 일반적인 발달 단계와 미술활동 발달 단계의 특성을 이해한다.
② 유아·아동의 욕구를 만족하게 하며 자발적으로 욕구를 충분히 발휘될 수 있도록 해 주어야 한다.
③ 유아·아동의 개인차를 이해하고 자유로운 표현활동을 인내해 주는 자세가 필요하다.

④ 유아·아동이 편안하고 자연스럽고 자신 있게 표현할 수 있도록 자신감을 길러 주어야 한다.

⑤ 유머가 풍부하고 밝은 성격을 가져야 한다.

⑥ 다양하고 독창적인 표현을 열린 마음으로 수용할 수 있는 개방적 자세가 필요하다.

⑦ 유아·아동의 상상력, 독창력, 창의성을 길러 줄 수 있어야 한다.

⑧ 다양한 감각적 미술활동으로 심미감과 감각을 기를 수 있도록 도와야 한다.

⑨ 미술교육에 대한 확고한 이념과 미술교사라는 일체감을 잊지 말아야 한다.

⑩ 교사 스스로 부단한 연구와 노력을 하여 전문성을 신장해야 한다.

(2) 미술교사의 역할

① 유아·아동의 발달 단계의 수준을 고려하여 미술활동을 계획하기 위해 프로그램 계획자로서 전문적인 소양을 갖추어야 한다.

② 미술활동의 목표를 효과적으로 달성하기 위해 유아·아동의 발달을 고려하여 목표를 설정하고 연속성을 가질 수 있도록 동기와 흥미를 제공하여 한다.

③ 유아·아동이 생각한 것을 자유롭고 대담하게 표현하도록 지도하며 정서적으로 안정을 할 수 있는 환경과 다양한 재료와 도구를 제공해 주어야 한다.

④ 필요한 공간, 시설, 재료, 자료 등을 충분히 계획하고 준비하여 다양한 재료와 기법을 안내해 주어야 한다.

⑤ 미술에 대한 거부감이나 열등감을 느끼지 않도록 허용적인 분위를 만들어 주고 조그만 노력이나 독창적 표현을 찾아서 칭찬하고 격려한다.

⑥ 교사는 기록작업을 통하여 유아·아동이 전달하고자 하는 의미를 찾고 이렇게 기록된 자료들로 이전의 경험을 되짚어 볼 기회를 제공해 주어야 한다.

⑦ 지적 수단의 전달자가 아닌 안내자로서 자기 생각이나 느낌을 표현하고자 할 때 방해 요인을 제거하고 스스로 활동을 지속할 수 있도록 안내해야 한다.

6) 미술감상활동

미술감상은 대상의 아름다움에 대해 가치를 느끼고 판단하는 종합적인 활동이다. 유아·아동의 미술 감각을 키우고, 자연을 비롯한 주변 세계에 대해 느끼는 과정에 타인에 대한 이해와 사회적 상호작용 능력의 발달이 촉진된다(김해금, 2011).

감상활동은 정서적 안정감뿐 아니라 생활 속의 사물을 이해하며 아름다움을 느끼는 능력을 길러 준다. 미술감상활동은 작품에 대한 흥미와 관심을 높여 주고 점차 감상활동을 즐기는 태도와 성향을 통해 창의적인 표현을 길러 준다.

유아·아동기의 미술감상 교육은 평생 가지게 되는 미적 안목의 기초를 다질 기회이다. 그러므로 작품에 대한 흥미와 올바른 감상활동을 통해 표현뿐만 아니라 미적 가치를 얻어 정의적인 인격을 형성하고 유능한 심미적 인간으로 성장할 수 있다.

펠트만은 미술감상 과정에서 작품 속 각각의 요소를 이해하는 것은 감상자에게 매우 중요한 것으로 감상을 통해서 미적 요소를 발견할 수 있도록 유도해 주어야 한다고 하였다. 효과적인 명화감상 지도를 위해 펠트만의 미술감상 4단계를 살펴보고자 한다.

(1) 펠트만식 미술감상 4단계

① 서술하기(description)

서술하기는 눈으로 보았을 때 처음 갖게 되는 직관적 인상이다. 즉, 자연스러운 관찰에 의해 작품의 주제나 형태, 색채, 구조, 어떤 내용이 포함되어 있는지 등을 찾아보는 활동이다. 관찰을 통하여 직관적인 인상, 전체적인 느낌 파악, 작품의 모티브 인지가 이루어진다. 감상자는 이러한 과정 속에서 작품 전체에 몰입하게 된다. 작품에 대한 객관적인 기술을 강조한다.

② 분석하기(formal analysis)

분석하기는 작품에 내포된 형식적인 특성을 찾아보도록 하는 것이다. 미술작품에 나타난 특징 사이의 관계를 생각해 보도록 하는 과정으로 선, 형, 색, 질감, 공간에 집중하여 어떻게 이들 특징이 조직되었는지 이야기해 본다. 또한, 색의 대비와 조화, 선과 선의 어울림이나 종류, 균형과 불균형, 질감의 차이 등을 분석한다.

③ 해석하기(interpretation)

해석하기는 작품을 눈으로 본 대로 기술하고 특성을 분석한 후에 이루어지는 단계다. 감상 작품이 내포한 의미와 작가의 표현 의도가 무엇이며, 그 의미가 인생이나 시대적인 상황과 어떠한 관련이 있는지 찾아본다. 미적 대상의 특징과 의미를 전체적으로 관련짓는 것으로 작품의 의미를 발견하고 그것을 이해하는 가치 전환적인 과정이다.

④ 평가하기(evaluation or judgement)

평가하기는 감상 대상에 대한 종합적인 이해가 이루어지는 단계다. 즉, 이전 단계에서 논의되었던 사실에 입각해서 결론을 내린다. 유아·아동이 작품에 대해 개인적 판단하는 것을 돕고 자신의 세계와 미술을 관련시키며 미술에 대한 이해를 돕는다.

펠트만식 미술감상활동의 예

작품명 : 만종
작가 : Jean-François Millet
제작 : 1857~1859년
기법 : 캔버스에 유채
크기 : 55.5×66cm
소장 : 오르세 미술관

감상 과정	
서술하기	**작품을 관찰한다.** • 명화 속에는 어떤 것들이 보이니? • 사람들은 어떤 모습을 하고 있니? • 그림 속에서 본 것을 모두 이야기해 보자.
분석하기	**미술의 요소 및 원리에 관해서 이야기 나눈다.** • 여기에 있는 사람은 무엇을 하고 있니? • 사람들의 기분은 어떨까? • 이 그림에서 가장 눈에 띄는 색깔은 무엇이니? • 이 그림은 하루 중 언제인지 말해 보자. • 이 그림은 무엇으로 그렸을까? • 그림 안에 있는 사람처럼 표현해 볼 수 있겠니? • 화가는 왜 이렇게 표현했을까?
해석하기	**작품이 주는 메시지와 인상을 이야기 나눈다.** • 화가는 왜 이 그림을 그렸을까? • 새로운 제목을 지어 본다면 무엇으로 하겠니? • 이 그림의 바로 전에는 무슨 일이 일어났을까? • 그림 안에 있는 사람처럼 표현해 볼 수 있겠니?
평가하기	**전체적인 느낌을 평가한다.** • 이 그림이 마음에 드니? • 어떤 점에서 좋으니? • 더 그리고 싶은 부분이 있니? • 이 그림을 어디에 두면 좋을까? • 어떤 크기와 재료로 만들고 싶니? • 이 작품의 제목을 바꾼다면 뭐라고 하고 싶니?

출처: 양연숙 외(2014). 영유아 미술교육. p. 122.

7) 미술 하브루타

(1) 하브루타란 무엇인가?

하브루타의 정의는 '짝을 지어 질문하고, 대화하며 토론하고 논쟁하는 것'이다(전성수, 2012).

(2) 하브루타의 장점

① 뇌를 격동시켜 고등사고력을 기른다.
② 다양한 생각과 창의적인 사고를 하게 한다.
③ 자기주도 학습, 자기동기 학습이 저절로 가능하다.
④ 소통과 경청, 설득의 능력을 기른다.

(3) 하브루타의 기본 원칙

① 하브루타는 질문이 핵심이다. 아이에게 지시나 요구, 설명을 하기보다 질문을 많이 하게 한다.
② 아이가 틀린 답을 말해도 정답을 알려 주지 말고 다시 질문으로 답한다.
③ 하브루타 하기 전에 충분히 내용에 대해 알게 한다.
④ 아이가 생각하고 판단하고 결정하고 행동하게 한다.
⑤ 질문하고 대화할 때는 아이에게 집중해서 그 눈을 보고, 그 어떤 대답도 막지 않고 수용한다.
⑥ 아이의 대답에서 구체적인 근거를 들어 칭찬한다.
⑦ 남과 다르게 생각하도록 격려한다.
⑧ 아이가 모르는 것은 책을 다시 보거나 인터넷을 검색하는 등 스스로 찾아보게 한다.
⑨ 많은 내용을 다루기보다는 한 내용을 깊이 있고 길게 하브루타 하는 것이 좋다.
⑩ 다소 어려운 내용도 쉬운 용어로 질문하여 아이에게 생각하게 하는 것이 좋다.

⑪ 모든 일상에서 하브루타를 하되 그 시간을 정해서 정기적으로 한다.

⑫ 집에서 하브루타를 하는 경우 잠자기 전에 하브루타 하는 것이 가장 좋다.

⑬ 어린 아이라도 쟁점을 만들어 토론과 논쟁으로 끌고 가는 것이 뇌를 계발하는 방법이다.

⑭ 꼭 가르쳐야 하는 원칙이나 가치관은 대화를 통해 분명하게 인지하게 한다.

(4) 질문 중심 하브루타 수업

질문 중심의 하브루타 수업은 아이들이 작품을 보고 감상을 하거나 본문을 읽고 난 후 각자 질문을 만들어서 먼저 짝과 일대일 토론을 한 다음에, 둘이서 가장 좋은 질문을 뽑고, 그 뽑힌 질문으로 모둠끼리 토론을 하고, 그 모둠에서 가장 좋은 질문을 뽑는다. 그 질문을 가지고 집중 토론을 한 다음에, 그 내용을 정리·발표하고, 교사가 정리해 주는 수업이다.

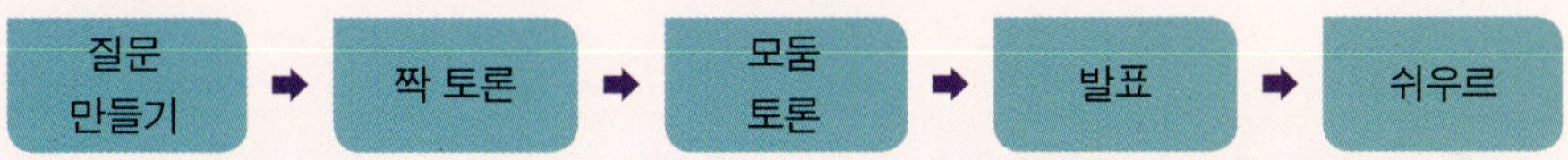

① 작품 감상 후 질문 만들기
② 만들어 온 질문 유형별로 구분하기
③ 만들어 온 질문으로 둘씩 짝지어 먼저 토론하기
④ 짝과의 질문 중에서 최고 질문 뽑기
⑤ 최고의 질문으로 모둠별로 토론하기
⑥ 모둠에서 최고의 질문 뽑기
⑧ 모둠에서 최고의 질문으로 토론하기
⑨ 토론 내용 정리하기
⑩ 각 모둠 발표하기
⑪ 교사와의 쉬우르

그림 Ⅰ-1 질문 중심의 하브루타

질문 중심의 하브루타 수업은 '질문 만들기 → 짝 토론 → 모둠 토론 → 발표 → 쉬우르' 과정을 거치는 수업 모형으로 다양한 변형이 가능한 수업 형태이다.

8) 하브루타 방법으로 작품 감상하기

(1) 장 프랑수와 밀레의 '이삭줍는 여인'

작가 : Jean-François Millet
제작 : 1857년
기법 : 캔버스에 유채
크기 : 83.6×111cm
소장 : 오르세 미술관

작품해설 장 프랑수와 밀레(Jean-François Millet, 1814. 10. 4.~1875. 1. 20.)는 노르망디 지방 그레빌 출생이다. 1833~1836년 셰르부르에서 그림 공부를 하다가 1837년 장학금을 얻어 파리로 진출하여 폴 들라로슈의 제자가 되었다. 루브르 미술관에서 푸생 등의 영향을 받았으나, 도미에의 작품에서 결정적인 영향을 받았다. 1848년 살롱에 출품한 '곡식을 키질하는 사람'(루브르 미술관)은 이후 농민생활을 그리는 최초의 계기가 되었다.

1849년 파리 교외의 바르비종으로 이사하여 농사를 지으며 대지와 맺어져 있는 농민생활의 모습과 주변의 자연풍경을 그렸다. 이 시절에 T. 루소, C. 코로 등과 친교를 맺고, 빈곤과 싸우면서 진지한 태도로 농민생활에서 취재한 일련의 작품을 제작하여 독특한 시적(詩的) 정감과 우수에 찬 분위기가 감도는 작풍을 확립하고, 바르비종파(派)의 대표적 화가가 되었다. 주요 작품 중 '씨 뿌리는 사람'(1850), '이삭줍기'(1857), '걸음마'(1858), '만종'(1859) 등은 발표 당시부터 주목을 끌었으며, 만년의 가작 '봄'에는 빛의 효과에 있어서 인상파를 예고하였다.

'이삭줍는 여인'은 1857년에 그려진 밀레의 대표작 중 하나다. 밀레는 쿠르베(Courbet)와 마찬가지로 그림의 주제에 정치적 관점을 분명하게 드러냈다. 농부의 일상을 빈번하게 표현한 것은 이런 까닭에서였다. 상류층을 비판하기 위해 전원적 풍경과 농부의 노동을 즐겨 그린 것이다. '이삭줍는 사람들'은 이런 밀레의 세계관을 잘 보여 준다. 전경을 차지하고 있는 여인들은 열심히 일을 하고 있다. 이들의 등을 밝히는 햇빛은 마치 카라바조(Caravaggio)의 그림에서 그렇듯이, 신의 가호를 의미한다. 자연은 이처럼 신의 의지를 내포하는 현상으로 밀레의 그림에서 암시된다. 노동하는 여인들의 모습은 대지의 색조에 가까운데, 이를 통해 밀레는 상류층보다 이들에게 신의 축복이 내리고 있다는 사실을 넌지시 보여 준다. 원경에 보이는 저택과 말을 탄 사나이는 상류층을 상징한다고 할 수 있다. 이들의 형상은 정확하게 나타나지 않는데, 노동하는 농민에게 강조점을 부여함으로써 밀레는 사회 비판적인 메시지를 간접적으로 부각시키고 있는 것이다. 멀리 쌓여 있는 노적가리에 비해 여인들이 줍고 있는 이삭은 무척 소박하게 보인다. 이런 형상화를 통해 밀레는 궁핍한 삶을 살아갈 수밖에 없는 농민과 노동자의 처지를 보여 주고자 했다. 밀짚을 잔뜩 실은 수레는 중세의 도상학으로 해석하자면, 덧없는 물질성을 뜻한다. 원래 건초 수레는 만인을 위한 신의 선물을 의미했지만, 후일 덧없는 인간의 육체나 물질성을 뜻하게 되었다. 이 그림은 근대적 풍경을 담고 있지만, 여전히 도상학적 해석의 여지를 남겨 둔 점에서 흥미를 끈다. 수확한 곡식을 나누어 갖지 않고 혼자 독차지하는 상류층에 대한 비판은 중세에도 존재했는데, 밀레는 이런 비판의 구도를 근대적인 관점에서 재구성하는 것이라고 할 수 있다.

질문으로 작품 이해하기		
1	누구의 작품인가요?	
2	무엇이 보이나요?(그려져 있나요?)	
3	어떤 선, 형을 사용하였나요?	
4	어떤 색들이 눈에 띄나요?	
5	작가는 이 그림을 통해 어떤 내용을 표현하고자 하였나요?	
6	어떤 재료로 그렸나요?	
7	작품의 어느 부분을 먼저 보았나요?	
8	작품의 특징은 무엇이라고 생각되나요?	
9	작품의 첫 느낌은 어떠하였나요?	
10	작품의 전체적인 분위기는 어떠한가요?	
11	시대적인 배경은 언제인가요?	
12	작품 속 인물은 무엇을 하고 있나요?	
13	작품의 제목은 무엇인가요?	
14	나라면 어떤 제목을 붙이고 싶은가요?	
15	이 작품에 보충을 한다면 무엇을 더 그려 넣고 싶은가요?	
16	이 작품이 나에게 주는 의미(미적 가치)는 무엇인가요?	
추가 질문		

(2) 김홍도의 '벼 타작'

작가 : 김홍도
제작 : 18세기 후반
기법 : 종이에 옅은 채색
크기 : 27.0×22.7cm
소장 : 국립중앙박물관

작품해설 김홍도(金弘道)는 1745년(영조 21)에 태어났다. 그의 나이 7~8세 때 그 당시 감식가이며 문인화가인 강세황(姜世晃)에게 그림을 배웠다. 두 사람의 관계는 스승과 제자로 시작하여 직장의 상하 관계로, 나중에는 예술적 동지로 강세황이 세상을 떠나는 1791년, 김홍도의 나이 47세까지 이어졌다. 김홍도는 강세황의 추천으로 이른 나이에 도화서의 화원이 되었다. 20대 초반에 이미 궁중화원으로 명성을 날렸으며, 1773년에는 29세의 젊은 나이로 영조의 어진과 왕세자(뒤의 정조)의 초상을 그렸다. 명나라 문인화가 이유방(李流芳)의 호를 따서 단원(檀園)이라 스스로 칭했다. 이는 그가 이유방의 문사로서 고상하고 맑으며 그림이 기묘하고 아취가 있는 것을 사모한 데 따른 것이라 할 수 있다.

김홍도는 산수, 인물, 도석, 불화, 화조, 초충 등 회화의 모든 장르에 뛰어났지만, 특히 풍속화를 잘 그린 화가로 알려져 있다. 그는 조선 후기 농민이나 수공업자 등 서민의 생활상을 소재로 하여 길쌈, 타작, 대장간, 고기잡이 등 그들이 생업을 꾸려 가는 모습과 씨름, 무동, 윷놀이 같은 놀이를 즐기는 모습, 빨래터와 우물가, 점심 등 서민의 삶과 정서에 밀착된 일상의 모습을 간략하면서도 생동감 있게 표현했다.

'벼 타작'은 김홍도의 풍속도첩으로서 보물 제527호인 '단원풍속도첩(檀園風俗圖帖)'에 들어 있는 25장의 그림 가운데 하나로, 벼를 타작하는 장면을 그린 것이다. 따가운 가을 햇볕 아래 농부들이 웃옷을 벗어 젖히고 벼를 타작하고 있다. 베어 낸 벼를 지게에 지고 나르는 사람과 통나무에 내리쳐 알곡을 털어 내는 사람, 털어 낸 알곡을 쓸어 모으는 사람 등 모두가 수확의 기쁨을 누리고 있다.

가장 힘이 드는 털어 내는 일은 젊은 사람이 하고, 좀 힘이 덜 드는 쓸어 내거나 나르는 일은 나이 든 사람의 몫이다. 일하는 농부들의 역동적인 동작과 얼굴 표정에서 고된 노동의 피로감보다는 함께 노동요를 부르며 일하는 신명이 느껴진다. 또한, 열심히 일하는 사람들 옆에서 갓을 비껴 쓰고 담뱃대를 물고 비스듬히 누운 마름의 모습은 당시에는 자연스러운 풍경이었을 것이다.

마름은 지주의 토지가 있는 곳에 상주하면서 추수기의 작황을 조사하고 직접 소작인들로부터 소작료를 징수하여 지주에게 상납하는 것을 주된 직무로 한다. 마름은 지주의 입장에서 소작인들을 독려하기 마련이고, 소작인들은 싫든 좋든 간에 그의 요구와 지시를 따라야만 했다. 따라서 마름과 소작인의 관계는 자칫 갈등이 있을 소지가 많다. 하지만 이 그림에서는 둥글넓적한 얼굴에 동그란 눈매를 지닌 농부들의 얼굴이 밝고 소탈하며, 이들을 바라보고 있는 마름의 표정은 덤덤하고 유연하다. 더구나 볏단을 내리치는 농부들의 활기차고 건강한 모습이 연출해 내는 생동감 넘치는 분위기 속에서 신분 간의 갈등이나 대립 같은 것은 찾아볼 수 없다. 이것은 작가가 소작인이나 마름의 어느 한편의 입장에서 바라본 것이 아니라 그런 현실적 갈등의 관계를 초월하는 해학과 중용의 눈으로 그들을 바라보았기 때문이라고 할 수 있을 것이다. 또한, 이 작품은 인물의 배치에서 김홍도 특유의 X자형 구도를 취하며, 간략한 필선의 묘미가 잘 나타나 있다.

질문으로 작품 이해하기		
1	누구의 작품인가요?	
2	무엇이 보이나요(그려져 있나요)?	
3	어떤 선, 형을 사용하였나요?	
4	어떤 색들이 눈에 띄나요?	
5	작가는 어떤 내용을 표현하고자 하였나요?	
6	어떤 재료로 그렸나요?	
7	작품의 어느 부분을 먼저 보았나요?	
8	작품의 특징은 무엇이라고 생각되나요?	
9	작품의 첫 느낌은 어떠하었나요?	
10	작품의 전체적인 분위기는 어떠한가요?	
11	시대적인 배경은 언제인가요?	
12	작품 속 인물은 무엇을 하고 있나요?	
13	작품의 제목은 무엇인가요?	
14	나라면 어떤 제목을 붙이고 싶은가요?	
15	이 작품에 보충을 한다면 무엇을 더 그려 넣고 싶은가요?	
16	이 작품이 나에게 주는 의미(미적 가치)는 무엇인가요?	
추가 질문		

질문을 통한 비교 하브루타

1. 밀레의 '이삭줍는 여인'과 김홍도의 '벼 타작'을 감상하고 비교 하브루타를 해 봅시다.

공통점	차이점
•	•
•	•
•	•
•	•
•	•

2. 질문을 통한 비교 하브루타

	질문 내용	밀레의 '이삭줍기'	김홍도의 '벼타작'
1	두 그림 다 사람들은 무엇을 하고 있나요?		
2	그림 속에는 어떤 것들이 들어 있나요?		
3	이 작품을 보았을 때 가장 먼저 눈에 들어오는 것은 무엇이었나요?		
4	이 작품을 처음 본 순간 드는 생각이나 느낌은 무엇이었나요?		
5	두 그림의 비슷한 점과 다른 점은 무엇인가요?		
6	일을 하지 않고 누워서 있는 사람은 왜 일을 하지 않을까요?		
7	이삭줍는 여인들은 어떤 표정을 짓고 있을까요?		
8	내가 작가라면 어떤 표정을 그릴까요?		
9	작가가 주로 사용한 색깔이 의미하는 것은 무엇인가요?		
10	내가 화가라면 농촌을 어떻게 표현할까요?		

(3) 빈센트 반 고흐의 '별이 빛나는 밤'

작가 : Vincent van Gogh
제작 : 1888년
사조 : 후기인상주의
종류 : 유화
기법 : 캔버스에 유채
크기 : 72×91.5cm
소장 : 반 고흐 미술관

작품해설 빈센트 반 고흐(Vincent van Gogh, 1853. 3. 30.~1890. 7. 29.)는 37살에 파란만장하고 격정적인 인생을 스스로 목숨을 끊어 마감하였다. 후기인상파 화가 중에 그보다 더 열정적으로 생을 산 사람은 없을 것이다. 정신적 광기 때문에 고통스러워하면서도 누구도 범접할 수 없는 환상의 세계를 팔레트에 담아 그려 냈던 천재 화가였다. 네덜란드의 남부 브레다 지역의 작은 마을에서 목사의 아들로 태어났다. 아버지의 목회 지역을 따라 네덜란드와 벨기에의 여러 마을로 이사 다니며 작품활동을 하다가, 홀로 프랑스 파리(Paris, 1886~1888),

아를(Arles, 1888~1889), 생-레미(Saint-Rémy, 1889. 5.~1890. 5.), 지상에서 마지막 거처가 될 북 프랑스의 작은 마을 오베르-쉬르-와즈(Auvers-sur-Oise, 1890. 5.~7.)로 옮겨 다니며 작품활동을 했다.

'별이 빛나는 밤'이란 제목이 붙여진 이 작품은 고갱과 다툰 뒤 자신의 귀를 자른 사건 이후 생-레미의 요양원에 있을 때 그린 것으로 고흐의 가장 널리 알려진 작품이다. 1889년 고흐는 생-레미의 정신병원에서 정신장애로 인한 고통을 그림 속의 소용돌이로 묘사했다. "철창이 쳐진 정신병원의 창 너머로는 생-레미의 시가와 별이 깔린 하늘이 보입니다. 별 하나하나는 심장의 동계(動悸)처럼 빛을 변화시키고 끝 모를 창궁(蒼穹)의 푸름은 그 중핵(中核)을 탐구하는 것처럼 소용돌이치고 있습니다. 별들도 소용돌이치고 모두가 구심적인 운동과 통일적인 움직임을 보여 주는 이 장대(壯大)한 밤의 시(詩)는 자연과 사물의 내면에 접촉한 자만이 가질 수 있는 서정성·신비성을 보여 주고 있습니다. 조용하면서도 생동감이 있는 신비한 밤입니다." 정신질환의 고통 속에서도 그 누구도 걷지 않았던 새로운 세계를 화폭에 담았던 고흐의 고독은 누구도 이해할 수 없고 함께 아파해 줄 수도 없는 그만의 운명적 아픔이었다. 그러기에 그의 슬픈 인생 역전(歷傳)은 혼돈과 모순과 부조리와 공허로 가득한 이 세상살이를 대변해 주는 말 없는 사연이 된 것이다.

질문으로 작품 이해하기		
1	누구의 작품인가요?	
2	무엇이 보이나요(그려져 있나요)?	
3	어떤 선, 형을 사용하였나요?	
4	어떤 색들이 눈에 띄나요?	
5	작가는 어떤 내용을 표현하고자 하였나요?	
6	어떤 재료로 그렸나요?	
7	작품의 어느 부분을 먼저 보았나요?	
8	작품의 특징은 무엇이라고 생각되나요?	

질문으로 작품 이해하기		
9	작품의 첫 느낌은 어떠하였나요?	
10	작품의 전체적인 분위기는 어떠한가요?	
11	시대적인 배경은 언제인가요?	
12	작품 속 인물은 무엇을 하고 있나요?	
13	작품의 제목은 무엇인가요?	
14	나라면 어떤 제목을 붙이고 싶은가요?	
15	이 작품에 보충을 한다면 무엇을 더 그려 넣고 싶은가요?	
16	이 작품이 나에게 주는 의미(미적 가치)는 무엇인가요?	
추가 질문		

(4) 라파엘로의 '아테네 학당'

작품해설 중앙에 있는 사람의 왼쪽이 관념 세계를 대표하는 플라톤이며, 오른쪽의 파란 옷이 과학과 자연계의 탐구를 상징하는 아리스토텔레스로, 이들을 그린 프레스코 벽화이다. 베드로 성당과 비슷한 학당에 54명의 인물이 표현되어 있으며 대부분 철학자, 천문학자, 수학자이다. 옆구리에 『티마이오스(*Timaeus*)』라 쓰인 책을 낀 플라톤(레오나르도 다 빈치의 모습)은 이데아에 대해 설명하듯 손가락으로 하늘을 가리킨다. 아리스토텔레스는 『윤리학(*Eticha*)』이라는 책을 허벅지에 받치고 지상을 가리키며 현실 세계를 논변한다. 그의 앞 계단 한복판에 보라색 망토를 깔고 비스듬히 누운 사람은 명예와 부귀를 천시했던 견유학파 디오게네스다. 왼쪽 앞에는 쭈그려 앉아 책에 무언가를 열심히 기록하는 머리가 약간 벗어진 피타

작가	Raffaello Sanzio
제작	1509~1510년
종류	프레스코 벽화
크기	579.5×823.5cm
소장	스텐차 델라 세나투라

고라스가 있다. 그의 주위에는 엠페도클레스, 에피카르모, 아르키타스(Archytas of Tarentum) 등이 있다. 오른쪽에는 사색의 즐거움에 깊이 잠긴 그리스 철학자 헤라클레이토스(미켈란젤로의 모습)가 대리석 탁자에 기댄 채 한 손으로 얼굴을 괴고 종이 위에 글자를 적는다. 뒤에는 앞머리가 벗어지고 들창코인 소크라테스가 사람들에게 진지하게 무엇인가 설파하고 있다. 그와 얼굴을 마주하는 군인 같은 인물은 소크라테스에게 감명받았던 알키비아데스다. 건물 밖으로는 광활한 하늘이 보이며 둥근 천장, 아폴로와 아테네의 상들을 안치한 벽감 등은 웅장한 분위기와 우아함을 지녔다.

'아테네 학당'은 바티칸 궁의 장식화뿐 아니라 라파엘로(Raffaello)의 그림 가운데 가장 널리 알려진 그림이다. 라파엘로의 치밀한 계산 아래 그려진 상상화지만, 규모나 웅장한 느낌, 조화감 등은 초인간적인 느낌을 주고, 무대 같은 투시도의 공간

속에 여러 인물이 놀라운 조화를 이루며 서로 시각적인 연결을 이루고 있다. 한 점 소실점에 의한 원근법을 따르고 있어, 등장인물이 많아도 산만하지 않고 집중된 느낌을 준다. 고전 건축의 균형 감각과 질서, 선명성, 부분과 전체의 조화가 뛰어난 르네상스 미술의 걸작이다.

질문으로 작품 이해하기		
1	누구의 작품인가요?	
2	무엇이 보이나요(그려져 있나요)?	
3	생각나는 단어는 무엇인가요?	
4	어떤 색들이 눈에 띄나요?	
5	작가는 어떤 내용을 표현하고자 하였나요?	
6	프레스코 벽화는 어떻게 그리는 것인가요?	
7	작품의 어느 부분을 먼저 보았나요?	
8	직품의 특징은 무엇이라고 생각되나요?	
9	작품의 첫 느낌은 어떠하였나요?	
10	작품의 전체적인 분위기는 어떠한가요?	
11	시대적인 배경은 언제인가요?	
12	작품 속 인물은 무엇을 하고 있나요?	
13	작품의 제목은 무엇인가요?	
14	나라면 어떤 제목을 붙이고 싶은가요?	
15	이 작품에 보충을 한다면 무엇을 더 그려 넣고 싶은가요?	
16	이 작품이 나에게 주는 의미(미적 가치)는 무엇인가요?	
추가 질문		

(5) 미켈란젤로의 '다비드상'

작가 : Michelangelo Buonarroti
제작 : 1501~1504년
매체 : 조각상
크기 : 높이 5.17m
소장 : 아카데미아 미술관

작품해설 1501년 8월 미켈란젤로(Michelangelo Buonarroti)는 피렌체대성당의 지도자들로부터 다비드상의 조각을 의뢰받는다. 대성당의 작업장에는 50여 년 전에 조각가 두초(Duccio)가 예언자상을 제작하려고 준비해 두었던 5m가 넘는 거대한 대리석이 그대로 방치되어 있었다. 당시 26세였던 미켈란젤로는 결이 좋지 않아 조각하기 어려운 이 대리석을 이용하여 3년 만에 5.17m의 거대한 '다비드상'을 완성하였다.

다비드(다윗)는 『구약성서』 「사무엘상」 제17장에 나오는 적군의 거인 장수 골리앗을 돌팔매로 쓰러뜨린 소년 영웅이다. 이전에 제작된 다비드상들은 보통 골리앗의 머리를 발밑에 두고 손에 칼을 쥔 승리한 젊은이의 모습이었다.

미켈란젤로도 처음에는 그런 모습의 다비드상을 생각하고 데생하였다. 그러나 이에 만족하지 못한 그는 이전의 다비드상들을 사상적으로나 형태적으로 능가하는 조각상을 만들기로 한다.

'다비드상'은 막 돌을 던지려고 하는 나체의 청년상이다. 몸 전체의 근육이 단단하게 긴장되어 있고, 노기 띤 얼굴은 왼쪽을 향한다. 몸 오른편은 손과 발이 모두 수직으로 지면에 고정되어 있지만, 왼손은 돌팔매를 잡기 위해 올려져 있고 왼발도 약간 움직여 다음 행동에 대비하는 움직임을 나타낸다. 이 조각이 거의 완성되어 갈 무렵인 1504년 1월, 이 조각상의 설치 장소에 관해 시당국의 주관으로 토론회가 개최되었다. 토론회가 열릴 만큼 다비드상은 피렌체시 전체와 깊은 관계가 있었다. 다비드는 피렌체의 영주 메디치의 뒤를 이은 종교적 압제자 사바나롤라를 몰아낸 인물로 피렌체 시민에게는 바로 힘의 상징이었으며, 공화국 시민의 덕을 상징하는 것이기 때문이다. '다비드상'은 압제자에 대한 공화국의 승리를 상징하면서 피렌체 공화국 시청사 입구에 놓이게 되었다. 현재 보존상의 이유로 이 상의 원작품은 시청 앞에서 피렌체 아카데미 건물 내부로 옮겨졌다.

질문으로 작품 이해하기		
1	이 작가는 왜 누드로 조각했을까요?	
2	조각상의 가격은 얼마나 할까요?	
3	바위를 3년 만에 조각할 때 어떤 어려움이 있었을까요?	
4	왜 이렇게 크게 작품을 조각했을까요?	
5	미켈란젤로는 왜 세계적인 천재 조각가로 불릴까요?	
6	이 작품의 제작 기간은 얼마일까요?	
7	작품이 어디에 소장되어 있나요?	
8	미켈란젤로는 왜 성스러운 성전 위주로 조각했을까요?	
9	만약 조각상이 옷을 입었다면 어땠을까요?	
10	조각에 색칠한다면 어떤 색으로 칠하고 싶나요?	
11	이 작품의 성경의 누구를 묘사했나요?	
12	이 작품에 보충을 한다면 무엇을 더 추가하고 싶나요?	
13	작품의 제목은 무엇인가요?	
14	나라면 어떤 제목을 붙이고 싶나요?	
15	이 작품이 나에게 주는 의미(미적 가치)는 무엇인가요?	
추가 질문		

(6) 조르주 피에르 쇠라의 '그랑자트 섬의 일요일 오후'

작품해설 조르주 피에르 쇠라(Georges Pierre Seurat, 1859~1891, 프랑스)는 짧은 기간 활동했음에도 불구하고 파리 아방가르드 미술의 선도자 역할을 했고 신인상주의를 발전시켰으며, 색채 적용에 대한 과학적 접근법을 발전시킴으로써 고흐나 피카소(Picasso) 같은 주요 화가에게 지대한 영향을 끼쳤다. 활동 초기에 쇠라는 과학자인 미셸 슈브뢸(Michel Chevreul)과 샤를 블랑(Charles Blanc)의 색채 이론을 공부했다. 이 색채 이론들은 색채가 그것을 접하는 관람자에게 일으키는 감정적 의미와 인지, 광학적 효과에 관한 이해를 주로 다뤘다. 쇠라는 들라크루아(Delacroix)와 루벤스(Rubens)의 작품에도 영향을 받았다. 그는 파리 루브르 박물관에서 이 선배 화가들의 그림을 연구하곤 했다.

작가 : Georges Pierre Seurat
기법 : 캔버스에 유채
크기 : 207.5×308cm
소장 : 시카고 아트 인스티튜트

'그랑자트 섬의 일요일 오후'는 점묘주의의 출현을 알린 대표작 중 하나이며 마지막 인상주의 전시회에서 처음 선보였다. 쇠라는 2년에 걸쳐서 이 그림을 완성했는데, 그동안 수많은 습작을 남겼다. 작품에 등장하는 그랑드 자트 섬은 센 강 주변에 있는 지역인데, 쇠라가 이 그림을 그릴 당시에는 교외에 속하는 한적한 전원 지대였다. 쇠라는 당시 파리지앵의 휴식처인 그랑드 자트의 풍경을 정밀하게 그려 내고자 했고, 이런 목적을 달성하기 위해 작품을 완성한 뒤에도 계속해서 다양한 수정을 가했다. 거대한 화폭에 담긴 공원 풍경은 관객을 압도한다. 다양한 색채와 빛, 형태를 점묘화법을 통해 꼼꼼하게 표현하고 있다.

이 그림은 당시 19세기를 주도한 과학적인 시각 이론과 색채 이론에 근거한다. 점묘주의는 화가의 눈을 카메라의 렌즈와 동일시해야 한다고 생각했고, 쇠라는 이런 이념을 실천으로 옮겼다. 빛에 관한 과학적 이론은 사물을 단색으로 표현하는 것에 문제를 제기하는 것이었다. 사물은 다양한 색채의 대비를 통해 모습을 드러낸다는 것이 쇠라의 생각이었다. 쇠라의 이런 믿음을 보여 주는 이 그림은 서로 보색 관계인 색채의 점들을 수없이 찍어서 형태를 구성한다. 이런 형태는 관객의 시선에서 하나의 색채로 합쳐져서 보인다. 쇠라는 세계를 드러내는 색채의 구성과 배합에 대해 고민했고, 그 색채의 원소를 해체해서 재구성하면 자연의 법칙에 좀 더 다가갈 수 있다고 본 것이다. 따라서 이 그림이 보여 주는 것은 쇠라의 주관이라기보다 세계에 관한 이론이라고 할 수 있다. 쇠라는 이런 기법을 통해 훨씬 더 확연하고 설득력 있는 표현을 만들 수 있다고 믿었다. 점묘주의의 목표는 경험을 더욱 생생하게 재현하는 것이었다. 쇠라는 기법뿐만 아니라 최첨단 재료를 사용해서 실험성을 높였다. 그 예가 아연에서 추출한 노란색 물감을 사용해서 풀밭 위에 떨어지는 태양 빛을 강렬하게 표현한 것이다. 지금은 변색이 일어나서 갈색으로 바뀌었지만, 당시에 이런 재료의 사용은 깊은 인상을 줄 만했다.

질문으로 작품 이해하기		
1	누구의 작품인가요?	
2	무엇이 보이나요(그려져 있나요)?	
3	생각나는 단어는 무엇인가요?	
4	어떤 색들이 눈에 띄나요?	
5	이 작품의 사람들이 한 곳만 응시하는 이유는 무엇일까요?	
6	작품 속 사람들이 한 장소에 저렇게 많이 모여 있는 이유는 무엇일까요?	
7	작품의 어느 부분을 먼저 보았나요?	
8	작품의 특징은 무엇이라고 생각되나요?	
9	작품의 첫 느낌은 어떠하였나요?	
10	작품의 전체적인 분위기는 어떠한가요?	
11	작품 속 사람들 중 모자 위에 양산을 쓴 이유는 무엇일까요?	
12	작품 속 인물은 무엇을 하고 있나요?	
13	작품의 제목은 무엇인가요?	
14	나라면 어떤 제목을 붙이고 싶은가요?	
15	이 작품에 보충을 한다면 무엇을 더 그려 넣고 싶은가요?	
추가 질문		

(7) 고흐의 '노란 집'과 모네의 '정원에서 마담 까미유와 아들

질문 만들기를 통한 작품 감상

1. 고흐의 '노란 집'과 모네의 '정원에서 마담 까미유와 아들 장'를 감상하고 질문을 5개씩 만들어 봅시다.

고흐의 '노란 집'	모네의 '정원에서 마담 까미유와 아들 장'

• • • • •	• • • • •

2. 위의 질문 중 가장 잘 만든 질문을 하나씩 골라서 적어 봅시다.

고흐의 '노란 집'	모네의 '정원에서 마담 까미유와 아들 장'
•	•

3. 모둠 원 친구들의 최고의 질문으로 토의해 봅시다.

모둠 원	고흐의 '노란 집'	모네의 '정원에서 마담 까미유와 아들 장'
나		

4. 우리 모둠 최고의 질문을 뽑아 봅시다.

고흐의 '노란 집'	모네의 '정원에서 마담 까미유와 아들 장'
•	•

① 빈센트 반 고흐의 '노란 집'

작가	Vincent van Gogh
기법	캔버스에 유채
크기	72×91.5cm
소장	반 고흐 미술관(네덜란드)

작품해설 예술가의 유토피아를 만드는 것을 꿈꾸며 아를에 온 고흐는 1888년 5월, 역에서 가까운 라마르틴(Lamartine) 광장에 집을 빌렸다. 이 작품은 고흐가 이곳에 살기 시작한 지 얼마 되지 않은 1888년 9월 말에 그린 것이다. 낮인지 밤인지 판단할 수 없는 하늘의 짙은 청색이 화면의 반을 차지한 황색과 강한 대조를 이룬다. 고흐는 이 작품에 대해 다음과 같이 썼다. "이 그림은 유황색 태양 아래 순수한 코발트빛 하늘과 집, 그 주변을 그린 것이야. 어려운 모티브지! 그래서 오히려 극복하고 싶어. 아무튼, 태양 빛 아래의 노란 집들과 청색의 비할 데 없는 산뜻함이란 굉장해! 지면은 완전히 황색이지." 청색과 황색은 고흐가 베르메르(Johannes Vermeer)를 모방하며 남 프랑스 광경 특유의 것이라고 감탄한 것으로, 이 작품의 주제는 이 두

색채의 강렬한 대조 그 자체라고도 할 수 있다.

실제로 고흐는 이보다 조금 전에 베르나르(Benard)에게 쓴 편지에서 "그들이 일찍이 명암의 대조에서 그렇듯이, 우리는 색채로 제작하여 이론을 만들어 가지 않으면 안 되네."라며 베르메르와 비교하면서 스스로 생각한 제작 논리를 이야기하였다. 고흐는 근대예술에 공헌할 수 있는 작품을 만들기 위해서는 전통적인 색이 아닌 자유로운 색채로 그려야 하며, 모티브 역시 근대적이어야 한다고 생각했다.

화면 오른쪽 안으로 진행하는 몽마주르 거리로 눈을 돌리면 기차가 보인다. 그 기차는 실제로 아를 역으로 향하는데, 브르타뉴에 있는 고갱(Gauguin)을 자신의 집으로 오게 하려고 그린 것으로 보인다. 10월에 고갱은 고흐의 노란 집으로 와 2개월가량 함께 생활하였다. 이 그림은 유토피아에 관심이 없는 사람에게는 단지 거리 한구석의 일상을 그린 것으로밖에 보이지 않지만, 고흐는 이러한 풍경을 자유로운 색채의 모티브로 선택해 그만의 유토피아로 표현했다.

② 클로드 모네의 '정원에서 마담 까미유와 아들 장'

작품해설 프랑스 인상파의 창시자인 클로드 모네(Claude Monet, 1840~1926, 프랑스)는 빛은 곧 색이라는 인상파 원칙을 가지고 같은 주제를 시간과 날을 달리하여 반복해서 그리며 무수한 시리즈를 만들었다. 1840년 파리에서 태어나 다섯 살 때 가족들과 함께 노르망디 부근의 해변 도시 르아브르로 이주했다. 그림에 뛰어난 재능이 있었던 모네는 어렸을 때부터 화가가 되기로 마음을 먹고 미술을 배우면서 초상화를 그려 팔았다.

이 시기는 인상주의가 주를 이루던 시기로, 인상주의 화가들은 자연의 빛을 최고의 그림을 도구로 생각했다. 또한, 자연을 하나의 현상으로 보고 빛과 대기의 변화에 따라 색채가 일으키는 변화에 흥미를 가지며 사물의 인상을 중시하여 그림을 그렸다.

모네는 자연을 직접 관찰하며 빛의 변화, 공기의 흐름 등에 주목해 색을 사용한 그들의 작품에 큰 영감을 얻었다.

작가	Claude Monet
기법	캔버스에 유채
크기	55.3×64cm
소장	보스턴 미술관

모네가 25세, 까미유(1847~1879)가 18세이던 1865년, 둘은 화가와 모델로 만났다. 그리고 곧 사랑에 빠져 함께 살기 시작했고, 2년 뒤에는 까미유가 큰 아들 '장'을 가졌지만, 모네 집안에서는 둘 사이를 반대하였다. 집안의 경제적 지원이 끊어졌음에도 불구하고 끝까지 둘은 서로를 포기하지 않고 사랑하였다.

어려운 형편 속에서 아들 장이 태어났다. 아들 장이 어렸을 때는 집이 너무 가난해서 친척집에 맡겨졌고 떨어져 살아야만 하는 아픔이 있었다. 그러나 힘들었던 두 사람의 생활과는 달리 모네가 그린 까미유의 그림은 밝은 색채와 따스한 배경으로 두 사람의 사랑을 느낄 수 있는 작품이다. 모네에게 있어 아내 까미유는 아내 이상의 의미였다.

9) 펠트만 방법으로 작품 감상하기

(1) 신철호의 '열정-Ⅱ'

작가 : 신철호
제작 : 2012년
매체 : 캔버스에 유화, 흑연 가루
크기 : 162×97cm
소장 : 광주예술심리치료상담연구소

작품해설 신철호는 서양화를 전공하였으며 현대미술의 본고장인 뉴욕 무대에서 회화, 판화, 미디어, 설치미술 등의 작가로 활발하게 활동하면서 뉴욕, 오사카, 북경, 서울, 광주 비엔날레 주 전람회장에서 다양한 매체로 색다른 전람회를 했다.

그가 뉴욕으로 떠났던 긴 여정은 외롭고 차가운 사회 환경 속 진정한 인간의 모습을 되찾기 위한 방황이었다. 그는 뉴욕에서 넘쳐 나는 정보와 물질만능주의, 다양한 문화를 접하면서 인간이 잃어가는 본연의 모습을 경험하였다.

최근 그의 콜라주 평면 작업들은 자신의 경험을 바탕으로 얻어진 자양분을 가지고 인간을 둘러싼 우리 주변 환경을 작품에 반영하였다. ‘Full moon’, ‘만남’, ‘열정’, ‘너와 나’, ‘음과 양의 조화’, ‘희망과 조화’ 등을 주제로 하여 자연과 인간이 그 자연에서 공존하는 우리의 서정적 정서를 캔버스에 은유적으로 표현하였다.

‘열정-II’ 작품에서 표현한 음과 양의 조화, 한복의 저고리, 한옥의 처마에서 완만한 곡선의 유연함은 극히 한국적이다. 이러한 자연 친화적 조형적 요소를 단순화시켜 세계를 향한 진정한 휴머니즘을 희망하는 마음을 가득 담아, 더불어 사는 사회 일원의 어울림으로 나타냈다.

주변의 서로 다른 생각과 환경, 부조화를 그의 작품에서는 따뜻함과 온화함으로 조형화시키고자 했다. 사랑, 열정, 야망의 꿈을 담아 절제된 형과 색채로 비상하듯 자연스럽게 구성하였다. 화면 중앙에서 움푹 들어가게 형태에 변화를 주어 단순한 전체 화면 구성에서 시선을 잠시 머물게 하는 여유도 두었다. 가장자리에서 과감하게 잘라낸 조형의 단순함은 캔버스 밖 공간까지도 뻗어 나가는 조형적 확장성을 갖는다. 여백으로 남겨 놓은 사유공간은 비워져 있는 게 아닌 감상자의 온갖 희망으로 꽉 채워지리라 기대해 본다.

펠트만의 미술감상 질문하기	
서술하기	• 이 그림에서 어떤 생각이 떠오르나요? • 자연스러운 곡선은 무엇을 연상하게 하나요?
분석하기	• 왜 많은 색을 사용하지 않고 단순한 색만을 사용했을까요? • 이 작품에서 왜 아랫부분은 비워 두었을까요? • 작품 속에서 한국적인 느낌을 찾을 수 있나요?
해석하기	• 작가는 무슨 생각을 가지고 작품을 표현했을까요? • 작품을 보면서 떠오르는 단어들을 친구들과 말해 보세요.
평가하기	• 작품 어느 부분에서 시선을 머물게 해 주나요? • 가운데 부분은 왜 움푹 들어가게 그렸고 가장자리 부분을 왜 잘라 냈을까요?

(2) 앤디 워홀의 '마릴린 먼로'

작가 : Andy Warhol
제작 : 1962년
매체 : 캔버스에 합성 물감, 실크스크린, 유채
크기 : 211.4×144.7cm
소장 : 뉴욕 현대미술관(필립 존슨 기증)

작품해설 마릴린 먼로는 영화에서 주연을 맡으며 폭발적인 인기를 누리기 시작한다. 아름다운 금발과 푸른 눈, 전신에서 발산하는 독특한 성적 매력은 그녀를 순식간에 세계적인 섹시 심벌의 자리에 올려놓았다. 한 시대를 풍미한 전설적 존재였으나 사생활은 고독했고 불행했다. 그녀는 약물중독이 되었고, 자살로 보이는 의문의 죽음으로 생을 마감했다.

앤디 워홀(Andy Warhol)은 바로 마릴린 먼로의 화려한 삶 이면에 감춰진 그 고독함에 주목했다. 워홀은 마릴린 먼로라는 스타의 열성적인 팬인 동시에 그 명성의 아름다운 금발과 푸른 눈, 관능적인 몸매를 작품에 끌어와 시대의 아이콘으로 이용했다. 워홀은 사진 속 먼로의 얼굴 부분만 잘라 실크스크린 기법으로 대량 제작했고, 머리카락, 눈꺼풀, 입술 등을 과장된 색으로 표현했다. 그가 쓰고 있는 실크스크린 이미지들은 형상적이지만, 설명적 내용을 담고 있지 않고 최소한으로 간략하게 이미지만을 제시한다. 워홀은 마릴린 먼로의 초상화 시리즈를 통해 그녀의 죽음을 되새기는 동시에 대중매체에 의해 꾸며진 한 스타의 고독을 담아내고 있다.

워홀은 만화의 한 컷, 신문보도 사진의 한 장면, 영화배우의 브로마이드 등 대중매체를 캔버스에 전사 확대하는 기법을 통해 현대의 대량 소비문화를 찬미하는 동시에 비판하여 이름을 떨쳤다. 워홀은 작품의 예술의 가치는 원본 하나에만 있는 것이 아니라고 보았다. 작품은 공장에서 작업자들에 의해 대량 생산이 되고, 작가는 아이디어만 제공하거나 사인만을 한다. 이렇게 대량 복제된 방식은 미술 작가가 아닌 다른 사람에 의해 제작되어도 미술품이 될 수 있다는 것이다. 오늘날 대중들은 대중매체에 의해 쉽게 다가가 어디에서나 미술작품을 볼 수 있게 되었고, 대중문화가 미술의 영역 안에 들어와 감상자는 더욱 적극적으로 작품과 소통하게 된다.

워홀은 미국인에게 사랑받았던 마릴린 먼로를 작품의 대표적 소재로 하고 실크스크린 기법으로 작품을 제작해 현대 미국 문화를 대변하고자 했다. 사람들에게는 워홀이 어떤 형식과 방법으로 그리던 개의치 않고 'Warhol'이라는 것이 더 중요했다. 워홀은 그렇게 브랜드가 되었고, 아이콘이 되었다. 또한, 그는 배우나 만화, 곳곳에 반복되는 광고의 속성 등 대중적 이미지를 차용해 작품을 제작하는 팝아트의 대표적 작가가 되었다.

펠트만의 미술감상 질문하기	
서술하기	• 그림 속 주인공은 어떤 사람일까요? • 왜 유명한 작가 작품은 비쌀까요?
분석하기	• 남의 작품을 모방해도 훌륭한 작가가 될 수 있을까요? (될 수 있다면 어떤 조건을 갖추어야 할까요?) • 이 작품은 어떤 방법으로 색을 칠했을까요?
해석하기	• 사람들에게 공감을 주는 작품 제작에는 어떤 방식이 있을까요? • 세계적으로 유명한 사람과 물건에 관해 친구들과 이야기해 보세요.
평가하기	• 똑같은 작품을 여러 장 뽑아낼 수 있는 방법에는 무엇이 있을까요? • 작품을 직접 그리지 않아도 훌륭한 작가가 될 수 있는 방법도 있을까요?

(3) 몬드리안의 '콤포지션(composition)'

작가 : Piet Mondrian
제작 : 1921년
매체 : 캔버스에 유화
크기 : 27×27cm
소장 : Jacques and Natasha Gelman

작품해설 피에트 몬드리안(Piet Mondrian)은 사실주의 화가인 아버지와 숙부의 영향으로 어린 시절부터 그림을 그릴 수 있는 환경에서 자랐다.

몬드리안이 그린 추상화는 일반적으로 사물이나 풍경을 그대로 묘사하는 구상화와는 다르다. 삼원색과 모든 대상을 수평선과 수직선으로 단순화해 화면을 구성한 절제의 미가 돋보이는 유화로 그린 작품이다.

몬드리안은 우리가 사는 세상을 단순화하면 점, 선, 면으로 나눌 수 있기 때문에 가장 기본적인 조형 요소와 색채에 의한 표현을 목표로 사물의 본질을 드러낼 수 있다고 생각한 것이다.

선과 색채로 순수한 추상적 조형을 나타내기 위해 구도는 곡선이나 사선을 피하고 색채는 청, 적, 황의 삼원색과 백, 흑, 회색에 한정하여 화면을 구성한다. 사물을 있는 그대로 재현하는 방법을 버리고, 한 대상을 몇 가지 직접적인 요인으로 단순화하기 위해 반복해서 연구했다. 그러다 보니 그의 작품들은 거의 비슷해 보인다. 그러나 자신만의 스타일 안에서 조금씩 변형을 시도하였다. 수직선, 수평선, 원색, 무채색으로만 표현되는 자신의 작품에 진리와 근원을 담아내려 하였다. 정사각형과 직사각형과 이들이 교차하는 선을 사용한 순수 기하학적 형태의 화면 구성으로 발전시켜 나간다. 그림이란 '비례와 균형 이외의 다른 아무것도 아니다.'라는 자신의 메시지를 작품으로 보여 준다.

모든 것을 대립되는 수직선과 수평선인 두 요소로 설명한 현대 추상미술의 거장으로 불리는 몬드리안은, 이 대립이 균형을 이루어 나가는 조화를 회화의 기본 법칙으로 삼았다.

펠트만의 미술감상 질문하기	
서술하기	• 아무런 구체적 형상은 보이지 않는데, 직선과 면으로만 표현한 이 작품의 제목을 짓는다면 무엇으로 하고 싶어요? • 필요하다면 자를 대고 그림을 그려도 되나요?
분석하기	• 이 작품을 보고 고전적 서양 건물의 화려한 색채가 떠오르는 것은 무엇일까? • 어떤 색들이 눈에 띄나요? • 수직선과 수평선이 상징하는 것이 있다면 무엇일까요?
해석하기	• 그림을 그릴 때 가장 기본적인 요소는 어떠한 것이 있을까요? • 몬드리안의 작품을 생활용품이나 그 밖에 어디에 그려 넣으면 어울릴까요?
평가하기	• 이 작품이 안정적으로 보이는 이유는 무엇일까요? • 여기에 무엇을 더 그려 넣고 싶나요?

(4) 미술그룹 SAA의 '정은 미용실'

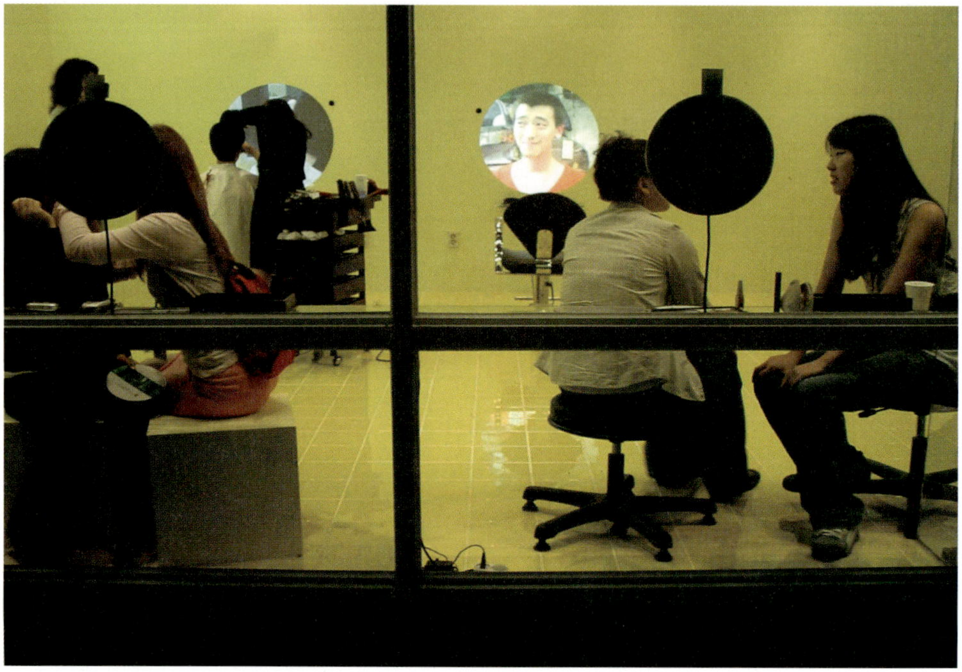

작가 : 미술그룹 SAA
제작 : 2004년
매체 : 다양한 미용실 자제 설치, 첨단 영상장비
크기 : 5.5×11×9m
소장 : 광주비엔날레(미디어매체)

작품해설 세계 5대 비엔날레 중 하나인 광주 비엔날레의 설치 작품인 **'정은미용실'**은 전시장에 미용실을 새롭게 재현해 놓았다. 우리가 생각하는 미용실은 헤어스타일을 고치고 화장하며 꾸미는, 유행이 매우 민감하게 교차하는 장소이다. 주변에서 흔히 볼 수 있는 장소인 미용실은 누구나 유행을 만들어 내는 창구로 자신을 주인공이자 스타로 만드는 곳인데, '나도 스타가 될 수 있다'는 것을 확인할 수 있는 미용자재와 장치 등을 '정은미용실' 내부 곳곳에 놓아 두었다.

앞에 놓인 거울은 여느 거울과 다른 점이 있다. 사실 그것은 거울이 아니며 카메라를 통해서 보는 영상이다. 반투명 판막을 장치하고 그 반대편에 빔프로젝터로 영상을 투사하여 판막이 마치 거울처럼 보이도록 한다. 평상시에는 이 화면에 미리 촬영해 놓은 일반 사람의 얼굴이 서서히 나타나고 사라진다. 관객이 머리를 다듬기 위해 의자에 앉으면, 감지기를 통해 카메라가 작동되며 그와 동시에 의자에 앉아 있는 자신의 모습이 나타난다.

미용실 세트처럼 꾸며 놓은 이 전시장은 참여 관객이 자신이 원하는 헤어스타일과 화장 방식 등을 주문하고 미용사와 서로 소통하면서 관객 스스로 유행을 만들어 내는 예술창작 공간으로, 여기에서는 관객 스스로가 당당한 예술가가 된다. 테이블에는 많은 화장품과 미용 도구가 진열되어 있고, 자신이 원하는 것을 얼마든지 골라 사용할 수 있다. 반투명 판막으로 자신을 숨길 수 있기 때문에 자연스럽게 화장하거나 머리하는 개인적인 행위가 이뤄진다. 미용실 밖에서 바라볼 때 미용실 안에 있는 사람들은 하나의 관찰 대상이자 작품의 일부가 된다.

이후 관객은 다소 어두운 통로를 빠져 나가면서 발견하게 될 나열되어 있는 작은 모니터 속에는 익명의 사람들이 화장을 하고 머리를 손질하고 있다. 자신도 이미 그렇게 다른 사람들에게 이 작은 모니터를 통해 보여졌을 것임을 알게 되는 순간, 자신도 하나의 시각적 유행 시스템에 중요한 역할로 사회 안에 있는 자기 존재에 대한 재인식을 하게 된다.

펠트만의 미술감상 질문하기	
서술하기	• 미용실을 재현시켜 놓았는데, 어떤 생각이 드나요? • 사람들이 미용실 안에서 무엇을 하고 있나요?
분석하기	• 여기에서는 무엇이 작품일까요? • 의자 앞에는 거울이 있고 사람은 없는데, 어떻게 얼굴이 보일까요?
해석하기	• 자신만의 스타일로 멋을 주문할 수 있는 장소는 어떤 곳이 있을까요? • 미용실 세트장 안에 자신이 들어가 있으면 남들에게는 어떻게 보여질까요?
평가하기	• 이 미용실 세트장 안에서 어떻게 하면 나도 작가가 될 수 있을까요? • 자신을 가장 멋지고 아름답게 하기 위해 미용사에게 어떤 주문을 하고 싶나요?

(5) 조근호 '도시의 창-시간의 지갑'

작가 : 조근호
제작 : 2017년
매체 : 캔버스에 유화
크기 : 73×117cm
소장 : 개인 소장

작품해설 조근호는 '인간과 자연'이라는 큰 화두로 인간의 본질을 찾아가는 작업을 하고 있는 작가이다. 그간 다양한 매체 실험으로 뉴욕, 베이징, 홍콩, 도쿄 등에서 전시를 통해 활발히 활동해 왔으며, 광주 비엔날레 본전시인 주제전에 참여해 설치를 통한 다양한 영역의 작품을 선보였다.

최근의 작품 주제인 '도시의 창'은 사람들이 자연스럽게 모여 살면서 마을을 이루고 이 마을이 커져 도시를 이루며 살아가는 현대인의 모습을 자연의 일부로 보며 작업하는 주제이다. 창은 서로 다른 공간을 이어 주는 소통의 통로인데, 작품에서 이 창을 통한 또 다른 공간으로의 시야 확장은 우리 선조가 창을 통해 공간을 넓게 확장하여 자연을 바라보았던 자연관이 잘 드러난 전통 정신이기도 하다. 작품 '도시의 창-시간의 지갑'은 시간에 따라 달리 느껴지는 현실을 또 다른 창을 통해 바라보는 작가의 인생에 비유하여 과거, 현재, 미래로 나누어 볼 수 있도록 그린 그림이다.

부제인 '시간의 지갑'은 시간이 흐르면서 시간은 지갑 속 사물을 다 먹어 버리고 망각에 빠져든다는 셰익스피어의 『트로일러스와 크레시다』에 나오는 대사 중 일부인데, 사람의 기억은 시간이 흐르면 모두 망각을 통해 잊혀진다는 내용이다.

그림에서 운전석 정면으로 보이는 앞쪽 창은 이 그림을 그린 작가의 미래이다. 작가가 그린 미래는 푸르스름한 색상의 반듯한 길로 표현되었는데, 이는 작가 자신의 꿈처럼 인생의 탄탄대로를 달리고 싶은 희망을 표현한 모습일 것이다.

자동차 옆면은 현 시점을 지나는 자동차의 위치이며 작가 자신의 현재 모습이다. 인생은 꿈처럼 자신이 원하는 그대로만 되지 않는다. 어깨에 여러 무거운 짐을 지고 힘겨워할 때도 있고 때로는 기쁨에 즐거워할 때도 있다. 이토록 현실에 직면하며 살아가는 사람들이 느끼는 인생이란, 꿈꾸었던 것과는 사뭇 다르게 느껴지는 현실일 것이다.

과거는 자동차가 지나간 뒤를 보는 사이드미러 안에 미래를 표현한 푸르스름한 색으로 다소 흐린 듯 그렸다. 돌아보니 작가 자신의 인생에서 결코 다른 길이 아닌 자신이 꿈꾸었던 길을 가고 있다는 표현이다.

작가가 과거를 뒤돌아보며 그림으로 그릴 때, 더욱 확실하고 선명한 모습으로 그릴 수 있는 현실이 되었으면 좋겠다.

펠트만의 미술감상 질문하기	
서술하기	• 이 그림에는 무엇이 그려져 있나요? • 이 그림 속 자동차는 어디로 가고 있을까요?
분석하기	• 이 작가는 어떤 생각으로 이런 그림을 그렸을까요? • 자동차 옆면에 보이는 하늘의 줄무늬는 왜 앞면과 다르게 그렸을까요? • 그림 속, 옆쪽 창의 색은 앞쪽 창문의 색과 사이드미러의 색과 왜 다를까요? • 이 그림을 유화(유채)로 그렸다는데, 유화는 어떻게 그릴까요?
해석하기	• 만약에 제목을 짓는다면 무엇이라고 짓고 싶나요? • 이 작품은 무슨 이야기를 하려고 하나요?
평가하기	• 이 작품의 어떤 부분이 마음에 드나요? • 여기에 더 그려 넣고 싶은 부분이 있나요?

(6) 로버트 인디아나의 'LOVE'

작가 : Robert Indiana
제작 : 1970년
매체 : 코르틴 강판 위에 도색
크기 : 366×366×183cm
소장 : 뉴욕시

작품해설 로버트 인디아나(Robert Indiana)는 17살이 될 때까지 부모님을 따라 21번의 이사를 하였다. 그때마다 그의 마음속에는 각각의 숫자가 각인되었으며, 이때부터 숫자에 대한 작가의 관심이 시작되었다. 특히, 인디아나의 성장 환경과 이웃, 친구들은 이후 인디아나의 작업에 많은 영향을 미쳤다. 팝 아트에서 점차 자신만의 독보적인 영역을 만들어 나가게 된다. 인디아나의 가장 대표적인 작품인 'LOVE', 'ART' 외에도 '숫자 시리즈'가 있다.

이 작품 'LOVE'는 'LOVE(사랑)'라는 문자의 추상적인 뜻을 분명하고도 구체적인 메시지로 전달하고 있다. 따뜻한 붉은색과 차갑지만 강렬한 인상을 주는 색채의 대조는 작품을 보는 이에게 매우 강렬한 인상을 남긴다. 사각형과 격자 구도는 안정감이 있으며, 한 문자를 경사지게 하여 색채가 상호작용함으로써 얻는 효과를 잘 살렸다.

미국의 생활, 역사와 관련되는 강령 등을 간결한 짧은 어구로 나타내거나 교통 표시판과 광학 기계의 기하학적 패턴 속에 그려 넣는 특이한 작풍으로 알려져 있다.

인디아나는 크리스마스 카드에 그가 디자인한 문구들이 처음 들어간 작업을 한 이후, 단어 및 숫자들을 회화나 조각으로도 표현하는 몇몇 프로젝트를 계속 이어나갔다. 한 자리 숫자만을 고집하는 그는 0부터 9까지 각 숫자에 출생에서부터 죽음까지의 의미를 부여하고 있다.

그는 현대 그래픽디자인이 얼마나 논리적이고 강력한 것이 될 수 있는지를 알아볼 수 있도록 분명한 상징성을 만들어 내었다.

펠트만의 미술감상 질문하기	
서술하기	• 글자를 이용한 조형물에서 어떤 느낌이 들었나요? • 어떤 색들이 눈에 띄었나요?
분석하기	• 이 작품에 붉은색이 어울리는 이유는 무엇일까요? • 사람들이 현대미술을 쉽게 이해할 수 있는 방법에는 무엇이 있을까요?
해석하기	• 이 작품은 무슨 이야기를 하려고 할까요? • 이 글자는 무슨 내용일까요?
평가하기	• 이 작품에서 서로 연상되는 것이 있다면 무엇일까요? • 많은 사람이 이 작품 앞에서 사진을 찍으려는 이유는 무엇일까요?

(7) 데미언 허스트의 '스폿 페인팅(spot painting)'

작가 : Damien Hirst
제작 : 2012년
매체 : 캔버스에 도료
크기 : 3×3m 외 다양한 사이즈

작 품 해 설 데미언 허스트(Damien Hirst)는 어린 시절부터 정식으로 미술을 공부한 적이 없었다. 미술을 독학하며 방황도 많이 했고 많은 직업을 전전하다가 훌륭한 미술작가가 되었다. 생존 작가인데도 세계적 대가들 작품에 버금가는 작품 가격대로 판매되고 있다. 그는 영국 현대미술을 이끌어 간(YBA) 현존하는 대표 작가이다. 그는 명성을 위해 비난도 불사하고 때로는 그 손가락질의 주인공이 되는 것도 즐기며 특유의 여유와 재기발랄함으로 비평가들이 뭐라 하든 언제나 새롭고 엉뚱한 작품을 위해 노력한다.

노랑, 파랑, 빨강의 상큼한 둥근 점을 보고 있으면 마치 색맹테스트를 하는 듯한 느낌도 든다. 색색의 산뜻한 원이 반복적으로 이어지는 '스폿 페인팅'은 사랑스럽고 달콤한 작품으로, 예술과 상업성을 넘나들어 최근 광고, 자동차, 패션 등에 폭넓게 사용되고 있다.

세계 미술계에서 가장 영향력 있는 화랑이 모인 뉴욕, 런던, 파리, 홍콩 등에서 '땡땡이 그림'이라 불리는 데미언 허스트의 스폿 페인팅만을 모아 활발한 전시회를 가졌다. 캔버스에 원색의 원을 반복해서 그린 그림으로, 자신이 직접 그린 것도 아닌 조수들이 색을 채워 넣은 것이다.

도트(dot) 무늬는 복잡한 일상 속 커다란 굴레 안에서 질서정연하게 움직이는 사람들의 모습처럼 보인다. 화사하고 역동적인 경쾌한 색깔의 단일 규모의 점들로 표현함으로써 보는 이에게 심리적인 안정감을 준다. 색채, 명도, 채도의 차이가 만들어 내는 착시 현상이 무질서와 혼동, 삶과 죽음에 관해 개념적이고 이성적인 태도와 관점으로 접근하여 양극의 이슈를 공유한다는 점에서 은유적이고 묘한 매력으로 다가온다.

펠트만의 미술감상 질문하기	
서술하기	• 이 작품에서 첫 느낌은 어떤 생각이 드나요? • 평범한 그림을 크게 그리면 어떤 느낌일까요?
분석하기	• 이처럼 단순한 작품이 Picasso나 고흐의 작품처럼 비싸게 팔리는 이유는 어디에 있을까요? • 누구나 쉽게 그릴 수 있는 작품을 조수들에게 도움을 받는데, 왜 다 그리지도 않은 사람이 작가일까요?
해석하기	• 이 작품들에서 무엇이 보이나요? 무슨 이야기를 하려고 하나요? • 가까이에서 보면 멀리서 볼 때와 무엇이 다를까요?
평가하기	• 이 작품이 일상생활 어디에 나왔으면 좋을까요? • 왜 단순한 작품을 보았는데도 여러 가지 생각이 들까요?

2 미술치료

1) 미술치료의 개념

미술치료는 'art therapy'로 예술치료, 예술요법, 미술치료, 회화요법 등으로 번역되어 한마디로 정의는 어렵지만 'art'와 'therapy'의 합성어로 궁극적으로 심신의 어려움을 겪고 있는 사람을 대상으로 하여 그들의 미술작업, 즉 기법이나 매체를 활용한 미술활동을 통해 통해서 심리를 진단하고 치료하는 데 목적이 있다. 다시 말해서, 치료적인 틀 안에서 미술과 다른 시각적 매체를 사용하는 것으로 교육과 재활, 정신치료 등 다양한 분야에서 널리 사용되고 있으며, 인격의 통합, 심리적인 안정과 치유를 위한 치료적 활동이다. 최근에는 예술치료로 번역하게 되면서 미술뿐만 아니라 음악이나 연극, 시, 소설, 춤, 레크리에이션, 놀이, 작업 등 자기표현을 매개로 한 것을 모두 포함하여 사용된다.

최근 의학계나 심리학 분야는 언어로 표현하지 못하는 인간의 감정을 이해하기 위한 대체적 진단 수단으로 시각적 심상의 역할과 중요성을 주목한다. 관련 학계에서 미술치료는 비언어적 표현방법인 미술작업을 통하여 인간심리를 진단하여 개인 문제를 해결하면서 원천적인 내적 갈등의 원인을 이해할 수 있는 중요한 표현 수단으로 간주된다.

미술치료는 결국 비언어적인 소통의 기법으로 미술은 의미를 탐색하면서 자기이해, 개인의 성장, 자가 능력 부여 등에 주요한 영향력을 갖게 되는데, 이것이 미술의 치유적인 힘이 된다(Malchiodi, 1999). 프로이트(Freud)는 "미술적 표현은 인간의 내면세계를 이해하기 위한 길"이라고 하였으며, 융은 "미술이 자기이해와 감정에 접근하는 방법을 제공해 준다."라고 보았다. 이러한 측면에서, 미술은 심리적인 힘을 가지고 인간 내면의 상처나 왜곡된 심리적 문제를 발견하게 하고 회복시키며 잠재력을 개발시켜 예방적인 차원에서 자기 성장에 큰 역할을 한다. 또한, 미술치료는 창조적인 미술활동 안에서 자신의 상황을 표출하고 수요하게 하는 과정을 통해 삶에 대한 용기와 의지를 키운다. 그리고 자기와의 동일성을 경험하도록 돕고, 인간의 잠재력과 성장 가능성을 개발하는 자기 경험을 하도록 도와(Furth, 2002; Rubin, 1999) 인격을 재통합하는 데 목적이 있다.

미술치료는 개인이 미술적인 창작활동을 통하여 표현하고 치료자는 그 치료 목표에 따라 미술 과정에 개입하고 조정하며 미술을 매개로 개인과 대면하고 함께 문제를 해결해 나간다. 즉, 미술을 매개로 치료하는 것이다(주리애, 2000). 그러므로 미술활동을 통하여 자신의 내면을 나타내며 외부 세계로 형상화하므로 내면 상태를 진단하고 심리적 갈등을 스스로 직면하여 해결하도록 도와줌으로써 심리적인 불균형을 완화시켜 준다.

미술치료에서의 작품의 완성은 자존감 및 개인의 성장을 촉진할 뿐만 아니라, 미술적 표현이 수치심이나 열등감의 근원을 없애는 좋은 매체가 된다. 작품을 통해 변화를 관찰하고 그 변화 과정을 이해하여 치료적 중재를 할 수 있다. 다양한 재료를 경험하고 조절하면서 성취감과 만족감을 느낄 수 있다. 특히, 말보다 심층적 경험을 표현할 수 있는 비언어적 의사소통 기법으로서 좋은 의사소통의 수단이다. 이런과정을 반복함으로 언어적·시각적 이미지에서 지금까지 상실, 왜곡, 방어, 억제되어 있는 상황에서 더욱 명확한 자기상, 자기 자신의 세계관을 재발견하여 자기동일화, 자기실현을 꾀하게 된다고 본다(Wadeson, 1980). 그리는 일 자체가 창조적 활동으로 정화 혹은 승화의 기능을 수행할 수 있다. 묘사하고자 하는 대상을 조직화를 통해 무의식을 의식화하는 데 유용하며 정신 기능을 회복하는 데 도움을 줌으로 치료적 효과가 있다.

따라서 미술치료의 궁극적인 목표는 진정한 표현의 성취로부터 나오는 기쁨과 유쾌한 흥분을 얻기 위하여 이러한 느낌을 어떤 창조적 양상인 정직한 표현으로 변화시키는 것이다. 창조적 표현활동을 통하여 특별히 정신적, 사회적, 신체적 안녕을 찾는 것이다(이현, 2001).

미술치료에서 미술은 유아·아동에게 의미 있는 경험으로 자신의 가치를 높여 주고 새로운 것을 발견하게 하며, 자신에 대한 자신감과 가능성, 가치관 등을 형성할 수 있게 한다. 특히, 시각적인 표현 수단인 미술은 문제행동을 보이는 유아·아동에게 언어적 표현 수단과는 달리 심한 저항감이 없어 자신의 감정이나 사고를 자신도 모르게 구체화시키고, 그림을 통해 자신의 경험이나 내적 욕구, 무의식적인 갈등, 정신역동을 나타내게 하여 유아·아동의 갈등을 조정하고 자기표현과 승화작용을 통하여 문제를 해결하는 데 도움을 줄 수 있다(한국미술치료학회, 1994). 미술치료는 유아·아동에게 대인 관계의 경험과 자존감을 향상시켜 문제행동을 수정할 뿐 아니라 모-자녀 관계 특성에도 긍정적인 영향을 미친다. 또한, 미술작업은 미술매체의 사용을 통해 유아·아동에게 감정 표현과 자신감을 갖도록 해 준다.

2) 미술치료의 역사

미술치료는 기원전 2만 년 이전부터 동굴벽화를 통해 주술적인 의미와 치료의식의 한 부분으로 이어졌다. 미술의 치료적 힘은 문화를 통하여 전수되었지만, 임상적 차원의 미술치료는 19세기 후반부터다. 미술치료의 기원은 나라마다 다르나, 19세기 초반 독일 정신병원 의사들이 미술활동을 작업치료라는 포괄적 관점의 한 부분으로 환자 치료에 미치는 예술적·정서적 효과로 받아들이면서 시작되었다고 할 수 있다(Domma, 1990).

1926년 구디너프(Goodenough)의 '인물화에 의한 지능 검사'를 비롯하여 20세기 중반부터는 프로이트의 정신분석학적 이론과 경험에 입각한 치료를 위한 미술행위가 시작되었다.

(1) 미국

미술치료의 학문적 토대는 프로이트와 융의 이론에서 나타나며, 1905년 프로이트가 아동 치료 시에 그림 그리기를 실시함으로써 그림의 의사소통 유용성 측면을 강조하였고, 융은 만다라를 통해 의식의 시각화를 강조하였다.

1940년경 프로이트의 정신분석학이론을 바탕으로 나움버그(Naumburg)는 무의식 속의 사고와 감정이 그림에 직접 표현된다고 믿어 미술교육의 한 방법으로 '자발적인 그림(spontaneous art)'을 시도하였다. 이런 언어적 형태로 발전시킨 미술 표현으로 무의식에서 표현된 상징적 내용과 그림 과정, 그림과의 대화를 중요시하였다. 그림을 매체로 이용하는 심리치료적 양식으로 'art in therapy'와 구분하여 그림의 전이와 상징성을 중요하게 다루었다.

나움버그의 뒤를 이어 1950년대 크레이머(E. Kramer)는 'art as therapy'를 도입하여 '치료로서의 미술'로 언어적 방해를 받지 않는 미술 창조 과정 자체의 치료적 역할인 미술치료에서 미술의 입장과 미술교육적 관점을 강조하였다. 프로이트의 승화이론에 입각하여 자신의 억압된 충동에 접근하고 자신이 겪는 갈등을 재경험하며, 자기훈련을 통해 갈등을 해결하고 통합하는 것으로 보았다. 즉, 나움버그는 치료에 역점을 둔 관점(치료에서의 미술)을, 크레이머는 미술 자체 활동에 역점을 둔 관점(치료로서의 미술)을 취하게 되었다.

이렇게 초기 미술치료는 정신분석학에서 출발하여 현재 여러 가지 접근법에 이르게 되었다. 이때 그들의 입장을 모두 받아들인 정신병동의 미술교사인 울만(Ulman)은 1961년 「*Bulletin of Art Therapy*」의 창간호에서 '미술치료'라는 용어를 최초로 사용하였다. 그녀는 미술과 치료라는 개념을 포괄적으로 받아들여 미술치료는 치료적 측면과 창조적 측면을 모두 포함한다고 보았다(한국미술치료협회, 1990). 결국 울만에 의해 정신분석적 이론에 근거를 둔 내적 갈등과 승화라는 개념이 통합되었다.

그 밖에도 미국의 미술가이며 심리학자인 레비(Levy), 미술치료를 대학과정에 도입한 레빅(Levick)과 로빈슨(Robbins), 랜드가르텐(Landgarten), 와데슨(Wadeson) 등이 1950년대와 1960년대를 거쳐서 오늘날까지 미술치료의 발전에 기여하고 있다.

(2) 독일

독일은 제2차 세계대전 중에 히틀러에 의해 예술이 탄압받았고, 1950년대에는 항

정신약이 정신과 치료에 주도적 역할을 하였다. 1960년대에 들어와 미술치료에 대한 재고가 이루어져 학문으로 정착하는 과정을 거치게 되었다. 대표적으로 인지학(Anthrosophie)의 창시자인 슈타이너(Steiner) 사상에 영향을 받은 풋츠(Putz)는 1964년 '미술치료(Kunsttherapie)'라는 개념을 처음으로 사용하였다. 독일은 1980년대 이래로 미술치료사가 직업으로 인정받게 된다. 이후 미술치료는 게슈탈트 치료적 관점, 인지학적 관점, 정신분석적 관점을 지닌 여러 학자에 의해 다양한 독자적 노선을 걷고 있다.

(3) 영국

영국의 미술치료 발전에 기여한 대표적 인물인 미술가 힐(Hill)은 제2차 세계대전에 군 요양소에서 환자로 있으면서 무료함과 스트레스를 극복하려고 그림을 그리기 시작하였다. 다른 환자들도 그를 따라 조형예술을 매개로 자신들의 병에 대한 고통과 불안, 죽음 등을 표현하기 시작하였다. 힐은 창의적 활동을 통해 경험한 미술의 치료적 역할을 사회에 알리기 위해 열정적으로 노력하였고, 1946년 최초로 영국의 국립 정신과 병원에서 정식 미술치료사로 인정받게 되었다. 당시 영국은 미술치료사를 위한 특별한 교육제도가 없었으므로 1960년까지는 미술교육에서 치료적 모델을 찾았으며, 1970년대에 들어와서 미술치료와 미술교육이 분리되었다.

(4) 한국

우리나라에서는 1960년부터 실시되었으며, 1982년에 임상예술학회를 창설하였으고 1990년대 초에 심리학과 특수교육 분야에서 미술치료에 관한 연구가 시작되었다. 1992년에 한국미술치료학회가 창립되었고, 현재는 몇몇 미술치료학회의 본격적인 연구를 기점으로 대학과 연구소, 평생교육원, 사회교육원 등에서 전문미술치료사 양성 과정을 개설하여 미술치료사를 배출하고 있다. 그 결과 사회복지기관이나 장애인복지관, 아동상담소, 노인복지관, 재활센터, 병원 등에서 미술치료사들이 활동하고 있다. 오늘날 많은 임상에서 미술치료가 활발히 이루어지고 대학과 대학원에 미술치료학과가 개설되어 학문적·임상적 연구가 체계적이고 심층적으로 이루어지고 있다.

표 I-5 국가별 미술치료 현황

국가	미술치료
미국	• 1907년 정신과 병동에서 환자들이 미술가들의 지도하에 미술활동을 시도 • 1940년대 초반 미술을 심리치료적 관점과 연계하여 인식하게 됨 • 정신분석적 이론에 근거한 미술심리치료 • 나움버그 : art in therapy • 크레이머 : art as therapy (프로이트의 승화이론에 입각) • 울만 : 나움버그 + 크레이머 = 통합적 입장(치료 + 창조)
독일	• 제2차 세계대전으로 히틀러에 의한 예술의 탄압 등으로 미술심리치료는 퇴보함 • 1960년대 이후 미술심리치료가 새로운 학문으로 정착됨 • 풋츠(1964) : 인지학의 창시자인 슈타이너의 사상에 영향받음 → 예술을 치료적 도구로 이용 • 1970년대 미술심리치료가 정신분석적 측면과 마약중독 청소년, 노인과 성교육 등에 적용
영국	• 힐 : 미술가로서 창의적인 활동의 치유적 힘을 직접 체험함으로써 미술의 치료적 역할을 알리는 데 기여(1945) • 1960년대 미술심리의 치료적 모델을 미술교육에서 찾음 • 1970년대 미술심리치료와 미술교육이 분리 • 1980년까지 공식적으로 미술심리치료는 작업 치료에 포함시킴 • 1997년 독립된 직업으로 인정
일본	• 정신과 의사인 도쿠다(1950)에 의해 정신과 병원과 같은 치료 시설 안에 통합되어 운영 • 일본 묘화 테스트, 임상묘화학회 등이 활발히 운영
한국	• 1990년대에 미술심리치료가 본격적으로 소개 • 1998년, 대학과 대학원에 미술심리치료 관련 전공학과 개설 • 1998년, 사단법인 한국미술심리치료협회 창립 • 2009년, 장애아동 재활치료 서비스 사업에 미술심리치료가 포함되어 직업군으로 왕성하게 활동할 수 있는 길이 열림

3) 통합적 미술치료

최근 예술심리치료의 방향성 정립과 통합적 가치에 대한 연구에 관심이 고조되면서 통합 개념의 예술심리치료에 대한 관심을 드러내고 있다.

통합적 미술치료란 미술치료에 있어서 치료 효과를 상승시킬 수 있는 다양한 매체를 미술치료의 영역 안에 통합시킨 접근법이다. 미술매체의 치료적 특성을 동화, 이야기, 시, 음악, 무용, 연극, 인형극, 팬터마임 등의 치료와 연계해 상호 통합적으로 적용하는 것을 말한다.

예술심리치료는 제한적인 심리진단 도구에 의존한 진단과 평가에 머무르지 않고, 미술, 음악, 동작, 드라마, 글쓰기 등의 표현활동과 시각, 청각, 촉각 등 오감의 통합에 의한 신경 및 뇌 과학, 생체의학의 발달을 함께 활용할 수 있는 사고와 연구로 확장될 수 있을 것이다(예술심리치료학회, 2008). 결국 자기 탐색을 촉진시키는 통합 개념이다.

4) 미술치료의 장점

① 일반적 치료는 언어적 의사소통으로 끌어내지만 미술은 비언어적인 의사소통방식으로 언어적 표현력이 부족한 아이나 장애인도 치료적인 효과를 얻을 수 있다.

② "우리는 심상(image)으로 생각한다(Wadeson, 1980)."라는 말처럼 형태를 취하기 전에 심상으로 사고한다. 사람의 초기 경험은 중요한 심상의 요소가 되며 그 심상이 성격 형성에 중요한 역할을 하게 된다. 인간은 잠재의식을 표현함으로써 자신을 알아가는 데 도움이 되고 치유 효과를 기대할 수 있다.

③ 결과물을 자료의 연속성을 통해 내담자 자신의 변화 과정을 보면서 이해력을 높일 수 있다. 즉, 자신의 작품을 보관하여 필요한 시기에 꺼내어 재검토하여 치료 효과를 높일 수 있다.

④ 자신에 관한 이해가 증가되면서 자아존중감을 향상되며 문제해결력에 도움을

줄 수 있다.

⑤ 과거와 현재, 미래를 무의식 속에서 표현하므로 내재된 감정을 향상시킬 수 있는 공간성을 지닌다.

⑥ 창조성과 활력 있는 에너지를 발산시킴으로 신체적 에너지를 준다. 미술활동을 통해 토론과 감상, 정리하는 과정에서 활기를 띈 모습을 볼 수 있다.

⑦ 구체적인 유형의 자료를 즉시 얻을 수 있으며, 무의식적 교류를 통해 내담자와의 대인 관계를 원만하게 해 준다.

⑧ 누구라도 쉽게 그릴 수 있고, 그림을 잘 그리는 것과는 무관하기에 거부감이 적고 무의식적인 내면세계를 손쉽게 알 수 있다.

(1) 유아·아동 미술치료의 효과

유아·아동 미술치료는 문제행동을 보이는 유아·아동이 자신의 감정(기쁨, 슬픔, 분노 등)을 자연스럽게 표현하게 해 주고, 심상을 표출하면서 건전하고 건강한 에너지를 발산하여 정신건강에 도움이 된다. 충분한 표현과 지지를 통해 유아·아동은 퇴행적이고 공격적인 상징적 자아를 수용하는 것을 배울 수 있다. 매체의 사용을 통해 자신감 및 꿈과 희망을 주어 실현할 기회를 갖도록 해 준다.

또한, 도구와 과정에 익숙해지는 유능함을 느끼고, 공격적인 행동을 완화시키게 되며, 유아·아동 개인의 갈등을 조정하게 한다. 즉, 자기표현과 승화작용을 통해 자기 성장을 촉진시킬 수 있다. 그리고 묘사하고자 하는 대상의 조직화를 통해 정신기능을 회복하는 데 도움을 주며 치료적 효과가 있다(오가영, 2005).

따라서 유아·아동 미술치료는 유아·아동의 대인 관계의 경험과 자존감을 향상시켜 문제행동을 수정할 뿐만 아니라 긍정적인 자아 성장에도 영향을 미친다.

미술기법 중 콜라주에 의한 미술치료는 자발성을 향상하며, 집중성과 참여도에 영향을 미쳤다고 보고되었으며(김은숙, 2005), 문제행동을 보이는 유아·아동은 이런 집단미술치료 활동에 참여함으로써 상호작용과 대인 관계에 중요한 역할을 한다. 집단에서 미술이라는 매개체를 통하여 상호작용하며, 서로를 지지하고 수용하며, 협동작업 과정을 통해 타인을 고려할 줄 아는 사회적 조망과 친구관계의 하위 영역에 있어서도 긍정적인 영향을 미친다(오가영, 2005, 재인용).

또한, 에너지의 표출과 함께 감정의 정화를 돕고 협동심과 대인 관계 기술을 익힐 기회를 제공하기 때문에 유아·아동의 미술치료는 병의 치료보다는 사회적 기능을 신장시키는 창조력, 자기 확신, 타인의 의지, 참여 등을 목표로 하고 있다. 그러므로 집단미술치료는 이타심, 응집력, 보편성, 대인 관계에서의 배움과 가르침, 인내, 자신의 이해, 희망 얻기, 존재 의식 높이기 등의 효과가 있다(강정원, 2002).

이처럼 미술치료는 내면의 문제, 희망, 느낌 등을 언어가 아닌 또 다른 전달 수단을 필요로 하는 유아·아동의 내면세계와 외부 세계 사이의 원활한 의사소통 도구로, 원만한 인간관계 형성을 위한 수단이 되며(오가영, 2005), 자신을 이해하게 되고, 억제된 감정을 치유할 기회를 갖게 되어 유아·아동이 사회에서 성장하는 데 밑거름이 된다.

5) 미술교육과 미술치료의 공통점과 차이점

미술교육과 미술치료의 공통점과 차이점을 살펴보면 〈표 Ⅰ-6〉과 같다.

표 Ⅰ-6 미술교육과 미술치료의 공통점과 차이점

구분	미술교육	미술치료
공통점	• 개인의 삶과 자아의식을 풍요롭게 만들어 개인 성장을 돕는다. • 자기 생각이나 감정을 표현하는 하나의 방법이다. • 유아의 성장·발달에 매우 효과적인 것으로 알려져 왔다. • 미술매체를 다루는 동안 자기 생각이나 느낌을 표현하여 더 나은 발달을 한다. • 정서발달에 중요한 의미를 갖는다. • 표현을 통해 내면의 문제, 희망, 느낌 등을 자유롭게 표출할 수 있다는 면에서 다른 어떤 접근보다도 효과성이 높다. • 다양한 활동을 통해 표현 및 감상 능력을 기르고 계발하여 정서를 함양하여 인격 형성의 경험 기회를 제공한다.	

구분	미술교육	미술치료
차이점	• 인간 형성을 위한 교육적 목적을 가진다. • 교사의 주도하에 계획적으로 교육이 이루어진다. • 일반적 발달에 다른 목표를 가질 수 있다 • 재료와 환경을 목표에 따라 결정한다. • 발달에 따라 목표를 단계화한다. • 객관화된 평가를 할 수 있다. • 창의성과 인지적 성장을 촉진시킨다. • 미술의 기술을 가르친다. • 평가하기 위해 결과물을 중요시한다.	• 치료적 목적을 가진다. • 내담자 개인의 주도하에 이루어진다. • 일반적 발달이 무시될 수 있다. • 재료와 환경은 개인의 문제 상황에 따라 결정한다. • 개인에 따라 목표를 다르게 설정한다. • 심리적인 색상을 허용하며 내면의 솔직한 표현을 중요시한다. • 내담자에 따라 매체 사용이 더욱 폭넓고 다양하다. • 내면적인 표현을 알아 가는 과정을 중요시한다.

6) 문제행동에 따른 미술교육·미술치료의 현장 적용

'문제행동(problem behavior)'은 1950년 이후 프로이트의 영향을 받아 '정서장애(emotional disorder)'라는 용어로 사용되었다가 1960년대 이후 '사회부적응'이라는 용어로 사용되었다. 최근에는 문제행동과 사회부적응 모두 사용하는데, 문제행동은 유아·아동이 속한 가정이나 유아교육기관에서 관찰할 수 있는 행동들로 유아·아동의 사회생활에 부정적인 영향을 미치는 것으로 보고되고 있다(고현, 2008).

즉, 유아·아동의 문제행동을 부모나 교사가 방치할 경우 단기적으로는 학령기 자아 개념이나 유능감에 부정적 영향을 미칠 뿐만 아니라 장기적으로 청소년기나 성인기의 사회적응에 부정적 영향을 미치게 된다.

그라함과 루터(Graham & Rutter, 1973)도 유아기에 문제행동을 보인 사람의 75%가 성인이 되어서도 문제행동을 보인다는 연구 결과를 발표하였다. 유아 문제행동의 조기 진단은 부모나 교사에 의해 가능하므로 미술활동을 통해 교육과 치료적인 차원에서 접근해야 할 필요가 있다.

고현(2008)은 문제행동을 유아·아동 자신이 속한 집단에서 교사나 부모가 동일 연령대의 유아·아동에게 기대하는 반응을 벗어나 교육적으로 지도하기 힘든 부적절한 행동이라고 정의했다.

다음은 교육현장에서 문제행동으로 나타나는 것 중에서 가장 두드러진 행동 중 몇 가지를 통해 미술교육과 치료적인 적용을 〈표 Ⅰ-7〉에 제시한다.

표 Ⅰ-7 미술교육과 치료적인 적용

구분	의미	원인	대처 방안	현장 적용
반항, 공격	• 의도적으로 상대에게 해를 입히는 행위 • 언어, 신체, 감정 동반, 충동적, 반응적, 개인적, 집단적 공격	• 불안, 자아실현의 결여, 생활조건의 불만족, 정치적 상황, 사회적 가치관, 잘못된 교육, 본능적 충동 등	• 질 높은 교육 • 집단생활, 사회생활 기회 제공 • 생활 조건 개선 • 자아실현 기회 제공 • 창의적 여가활동	• 점토활동 • 상상과 환상여행 • 예술심리치료 (음악과 동작을 이용한 그림 그리기) • 콜라주, 물감놀이
주의력 결핍, 과잉행동	• 가만히 있지 못하고 돌아다님 • 흥분된 상태 유지 • 기다리지 못함 • 집중력 결여 • 건망증 • 위험한 행동 • 듣는 태도 결여 • 가벼운 자극에도 쉽게 산만	• 음식에 함유된 과다 성분(인산염, 당분, 중금속으로 인한 알레르기성 반응) • 가정환경의 영향	• 안정감과 신뢰감을 주는 환경 제공 • 정해진 일과 계획 • 자극적인 것 삼가기 • 영양분 있는 음식, 복합비타민 이용 • 진지한 관심 • 자유로운 형태의 활동 제공 • 단순 과제 제시	• 동작치료와 음악을 이용한 작업을 함께 시도 • 감각을 자극하는 재료를 단계적으로 사용 • 색 분별과 색 변화 연습

구분	의미	원인	대처 방안	현장 적용
틱	• 운동 틱과 음성 틱 • 눈을 계속 깜빡임 • 머리를 젖히기 • 손뼉 치기 • 헛기침, 코를 훌쩍이기 • 자신이 만든 소리 내기	• 무의식적 모방이 습관화 • 심리적 부담 • 운동 충동에 분출 • 자기 욕심과 속박	• 안정감 필요 • 상담, 이완훈련 치료	• 놀이요소가 많은 미술치료, 동작·율동과 음악을 가미한 미술치료 • 점토작업, 물감놀이
손 빨기, 손톱 물어뜯기	• 손톱을 씹거나 물어뜯는 행위 • 아동, 청소년뿐만 아니라 성인에게도 나타남	• 심리적 억압, 속박 • 긴장과 흥분 • 공격성의 다른 표현 • 과도한 윤리교육 • 애정결핍	• 습관된 행동 관찰 • 다른 활동 유도 • 자유롭게 생활 • 자율적 활동 연습 • 공격적 충동 표출	• 입체 작업 • 난화놀이, 만다라 • 핑거페인팅 • 신문지 찢기
거짓말	• 편리성 거짓말 • 위급 상황 거짓말 • 농담·장난 거짓말 • 꾀병, 위장, 가장	• 애정결핍 • 상상과 실제의 혼동 • 자기중심적 사고 • 부적절한 본보기 • 자기 보호	• 성인의 일관성 있는 행동 • 갈등 상황 파악 • 정서적·심리적 욕구 인정 • 지속적인 관심	• 인형이나 탈 만들기와 역할극 • 가족과 집단미술 활동 • 동화 듣고 그리기 • 만다라 그리기
자폐	• 사회성 발달, 언어 발달, 행동장애 • 타인과 자발적 감정 공유 못 함 • 반복적이며 상동증적인 양상	• 복합적인 원인으로 규명되는데, 생물물리학적, 신경심리학, 비교행동, 정신분석, 학습이론적 관점	• 조기 발견을 위한 진단 • 교육과 치료 병행 • 부모상담, 단계적이고 지속적인 계획에 의한 교육·치료 접근 시도 • 다양한 재료로 변화에 대처하고 적응하도록 함	• 감각훈련을 자극하는 매체 활용 – 핑거페인팅, 물감 불기, 신체 그리기 등 – 예술심리치료로 접근 시도

7) 미술치료사의 자질과 역할

창작 미술을 통한 심리치료를 가능하게 하기 위하여 미술치료자가 갖추어야 할 필수 요소가 있다. 미술치료사는 기본적으로 내담자의 심리 상태를 정확히 파악하고 이해하는 소양을 갖추어야 한다. 다음에서 자세히 살펴보도록 한다.

(1) 미술치료사의 자질

① 인간에 대한 기본적인 사랑과 존중이 있어야 한다.

② 유아·아동의 성장과 치료 과정에 대해 신뢰를 기초로 겸손함, 고요함, 인내심, 온화함, 성실성, 안정감, 진실성과 열정이 있어야 한다.

③ 치료자가 내담자에게 행하는 칭찬이나 격려, 지지, 통제 등은 적절한 시기에 신중하게 사용되어야 한다.

④ 선입견과 편견 없이 유연함을 지녀야 한다.

⑤ 대화와 감정의 소통을 위한 공감 능력이 있어야 한다.

⑥ 치료의 과학적 측면을 고려해야 한다.

⑦ 인간의 이해와 정신의학과 심리학, 교육학, 사회학의 지식을 갖추어야 한다.

⑧ 미술치료사 자신을 이해하고 있어야 하며, 자신도 개인치료와 집단치료를 지속적으로 받아야 한다.

⑨ 미술심리치료의 다양한 이론적 관점과 진단 및 평가에 대한 안목이 필요하다.

⑩ 치료에 대한 윤리적·법적 책임을 알고 지켜야 한다.

(2) 미술치료사의 역할

① 정서적 지지자로 유아·아동의 마음속 흐름을 잘 파악하여 공감하고 수용한다.

② 유아·아동은 칭찬받았던 표현에 머물 수 있기에 새로운 시도를 해 볼 수 있는 힘을 준다.

③ 유아·아동이 재료를 사용할 때 기술적으로 좌절하지 않도록 도와준다.

④ 유아·아동이 스스로 선택하고 표현할 수 있게 해 주어야 한다.

Ⅱ CHAPTER

미술치료의 심리검사기법

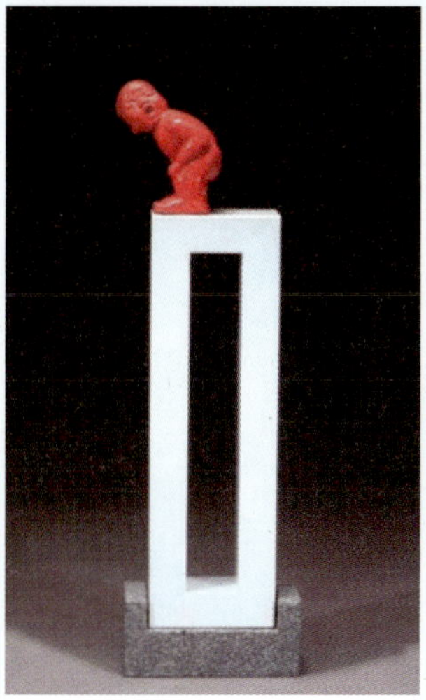

제목 : 세상을 바라보다
작가 : 이기원
크기 : 72×21×10cm
재료 : 화강석 + 철 + FRP
제작 : 2016년

1 HTP 검사

HTP(house, tree, person) 검사는 1948년 벅(Buck)이 개발하였는데, 그는 단일 과제의 그림 검사보다 집-나무-사람을 그리게 해서 피험사들의 투사적인 면과 발달적인 면을 이해할 수 있다고 하였다. 벅이 집, 나무, 사람 3가지를 사용한 이유는 유아에서 노인까지 검사가 가능하고 친밀감을 가질 수 있으며, 의식·무의식 연상을 통한 솔직하고 자유롭게 언어로 표현할 수 있기 때문이다. 또한 개인적 성격의 다양한 면을 볼 수 있다.

한국에서는 표준화 검사로 개발되어 있지 않고 일본과 미국의 자료를 바탕으로 진단한다.

1) 검사 도구

- **준비물** : A4용지 4장(우측 상단에 ①~④를 작게 써넣은 종이), 연필(4B, HB, 연필심은 너무 뾰족하지 않을 것), 지우개 등
- **소요시간** : 각 그림에 10분 정도

2) 실시 방법

(1) 개별검사

- 개별검사는 검사 도구를 책상 위에 두고 다음과 같은 지시 사항을 말한다.
- 종이를 가로로 제시한 후 "지금부터 그림을 그려 봅시다. 이것은 잘 그리고 못 그리는 것을 조사하는 것이 아니므로 즐거운 마음으로 그리십시오. 또한, 이것

은 사생을 하는 것이 아닙니다. 자기가 생각한 대로 솔직히 그리면 됩니다. 한 장의 종이에 하나씩 모두 4장의 그림을 그릴 것입니다."라고 설명한다. 그다음에 "종이 ①에 집을 그리십시오."라고 지시한다.

- 검사자는 피검자의 질문에는 "당신이 생각한 대로 그리십시오."라고만 대답해 주며 피검자의 질문과 소요시간은 기록해 둔다.
- 집 그림을 끝내면 ②번의 종이를 세로로 제시하며 "이번에는 나무를 한 그루 그리십시오." 하고 말한다.
- 나무의 그림이 끝나면 ③번의 종이도 세로로 제시하며 "이번에는 사람을 한 명 그리세요. 사람의 전신을 그립니다. 단, 막대 인물이나 만화 인물은 그리지 마세요." 하고 지시한다. 피검자가 막대 혹은 만화 인물을 그린다면 다시 한 번 그림을 그리게 한다. 두 번째도 같은 방식으로 그리다면 이는 해석적인 유의미성을 지닌다고 볼 수 있다. 즉, 검사에 대한 거부감으로 표시일 수 있다.
- 검사자는 피검자가 사람을 다 그리고 나면, 그 그림이 남자(성)인지 여자(성)인지 질문하여 피검자의 대답을 ③번의 아래에 기재한다.
- ④번의 종이를 세로로 제시하며 "그러면 이번에는 남자(혹은 여자)를 한 명 그려 보십시오. 역시 전신을 그리십시오."라고 말한다. 이때 ③번에서 그린 인물과 반대되는 성별을 그리도록 지시한다.

(2) 집단검사

- HTP를 집단검사로 실시할 경우에는 옆 사람의 그림을 보지 않도록 하고 사생을 하지 않도록 강조하며, 만화 혹은 막대형의 그림 등으로 그리지 않도록 피검자에게 주의시킨다. 그리고 지시 사항은 개별검사와 같다.
- 검사를 실시하기 전에 반드시 준비한 백지의 우측 상단에 조그맣게 '①~④'의 번호를 써놓아야 한다. 피검자에게 각각의 그림에 이름을 기록하게 하고 '③'번과 '④'번의 인물화에는 성별을 기록하게 한다.

3) 모두 그린 후 그림에 대한 질문(PDI)

모두 그린 후 그림에 대한 질문(PDI: post drawing inquiry)는 HTP에서 표현한 것의 의미와 문제를 파악하는 데 매우 중요한 역할을 하지만, 질문지의 질문을 다 한다면 너무 피곤하다. 그림을 그리면서 말하는 태도와 무엇을 말하는지가 더 중요하다. 질문은 특별히 일정한 형식은 없으며 검사자의 필요에 따라서 행하는 것이 좋고, 대답에 대해서는 이유를 묻는 것이 바람직하다.

HTP 검사, 즉 집－나무－사람 그림을 그린 후에 피검자에게 일반적으로 하는 질문은 〈표 Ⅱ-1〉, 〈표 Ⅱ-2〉, 〈표 Ⅱ-3〉에 각각 제시한다.

표 II-1 집 그림을 그린 후의 질문

질문	피검자의 답변
이 집은 도심에 있나요, 교외에 있나요?	
이 집 가까이에 다른 집이 있나요?	
이 그림에서 날씨는 어떠한가요?	
이 집은 당신에게서 멀리 있나요, 가까이 있나요?	
이 집에 사는 가족은 몇 명이며 어떤 사람들인가요?	
가정의 분위기는 어떠한가요?	
이 집을 보면 무엇이 생각나나요?	
이 집을 보면 누가 생각나나요?	
당신은 어떤 집에 살고 싶나요?	
당신은 이 집의 어느 방에 살고 싶나요?	
당신은 누구와 이 집에 살고 싶나요?	
당신의 집은 이 집보다 크나요, 작나요?	
이 집을 그릴 때 누구의 집을 생각하고 그렸나요?	

질문	피검자의 답변
이것은 당신의 집을 그린 것인가요?	
(특수한 집인 경우) 왜 이 집을 그렸나요?	
(그림에서 이해하기 곤란한 부분에 대하여) 이것은 무엇인가요? 왜 그렸나요?	
이 그림에 첨가해서 그리고 싶은 것이 있나요?	
당신이 그리려고 했던 대로 잘 그려졌나요? 어떤 부분이 그리기 어려웠고 마음에 들지 않던가요?	

표 II-2 나무 그림을 그린 후의 질문

질문	피검자의 답변
이 나무는 어떤 나무인가요? (불확실할 경우 상록수 혹은 낙엽수인지 질문한다.)	
이 나무는 어디에 있는 것인가요?	
한 그루만이 있나요? 숲속에 있나요?	
이 그림의 날씨는 어떠한가요?	
바람이 불고 있나요? 바람이 분다면 어떤 바람이 어느 방향으로 불고 있나요?	
이 나무는 몇 년쯤 된 나무인가요?	
이 나무는 살아 있나요? 말라 죽었다면 언제쯤 어떻게 말라 죽었나요?	
이 나무는 강한 나무인가요, 약한 나무인가요?	

질문	피검자의 답변
해가 떠 있나요? 떠 있다면 어느 쪽에 떠 있나요?	
이 나무는 남자와 여자 중 어느 쪽을 닮았다고 보나요?	
이 나무는 당신에게 어떤 사람을 느끼게 하나요?	
이 나무는 당신으로부터 멀리 있는 나무인가요, 가까이 있는 나무인가요?	
이 나무에 필요한 것은 무엇인가요?	
이 나무는 당신보다 크나요, 작나요?	
이것은 무엇인가요? (상흔 등이 있으면) 어떻게 해서 생겼나요?	
(특수한 나무인 경우) 왜 이 나무를 그렸나요?	
이 그림에 첨가해서 그리고 싶은 것이 있나요?	
(그림에서 이해하기 곤란한 부분에 대하여) 이것은 무엇이며 왜 그렸나요?	
당신이 그리고자 한 만큼 잘 그려졌나요? 어떤 부분이 그리기 어려웠고, 마음에 들지 않나요?	

표 II-3 사람 그림을 그린 후의 질문(남녀 각각의 인물화에 대하여)

질문사항	피검자의 답변
이 사람의 나이는 몇인가요?	
이 사람은 결혼을 했나요? 가족은 몇 명이며, 어떤 사람들인가요?	

질문사항	피검자의 답변
이 사람의 직업은 무엇인가요?	
이 사람은 지금 무엇을 하고 있나요?	
지금 이 사람은 무슨 생각을 하며, 어떻게 느끼고 있나요?	
이 사람은 신체가 건강한 편인가요, 약한 편인가요?	
이 사람은 친구들이 많나요? 어떤 친구들인가요?	
이 사람의 성질은 어떠한가요? 장점과 단점은 무엇인가요?	
이 사람은 행복한가요, 불행한가요?	
이 사람에게는 무엇이 필요할까요?	
당신은 이 사람이 어떠한가요? 좋은가요, 싫은가요?	
당신은 이 사람처럼 되고 싶나요?	
당신은 이 사람과 함께 생활하고 친구가 되고 싶나요?	
이 사람을 그릴 때 누구를 생각했나요?	
이 사람은 당신을 닮았나요?	
(특수한 인물인 경우) 왜 이 사람을 그렸나요?	
(그림에서 이해하기 곤란한 부분의 경우) 이것은 무엇인가요? 왜 그렸나요?	
이 그림에 첨가해서 그리고 싶은 것이 있나요?	
당신이 그리고자 한 만큼 잘 그려졌나요? 어떤 부분이 그리기 어려웠고 마음에 들지 않았나요?	

4) HTP 검사보고서

이름		성별		생년월일	
주소				연락처	
직업				왼손잡이 (　) 오른손잡이 (　)	
검사 일시				검사자	
검사 장소					
의뢰 사유					
개인력					
가족 배경 (가족 나무)					
검사 시 행동 관찰					
요약					
검사자 소견					

5) HTP 검사의 분석

맹목적인 분석(blind analysis)은 내담자에 대한 위험을 내포하며 본인의 능력을 키우기 위해 분석하는 것도 좋지만, 내담자의 마음을 들여다보며 분석하는 것이 바람직하다. 한 장의 그림만 가지고 심리테스트하듯이 성격의 단면을 추론하는 것 자체가 위험한 발상임을 잊어서는 안 된다.

HTP 검사의 그림을 해석하는 데는 그림의 전체적인 인상을 중시하고, 조화가 이루어져 있는가, 구조는 잘 되어 있는가, 이상한 곳은 없는가에 주목하면서 어떤 모양의 사람을 그렸는가를 생각해 나가는 것이다. 즉, 피험자의 적응 수준, 성숙도, 신체상의 혼란 정도, 자신과 외계에 대한 인지 방법 등을 전체적 평가에서 살펴봐야 한다. 그림을 그려 나간 순서, 종이의 어떤 쪽에 그리는가 하는 위치, 크기, 필압, 선의 농담, 불연속적인 선의 성질, 그림의 대칭성, 운동, 원근법, 음영, 생략, 강조, 지우기 등을 살펴본다. 이러한 것을 통해서 성격의 단면을 읽어 나가는 방법을 형식적 분석이라 한다. 형식적 분석은 구조적 분석이라고도 하며, HTP 검사에서 집, 나무, 남성상, 여성상 등을 어떻게 그렸는지 분석하는 것이다. 즉, 전체를 본 후 내용 분석에 들어간다.

내용 분석은 무엇을 그렸는가를 다룬 것으로 집, 나무, 남자상, 여자상에서 이상한 부분, 형식 분석의 사인(sign) 등을 참고로 하여 그림 중 강조된 부분을 다룬다. 해머(Hammer)는 거세수술을 받은 환자의 수술 전후의 HTP 검사에서 굴뚝, 가지, 둥지, 팔, 코 등의 돌출부가 남성생식기의 상징으로 사용되었으며, 원, 삼각형, 중심이 움푹 패인 물건이 여성 생식기를 상징하였다고 말한다. 이러한 것은 프로이트의 정신분석학에서도 인정되는 상징이다.

내용 분석 시 명백하고 큰 특징을 먼저 다루되 '그림 그린 후의 질문(PDI)'을 피검자에게 실시하고, 피검자가 질문에 따라 연상하는 것을 묻는 것이 그림 해석에 도움이 된다. 동·서양 문화의 차이에서 오는 의미가 있으니 상징의 보편적인 의미와 특징적인 의미를 함께 고찰해야 한다.

2 K-HTP(동적 집, 나무, 사람 그림) 검사

인물화에서 사람은 나무와 상호작용함으로써 자아 기능을 나타내고, 집은 개인 생활의 물리적 측면을 반영하며, 나무는 그리는 사람의 개인적 변화 과정을 반영한다.

구디너프(1926)는 아동기에서 청소년기까지 규준이 되는 인물화의 발달 과정을 연구했으며, 그림과 지능의 발달 관계를 규정했다. 후에 해리스(Harris, 1963)는 구디너프의 연구를 더욱 발전시켰다. 그리고 우리나라에서는 김재은·김동국·여광응(1985)이 '인물화에 의한 간편 지능검사'로 표준화 작업을 하여 보급시켰으며 현재에도 지적장애인의 지능검사에 유용하게 사용되고 있다.

1949년 맥호버(Machover)는 아동의 그림에 대한 임상적 해석 기준을 마련하여 '인물화에 의한 성격 검사'의 기반을 마련하였으며, 벅과 해머(Buck & Hammer, 1969)는 집, 나무, 사람 그림을 발달적·투사적인 측면에서 연구했다. 또한 졸스(Jolles, 1964)는 집, 나무, 사람에 대한 특성을 매우 상세하게 기술했다. 그리고 해머(1971)는 투사적 그림의 임상 적용을 더욱 폭넓게 확대시켰다.

여러 임상가는 HTP를 임상에 적용해 사용했으며 HTP의 임상적 유용성을 인정했지만, HTP의 사용과 임상적 가치를 제한하는 다음과 같은 3가지 요소를 지적하였다.

- HTP는 '정신병리학적 상황에 있는 환자들로부터' 표준화된 것이다. HTP 문헌 대부분이 '기질성 정신분열증' 등과 같은 정신병리적 명명의 진단적 사용에 중점을 두었다.
- HTP는 각각의 종이에 집, 나무, 사람을 그리도록 지시했다. 따라서 각각 그려진 그림은 행동이나 상호작용을 나타낼 수 없었다.
- 본질적으로 프로이트 학파에 기초를 둔 HTP의 해석은 프로이트 학파의 정신분석학 내에서만 적합하도록 모든 자료와 상징을 제한했다.

번즈(Burns)는 HTP의 단점과 HTP에 상호작용이 나타나지 않는 문제를 보완하기 위해 역동성을 부여한 K-HTP(동적 집 – 나무 – 사람) 기법을 발전시켰다. HTP에 역동성을 도입한 K-HTP는 그림을 통해서 얻을 수 있는 정보의 양적 증가와 질적 향상을 가져왔다. 또한, K-HTP의 해석에는 매슬로우(Maslow)의 발달적 관점을 도입하여 인간의 성장과 잠재력을 함께 고찰하고 이해하도록 하였다.

1) 검사 도구

- 준비물 : A4용지 1장, HB연필, 지우개

2) 실시 방법

K-HTP 검사는 한 장의 종이 위에 집, 나무, 사람을 함께 그리는 것이다. 지시사항은 다음과 같다. "이 종이 위에 집과 나무, 그리고 어떤 행동을 하는 사람의 전체 모습을 그리십시오. 사람의 전체 모습을 그릴 때 만화 혹은 막대기와 같은 모양의 사람은 그리지 마십시오."

만약 피검자에게 위와 같이 지시를 했음에도 불구하고 만화나 막대 인물상을 그릴 경우 다시 한번 그리게 하는 것이 좋다. 이때 다시 만화적으로 그리거나 막대형의 인물 그림, 추상적인 그림을 그릴 경우에는 HTP에서와 마찬가지로 해석적인 유의미성이 있다고 볼 수 있다. 즉, 검사에 대한 거부감이나 저항의 표시일 수 있다.

(1) K-HTP 분석 시 고려해야 할 사항

① 검사자가 K-HTP를 분석할 때 먼저 고려해야 할 점은 그림에 대한 전체적인 느낌이다.

그 그림은 무엇을 이야기하는가? 당신의 첫 번째 느낌은 무엇인가? 당신은 무엇과 누구를 보는가? 당신은 무슨 일이 일어나고 있다고 생각하는가? 그림은 따뜻한가, 차가운가?

② 집, 나무, 사람 각각의 그림에서 어떤 느낌을 받는지 살펴보아야 한다.

집은 적대적인 세계로부터 숨을 수 있는 안전한 장소로써 묘사되어 있는가? 집 그림이 붕괴되고 텅 비었으며 활기가 없어 보이는가? 집은 신체 상징들에 대한 묘사인가? 집은 성공함과 부유함을 나타내는가? 맨션인가? 집이 가정으로 보이는가? 어떤 가족이 살고 있는 듯이 보이는가? 그 집은 당신이 살고 싶은 가정인가?

사람이 공격적이거나 적대적으로 보이는가? 사람이 멍청해 보이거나 맥이 빠져 있거나 풀이 죽어 있는가? 사람이 활기가 있어 보이는가? 사람이 매력적으로 보이는가? 사람이 슬퍼 보이는가? 신체의 어떤 부분이 숨겨져 있거나 생략되어 있는가? 사람은 중요하거나 성공한 사람으로 보이는가? 사람은 야만적인가? 사람이 온정적이고 양육적으로 보이는 사람인가? 사람이 유쾌하며 활기차 보이는 사람인가? 당신이 좋아할 수 있는 사람인가?

나무는 죽었는가? 살아 있는가? 나무가 위협받고 있는 듯이 보이거나 적대적으로 보이는가? 나무가 약하거나 부러져 있는가? 성적 특성이 있는가? 나무가 연속적인가 혹은 단절되는가? 가지들이 위로 향해 있는가? 아래로 향해 있는가? 줄기의 꼭대기가 점점 가늘어지는가? 혹은 넓게 퍼져 있는가? 나무가 생명력이 있어 보이는가, 없어 보이는가? 나무가 방어적으로 보이는가? 양육적으로 보이는가? 행복해 보이는가? 슬퍼 보이는가? 나무는 균형이 잡혀 있는가? 나무가 너무 완전하게 그려져 있는가? 나무가 잘려져 있거나 상해 있는가? 줄기에 옹이구멍이나 상처가 있는가? 나무가 집을 향해 기울어져 있는가? 집에서 멀리 떨어져 있는가? 나무가 집을 보호하는가? 사람을 보호하는가? 만일 여러분이 나무라면 당신은 여기 그려져 있는 나무가 되고 싶은가?

③ K-HTP의 집, 나무, 사람 중에서 가장 큰 영향력(크기, 운동, 압력)을 나타내고 있는 것이 무엇인지 살펴보아야 한다.

④ K-HTP에서의 거리와 배치는 어떠한지 살펴보아야 한다.

집 다음에 무엇이 있는가? 나무는 집과 사람에게서 멀리 떨어져 있는가? 나무에 사람이 있는가? 집 안에 사람이 있는가? 집과 나무가 밀착되어 있는가? 집이나 나무, 사람의 상대적 크기는 어떠한가? 사람은 나무와 상호작용하고 있는가? 집과 상호작용하고 있는가? 긍정적인 상호작용인가? 부정적인 상호작용인가? 태양이나 달이 집이나 나무, 사람 위에 그려져 있는가?

⑤ 그림의 양식을 살펴보아야 한다.

도화지의 하단에 일렬로 나타나 있는가? 상단에 일렬로 있는가? 구분되어 나뉘어 있는가? 가장자리에 그림들이 그려져 있는가? 조감도인가? 포위되어 있는가? 어떤 상징이 나타나 있는가? K-HTP의 행동, 양식, 상징은 KFD와 KSD와 같은 다른 동적 그림 기법에 있어서의 행동, 양식, 상징과 어느 정도 관련성이 있는가?

3) 그림들의 밀착, 거리, 순서와 크기에 대한 해석

(1) 밀착

집과 사람의 밀착, 나무와 집의 밀착 등은 그림을 그린 사람이 생활 속에서 여러 가지 중요한 일을 분리할 수 없고 해결할 수 없다는 것을 반영해 준다.

자신의 생활 문제를 해결하지 못하며, 명백하고도 순탄한 인생의 행로를 가지지 못한 사람은 만성적으로 충족되지 않고 불만족스러운 것처럼 보인다.

(2) K-HTP에서 그림의 순서

소수의 사람은 지시에 따라서 열을 지어 집, 나무, 사람을 그린다. 그러나 대부분의 사람은 K-HTP에 그들 나름대로의 순서로 그림을 그릴 것이다. 여기에 순서가 무엇을 뜻하는지에 관한 몇 가지 가정이 있다.

- 나무를 먼저 그린 경우
  생활 에너지와 성장이 그림을 그린 사람에게 가장 중요하다. 이것은 성장하려고 하는 사람이나 살아 있는 전형적인 사람이다. 예를 들면, 자살하고 싶은 충동을 가진 사람 혹은 살려는 의지를 잃어버린 사람은 종종 나무를 먼저 그린다. 위로 향하고자 하는 사람도 나무를 먼저 그린다.
  물론 전체 K-HTP의 부분으로 나무를 보아야 한다.
- 집을 먼저 그린 경우
  세상에 소속되고자 하는 욕구, 생존을 위한 욕구, 양육을 주고받기 위한 가정, 창조적이고 즐거운 장소이다.
- 사람을 먼저 그린 경우
  사회에 소속되고자 하는 욕구, 여기서 집은 성공이나 실공에 대한 멸시를 보여준다. 나 이외에 인물을 그린다면 그것은 특별한 사람에게 사로잡혀 있다는 것을 반영한다.

4) K-HTP에서 나타난 행동분석

(1) 집 그림에 관련된 행동

집은 가족과의 관계를 나타내는데, 초등학생은 집을 크게 그리는 경우가 많다.

- 수평적으로 뻗어 있는 집
  그림을 그린 사람의 안정이나 기반에 대한 욕구를 반영한다.
- 수직으로 뻗어 있는 집
  그리는 사람의 힘 혹은 공상에 대한 욕구를 반영한다.

(2) 나무 그림과 관련된 행동

- 나무에 있는 동물
  - 다람쥐 : 안전에 대한 관심을 나타낸다.

- 둥지 안에 있는 새 : 보호받기를 즐기는 의존적인 사람이다.
- 바깥쪽 가지에 있는 새들 : 자유에 대한 갈망과 관련될 수 있다.
- 나무에 동물이나 새가 덧붙여진 K-HTP는 그 창조물에 대한 동일시를 나타낸다.

• 집을 향해 구부러지거나 부풀어 있는 나무
  - 집에 대한 안정과 안전을 갈망하는 특징을 갖고 있으며 과거로의 퇴행과 때때로 과거에의 고착과 관련된다.

• 아래로 향해 있는 가지들
  - 해결되지 못한 문제를 향해서 과거로 에너지를 투입하는 사람에게 보인다.
  - 버드나무는 우울증 및 과거 고착들과 관계된다.

• 위로 뻗어 있는 가지
  - 나무가 지면에 잘 부착되어 있다면 그것은 생활을 잘 해 나가며 상승하고자 하는 사람들과 관련된다.

• 밖으로 뻗어 있는 가지들
  - 보호하는 듯한 나무는 보통 다른 사람을 보호하는 양육적인 사람들에 의해 그려진다.

• 원형으로 뻗어 있는 가지
  - 성장의 어떤 한 단계에 고착된 사람을 나타낸다.
  - 만일 그림이 화지 밖으로 확장됐다면 그것은 '튀어나가는' 경향이 있는 사람으로 극단적인 형태는 정신분열증 환자와 관련될 수도 있다.

• 집 쪽으로 풍부한 나무의 가지와 잎
  - 나무가 비대칭이며 집 쪽으로 보다 무성하게 자라 있다면, 그림을 그린 사람이 균형 잡힌 성장을 하지 못하고 생활의 한편에 에너지를 과잉 투여함을 나타낸다.

• 집에서 먼 쪽으로 나무의 가지와 잎들이 풍부함
  - 가족이나 집의 다른 가치를 거절하거나 경시하고, 그들 자신의 성장에만 에너지를 투여하는 것과 관련된다.

- 과일 나무

  ▷ 떨어지는 과일

  - 즐거워 보이는 그림에서 과일이 많이 달린 나무의 과일은 창조적인 양육을 상징한다.
  - 빈약한 그림에서의 과일은 양육되던 과거로 돌아가고픈 소망을 나타낸다.
  - 나무에 달린 과일의 수는 고착된 시기를 나타내며, 떨어지는 과일은 '타락' 했다고 생각하며 죄의식에 괴로워하는 사람에게 흔히 보인다.

  ▷ 떨어져 썩은 과일

  - 우울증과 '타락'과 관련된 우울한 기분을 나타낸다.

- 집 꼭대기에서 자라는 나무
  - 집의 꼭대기에서 나무가 자랄 때 의미 있는 고착을 나타낸다.

- 나무에 있는 사람
  - 앉아 있는 사람 : 자신의 생활을 잘 해 나가고자 노력은 하지만 집과 관련된 기대 혹은 문제로부터 자기 자신을 분리시키려는 사람
  - 그네 타기 : 사람이 그네를 타고 있는 가지는 그녀의 에너지가 어디에 쏠려 있는지에 관한 약간의 암시를 준다. 가지에서 그네를 타는 사람들은 생활의 일부분을 타인의 희생에 초점을 두는 것에 대한 긴장을 나타낸다. 즉 그것은 포위나 고립을 나타내므로 이 생활의 가치에 초점을 둔다고 볼 수 있다.

(3) 나무 전체의 모습

- 사람의 형태를 닮은 나무
  - 더 어려지고 싶은 유아적 마음을 나타낸 것으로 퇴행을 나타낸다.

- 고목나무
  - 불안하고 쓸쓸하다고 느끼는 상태로 자신의 통제력이 약함을 나타낸다. 주위로부터의 관심과 도움을 요청하는 신호이다.

- **버드나무**
  - 부드럽고 차분한 성격이나 우유부단함도 내포한다.
- **산꼭대기나 언덕에 그려진 나무**
  - 더 이상 도망갈 곳이 없다는 생각과 안정감의 부족으로 극단의 행동도 할 수 있으며, 고립되어 고독하다는 것을 나타낸다. 탈출구가 필요한 상태다.
- **성냥개비 모양의 나무**
  - 생각보다 행동이 앞서는 급한 성격으로 지적 발달이 더딘 상태를 나타낸다. 5~6세 초기의 나무 형태이다.
- **나무를 많이 그리는 아동**
  - 자신이 해야 할 일과 욕심이 많음을 나타낸 것으로 초등학교 고학년 이상에서 자주 보인다.
- **기둥**
  - 생명력, 충동 등의 내적 특성을 상징하며 대개는 좌·우로 약간 휘어져 있거나 수직으로 그려진다.

▷ 쭉 뻗어 곧고, 평행한 기둥

- 강직하고, 자신감 넘치는 느낌을 주는 모습이지만 융통성이 부족하며 환경에 대한 적응력이 부족하다는 것을 나타낸다.

▷ 너무 굵은 나무의 기둥

- 마치 갑옷을 입은 것 같이 겉으로는 자신감을 보이지만, 내적으로 불안함이 내포된 상태를 나타낸다. 자기 주장이 강하거나 열등감의 반발로 자기를 과시하려는 태도가 표출된 것이다.

▷ 가늘고 긴 기둥과 가지

- 선천적인 기질과 자아의식이 약해 신경이 예민하고 신경질적인 성격을 나타낸다.
- 정신적인 성숙을 원하지 않는 정지 상태이거나 심하면 퇴행을 의미하기도 한다.

▷ 기둥의 끝 부분이 트여 있거나 반만 그린 그림

- 자아의식이 약하여 주위의 조그만 영향에도 쉽게 움직이는 우유부단하며, 충동적이고 불안정한 마음을 나타낸다.

▷ 기둥의 일부분이 가늘게 되어 있는 그림

- 통제되고 억압받는 느낌을 나타낸다.

▷ 기둥의 상처, 옹이, 빈 구멍, 잘린 가지

- 자신이 알고 있거나 기억해 낼 수 있는 지난날의 정신적 충격이나 신체적 사고 등의 불안이나 갈등을 나타낸다.
- 나무 전체의 높이가 그림을 그린 사람의 연령을 나타내며, 줄기에 그려진 상처의 위치는 정신적 충격이나 사고 등이 일어났던 연령을 나타낸다고 한다.
- 학원에서 의도적으로 가르치는 한 방법으로 보기 좋게 혹은 표현 방법의 차이를 나타내려는 의도에서 많이 그려지기 때문에 해석에 유의하여야 한다.

▷ 기둥의 빈 구멍이나 가지 위에 그려진 새둥지에 살고 있는 작은 동물

- 주위 환경에 불안을 느낄 때 엄마의 안전한 태내로 돌아가고 싶은 마음(자궁회기 본능)을 나타낸다.
- 다람쥐나 집, 새 둥지는 양육을 상징하는 것으로 주위 환경에 대하여 불안을 느낄 때나 보호받고 싶을 때 그려진다.

▷ 끊어졌다가 이어지게 그린 기둥과 가지

- 우유부단한 성격과 주위 환경에 대한 적응력의 부족으로 신경질적인 것을 나타낸다.
- 초등학교 고학년이나 성인의 경우 틀리는 것을 염려한 조심스러운 표현일 수도 있다.

▷ 기둥 표면의 나무껍질

- 감각적 혹은 거친 성격을 나타내는 것이나 학습에 의한 관념적인 표현일 수 있기에 주의해야 한다.

▷ 기둥 표면에 그려진 곧고 길게 뻗은 선

– 풍부한 감수성과 섬세함을 나타내나 학습에 의한 관념적인 표현일 수 있기에 주의해야 한다.

• 가지

– 자기 생각, 능력, 가능성, 적응력 등을 상징하며 초등학교 1학년 정도에서는 가지가 2개 이상 표현되어야 좋다.

▷ 기둥보다 굵게 그린 가지

– 자신의 열등감이나 불안감을 감추고 싶은 마음을 나타낸다.

▷ 가시와 같이 끝이 뾰족한 가지

– 흔한 표현 방식으로 선천적인 기질이 강하고 예민한 성격으로 타인에 대한 공격성을 내포한다. 정상적인 표현이다.

▷ 끝이 트인 가지

– 우유부단함과 충동적으로 동요되기 쉬운 마음을 나타낸다.

▷ 단선으로 그린 가지

– 예민하고 섬세한 성격으로 주위 환경과의 조화가 맞지 않아 더 어려지고 싶은 퇴행을 의미한다.

▷ 복잡하게 그린 가지

– 현실에서 부딪치는 일과 생각이 많다는 것을 나타낸다. 초등학교 고학년 이상에서 자주 보인다.

▷ 기둥 옆으로 뻗어 나온 곁가지

– 자신을 나타내고자 하는 돌출행동을 나타낸다. 무엇을 해도 잘 되지 않는 경쟁심리가 원인이다.

▷ 올록볼록한 가지

– 자신의 감정이 통제당하여 답답한 것을 나타낸다.

▷ 보이지 않는 가지

– 생각보다는 행동이 앞서는 성격으로 넘치는 자신감을 나타낸다.

- 나뭇잎
  - 외모나 장식 때로는 정신적인 활력을 상징한다.

▷ 나뭇잎 전체가 구름 모양

- 겸손하고 예의 바른 성격을 나타낸다.

▷ 나뭇잎 속의 잘린 가지

- 마음의 상처를 나타내나 학습에 의한 표현일 수 있기에 주의해야 한다.

▷ 나뭇잎 전체에 빈틈없이 그린 잎과 열매

- 내성적인 성격으로 주위로부터 인정받고 싶은 강한 욕구를 나타낸다. 색칠은 학습에 의한 관념적인 표현일 수 있기에 주의해야 한다.

▷ 나선형의 나뭇잎

- 급한 마음과 구속받지 않으려는 산만한 성격으로 인내력 결핍과 충동을 나타낸다. 심하면 틱 현상을 의심해 볼 수 있다.

▷ 둥근형의 나뭇잎

- 공상을 잘 하며 자기중심적인 성격이나 학습에 의한 관념적인 표현일 수 있기에 주의해야 한다.

▷ 떨어지는 나뭇잎

- 섬세하며 우울한 감성을 나타내나 학습에 의한 관념적인 표현일 수 있기에 주의해야 한다.

- 열매
  - 자신의 능력과 인정받고 싶은 욕구를 나타내며 야뇨증과도 관계있다.

▷ 나무에 달려 있는 열매

- 인정받고 싶은 마음과 강한 의존 욕구를 나타낸다. 학습에 의한 표현일 수 있기에 주의해야 한다.

▷ 나무에 달려 있는 많은 열매

- 부모의 간섭이 심하여 판에 박힌 듯한 행동만 하는 정서 부족의 현상을 나타낸다. 학습에 의한 관념적인 표현일 수 있기에 주의해야 한다.

▷ 떨어지는 열매

– 주위 환경으로부터 버림받았다고 생각하여 낙담한 상태를 나타낸다. 때에 따라 성폭행도 의심해 볼 수 있으나, 학습에 의한 관념적인 표현일 수 있기에 주의해야 한다.

▷ 나뭇잎 외형을 따라 나열된 열매

– 사람의 신장을 닮았다고 하며 야뇨증과도 관계가 깊다고 한다.

5) K-HTP에서 양식과 상징

• 용지의 상부에 잘린 대상

– 힘이나 우월에 대한 갈망과 관련(주로 나무)되며, '현실적인' 것을 싫어하는 환상적인 사람의 경우에 보인다.

• 용지의 하단에 잘린 대상

– 현실적이나 '소속되고자' 하는 갈망과 관련되며, 신체 부분을 숨기고자 하는 사람의 경우에 보이는데 죄의식이나 열등감과 관련된다.

• 용지의 하단에 줄지어 그려져 있고 그물눈(mesh)의 음영 넣기

– 매우 불안정한 가족과 안정에 대한 갈망을 가리킨다(Burns & Kaufman, 1970, 1972).

• 용지의 상단에 줄지어 있는 것

– 그림의 꼭대기 부분에 그려진 선들 또한 폭풍우를 실은 구름을 포함한다.

– 격심한 불안 혹은 만연한 걱정이나 두려움을 나타낸다(Burns & Kaufman, 1970, 1972; Reynolds, 1978).

– 정서적으로 혼란된 남아는 정서적으로 안정된 남아보다 상단에 줄지어 그린다(Burns & Kaufman, 1970, 1972; Reynolds, 1978).

- 용지 밑바닥의 지면선
  - 강한 기초나 안정감을 필요로 하는 불안정한 가족들과 스트레스를 받고 있는 사람의 특징이다(Burns & Kaufman, 1970, 1972; Reynolds, 1978; Klepsch & Logie, 1982).
  - 정서적으로 혼란된 여아에게 자주 보인다(Burns & Kaufman, 1972).
- 개별적 그림들의 지면선
  - 집 아래의 선들 혹은 음영, 나무나 사람은 보통 그리는 사람의 생활에 대한 이런 관점을 안정시키기 위한 시도를 나타낸다.
- 시작한 그림을 거부하고 전체 그림을 다시 그리는 것
  - 사람은 첫 번째 그림의 내용이나 역동성으로 인해 위협을 받게 되면 '더욱 안전한' 두 번째 그림을 다시 그린다(Burns & Kaufman, 1972).

위에서 열거한 분석의 의미는 상징하는 의미만을 가지고 해석하면 큰 오산일 수 있다. 필자의 오랜 경험에 따르면 모든 상징의 표현은 내담자만의 독특한 표현일 수도 있고, 해석자의 생각에 따라 완전히 빗나갈 수도 있다. 그러므로 HTP의 창시자인 벅이 언급한 바와 같이, 이론이나 해석에 의해 의미를 부여하기보다는 무슨 의미가 있는지 그림을 그린 사람에게 질문하는 것이 더 중요하다.

3 난화

난화는 생후 12~36개월까지의 언어로 자신의 감정과 표현을 잘하지 못하는 영유아가 아무렇게나 그린 낙서와 같은 어지러운 그림을 말한다. '긁적거리기'란 의미를 가지고 있는 'scribble'을 번역한 것이다. 초기의 난화는 아무런 목적이나 의식 없이 운동신경 조절에 대한 욕구의 표출이며 놀이가 되는 동시에 그들의 정서나 희열을 나타내는 것으로 볼 수 있다. 또 자신과 타인, 현실과 비현실의 확실한 구분 없이 자기중심성으로 그린 그림이기에 솔직하고 순수한 것이 특징이다. 이렇게 무의식이 반영된 난화(낙서)에는 감성, 즐거움, 흥미의 표현, 욕구, 성격까지도 포함되는데, 특히 언어가 발달되지 않은 영유아일수록 생활기록이라고 할 수 있을 정도로 잘 반영된다고 한다.

1) 난화에서 색채의 의미

유아가 그린 그림들을 보면 아동이나 성인과 달리 그릴 때마다 다르게 색채를 사용한 예를 쉽게 볼 수 있다. 이는 그림을 그릴 당시의 환경, 성격, 컨디션, 성별 등에 따라 큰 영향을 받는 것으로 어른의 개념으로 해석하면 곤란하다. 이러한 색채 선호 경향은 자신의 의사를 말로 표현할 수 없는 만 3세 이하 유아의 경우에 더욱 더 잘 반영한다고 볼 수 있다. 즉, 이성적인 사고보다도 훨씬 빠르고 정직한 반응으로 보아야 하고, 감정표현의 언어로 사실적인 것보다 상징적인 것으로 사용된다. 또한, 색채는 경험과 정서적 충동과 전혀 무관하지 않으며, 비록 색의 개념이 약하더라도 자신의 욕구와 동기에 따라 색을 사용할 수도 있다고 본다.

알슐러와 해트윅(Alschuler & Hattwick, 1947)에 따르면 유아·아동의 그림 속에서 그들의 정서 생활의 성질이나 표출의 심리가 특히 잘 반영되는 것이 색채이며, 그림에 나타난 특정 색채는 그때 유아·아동의 강한 정서와 거의 일치한다고 했다. 예를 들어, 충동적인 아동은 색채에 강한 흥미를 보인다. 또한, 충동적이고 정서적인 생활로부터 비교적 자기 통제가 잘 된 생활, 즉 적응 행동으로 변화해 감에 따라 색채에 대한 흥미가 줄어든다고 한다. 남자 아동보다 여자 아동이 색채에 관한 흥미가 강하고 오래 지속된다고 본다. 또한, 색채에 관심이 있는 아동보다 선이나 형에 더 많은 관심을 보이는 아동은 자기방어를 하려는 경향과 외부의 사물에 대한 관심이 강하며, 감정적이라기보다는 이지적인 행동을 보이는 경향이 더 두드러지게 나타난다고 한다. 이처럼 색채는 성격과 감정의 조절과 깊은 관계가 있다고 볼 수 있다.

2) 시기별 그림의 발달과 특징

(1) 무분별한 긁적거리기(disordered scribbling, 12~24개월)

이 시기에는 유아의 운동신경 조절에 대한 욕구의 표출이라는 점에서 아무런 목적의식이 없는 놀이가 되는 동시에 그들의 정서나 희열을 나타내는 것으로 볼 수 있다. 이렇듯 아직 행동이 통제되지 않으며 짧은 소근육 운동을 주로 사용한다. 자신과 타인, 현실과 비현실의 확실한 구분이 없어 솔직하고 순수한 것이 특징이다.

① 특징

자신의 손을 움직일 때마다 새로 나타나는 흔적들에 흥미와 재미, 자극을 받는다. 길고 짧게 그어진 가로, 세로, 사선의 짧은 직선들이 주로 나타난다. 유아의 무의식적 에너지와 무언가 흔적을 남겼다는 의미로 자기표현의 첫 단계(최초의 자기표현)라 한다.

② 세부적인 해설

12개월 이후 손목만을 움직여 짧은 점과 선이 나타난다. 근육의 힘이 약해 도구를 쥐거나 누르는 힘도 약하다. 짧고 흐린 직선이다. 종이 밖으로 벗어난 선이 많다. 종이에 무언가를 해야 한다는 개념도 없고, 자신이 그은 선들에 시선도 집중하기 힘들다. 무의식적인 선을 긋는다.

- 엄마의 무릎 위에서 그린 최초의 낙서 : 매우 활달한 성격으로 호기심도 많다. 점에서 자기 뜻을 굽히지 않으려는 반항적인 감정표현이 잘 나타나 있다.
- 15개월 전후 : 손가락과 손목의 움직임에 익숙해지면 속도감과 함께 조금 더 긴 가로선이 나타났다가 세로선들이 나타난다. 세로선은 직선(90°)에 가깝지만 가로선은 완전한 수평(180°)이 아니라 손과 손목만을 사용하여 그어진 약간 휜 가로선을 말한다.
- 20개월 전후 : 가로선보다도 세로선, 사선이 더 많이 보인다. 팔의 길이를 조절할 줄 안다. 자신의 감정을 반영한 듯 복잡한 선들이 나타나기 시작한다. 선의 속도가 빨라지기에 진하며 거침없는 선들을 긋는다.
- 진한 선은 자신감 있고 자기주장이 강하며 고집이 센 강한 기질로 본다. 자유로운 활동을 통한 다양한 경험이 많다는 것을 암시하나 반항적인 심리도 내포되어 있다. 글씨를 쓸 때와 같은 집필법을 알려 주지 말아야 한다. 유아가 고

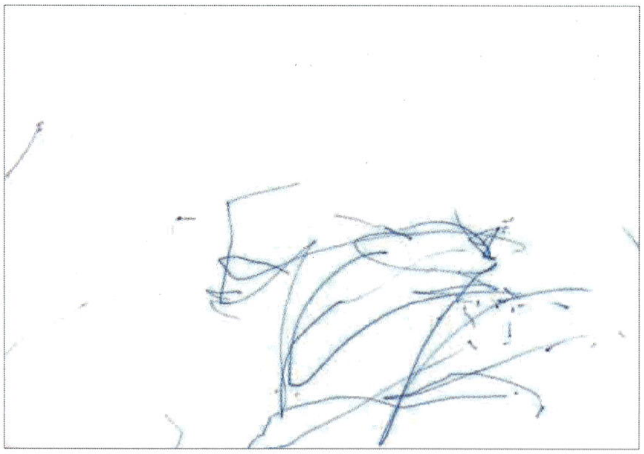

그림 II-1 12개월(여), A4, 사인펜

집하는 색채보다는 여러 종류의 색채를 보여 주고 사용하게 하는 시각적인 경험이 필요하다. 주의할 점은 색채의 이름이 중요한 것이 아니라 낙서 그 자체에 흥미를 두어야 한다.

(2) 조절된 긁적거리기(controlled scribbling, 24~36개월)

바닥이나 벽 등에 긋는 낙서의 행동이 반복되면서 시각과 근육활동 간의 협응은 더욱더 발달하게 된다. 자기의 손이나 팔의 움직임과 종이 위에 흔적을 깨닫기 시작한다. 삐뚤삐뚤한 커다란 곡선이 나오면 자신의 동작에 대한 통제를 발견한 것을 의미하므로 매우 중요한 시기이다.

① 특징

28개월을 전후로 손목과 어깨의 대근육을 사용한 둥근 선이 많이 나온다. 둥근 선은 일정한 패턴으로 나타나며 모든 형태의 근간이 되기에 매우 중요한 의미를 갖는다. 낙서한 후 제목을 붙인다.

② 전체적인 해설

물건을 집거나 낙서하는 동작이 반복되어 시각과 근육활동 사이에서 집중력과 협응력이 발달하게 된다. 자신이 의지대로 선을 그을 수도 있다. 종이라는 한정된

그림 II-2 32개월(여), A4, 색연필, 〈동그라미〉

공간을 활용할 수 있게 된다. 긁적거리기가 정교화되지만 그린 것과 나타내고자 하는 시각적 이미지는 관계가 없다.

③ 세부적인 해설

- **24개월 전후** : 세로선과 함께 사선이 나타나는데, 이 사선은 둥근 곡선을 그리기 위한 준비 단계이다. 세로선이나 사선을 이어지듯 연속적으로 긋는 연습이 반복되어 타원형의 형태가 나타나기 시작한다.
- **28개월 전후** : 삐뚤삐뚤한 곡선은 커다란 원을 이루며 종이 전체를 채울 수 있다. 눈과 손의 협응력이 정교하지 않아 시작점과 끝점이 만나기 힘들다.
- **33개월 전후** : 반복되는 둥근 원은 손목과 어깨를 이용하여 거침없는 표현으로 나타난다. 이런 속도감 있는 선은 집중력과 협응력을 떨어뜨리기도 하지만 선에 대한 패턴을 만들어 가는 중요한 과정이 된다.
- 빠르게 그린 둥근 선들은 급하게 보이지만, 발달은 매우 좋은 편이다. 동그라미를 겹치듯 많이 그리는 것은 팔 전체를 부드럽게 사용할 수 있다는 의미이다. 동그라미는 아무런 의미는 없다. 그렇지만 이런 연습이야말로 다음 단계의 인물을 그리는 원형의 연습인 것이다. 다양한 색채의 사용은 유아가 많은 경험을 하고 있음을 표현한 것이다. 이런 유아는 사회성도 좋고, 새로운 학습에 대한 호기심도 많은 것으로 본다.
- 대근육의 사용이 활발한 시기이므로 신문지나 달력의 뒷장 등 넓은 종이를 준비해 큰 동그라미를 그릴 수 있는 여건을 마련해 준다. 인내심을 가지고 재촉하지 말고 스스로 할 수 있도록 칭찬과 함께 자신감을 북돋워 주는 것이 중요하다. 조그만 동그라미 몇 개 그렸다고 사람의 형상을 그려 주고 따라 그리게 하면 안 된다.

(3) 의도적 긁적거리기(naming of scribbling, 36~48개월)

자신의 동작(행동)에 대한 흔적을 깨닫고 즐거움이 반복되는 동안 자아에 대한 인식이 더욱더 뚜렷해진다. 동그라미는 단선의 커다란 원형에 가까우며 제목뿐만 아니라 각각의 도형에 대한 관계성도 설명이 가능하다. 가장 많이 그리는 것이 가족으로 주변 세계와 자신과의 관계성을 나타낸다. 그림의 형태와 대상이 분명하기에 비로소 미술의 초보적인 단계로 접어든 것이다. 무엇을 그릴 것인지 생각하고 그림을 그린다.

① 특징

유아의 미술세계는 더욱 복잡하게 되고 의식의 성장과정을 반영한다. 집중력, 통제력, 협응력이 충분히 발달하여 종이 밖으로 벗어나게 그리는 경우가 거의 없다. 동그라미를 기본으로 하여 처음 그린 인물은 기괴한 형상으로 태양형, 올챙이형, 나선형, 두족인 등 몇 가지로 분류해 볼 수 있다. 자신이 가장 좋아하는 형태를 그리게 되며, 반복 과정을 거치면서 이미지를 다듬게 된다. 유아는 잡아낸 특별한 이미지를 거듭해서 보고 또 그것을 기억하면서 차츰 세부적으로 묘사해 가는데, 이러한 방식은 성인과 크게 다르지 않다.

커다란 동그라미를 그리고 작은 동그라미를 붙여 자신과 가장 가까운 인물을 그렸다. 유아 자신과 다른 인물들이 함께 그려진 것은 영아기의 자기중심적인 사고에서 벗어나고 있음을 표현한 것이다. 그리고 주위는 여러 색으로 알 수 없는 많은 상징적 표현은 유아의 많은 경험으로 나온 것이다. 커다란 동그라미를 그릴 수 있는 유아일수록 매우 좋은 상태를 나타내고 있다.

그림 II-3 44개월(남), A4, 색연필, 〈우리 가족〉

이전 연령에서 습득한 직선과 곡선을 적절히 이용하여 표현한 인물화는 정신연령과 성격 등을 측정해 볼 수 있는 하나의 기준이 된다. 인물화 검사가 가능한 시기가 되면, 부모와 애착분리가 되어 위탁교육기관 등에 보내도 좋을 시기이며 또래관계가 급속히 발전하는 시기이기도 하다. 꼼꼼히 색칠하기를 강요하지 않는다.

3) 인물의 의미

(1) 초기의 인물 그림

유아는 40개월을 전후로 어느 날 커다란 동그라미에 작은 동그라미와 직선 몇 개를 더하여 그리고는 엄마, 아빠라고 한다. 이제까지는 아무렇게나 휘두르거나 알 수 없는 도형을 그었다는 것을 기억한다면, 이는 획기적인 사건이 아닐 수 없다. 이처럼 처음으로 그린 인물은 인물을 그리기 이전과 분명한 차이를 나타낸다고 생각되는데, 그 의미를 알아보아야 한다.

커다란 동그라미를 그리고 작은 동그라미와 직선을 조합하여 인물을 그리는 것은 소근육과 대근육 발달이 충분히 이루어졌으며, 자신의 의지대로 움직일 수 있는 눈과 손의 협응력도 충분하다는 것을 의미한다. 그래서 이 시기 이후의 그림에서는 통제되고 안정된 상태의 그림들을 자주 볼 수 있다.

마구 휘두르는 충동적이고 흥미 위주의 낙서는 자기중심적인 의식과 행동에서 벗어난 의식의 전환점이다. 즉, 같이 생활하는 주위 사람들과의 관계성을 새롭게 인지한다는 암시이다. 자신과 타인과의 관계성을 인식하고 충동적이고 자기중심적인 행동에서 벗어나 자신의 주장을 언어로 확실하게 나타낼 수 있다. 언어와 사고 행동에 있어 비약적으로 발전한다.

부모로부터 원만한 애착분리가 이루어졌다. 부모와 떨어져 있는 시간도 길어져 혼자 노는 시간도 길어진다. 그래서 이 시기를 유아가 교육기관에서 학습하기에 좋은 시기로 본다. 반면, 자신의 물건에 대한 애착이 더욱더 깊어진다는 암시이기도 하다. 참을성, 인내, 양보 등 주위 환경에 대한 적응력과 사회성, 또래관계의 비약적인 발전을 위한 환경을 마련해 주어야 한다.

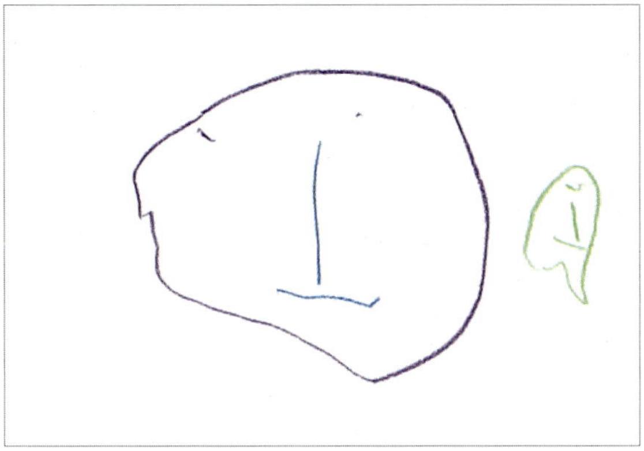

그림 II-4 동그라미와 직선을 조합한 초기의 인물

그림 II-5 38개월(여), 태양형 인물

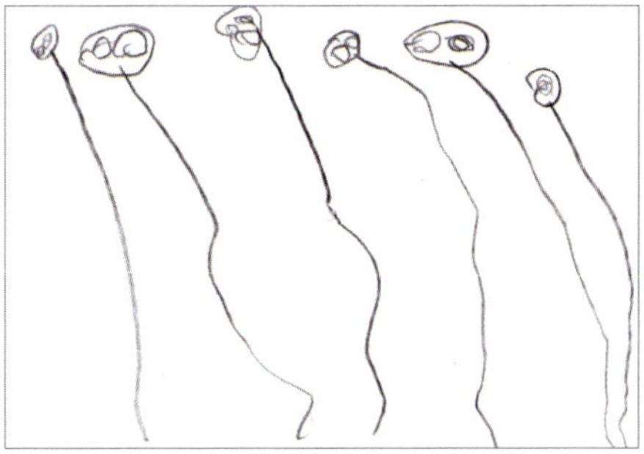

그림 II-6 44개월(남), 올챙이형 인물

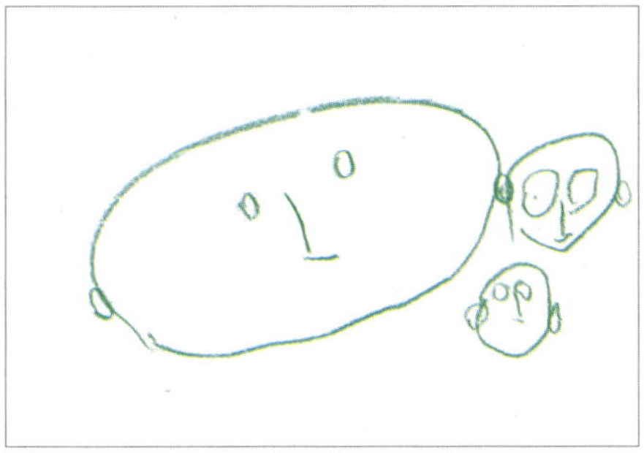

그림 II-7 44개월(여), 인물(엄마, 아빠, 아기)

그림 II-8 36개월(여), 인물(아빠)

그림 II-9 40개월(여), 두족인(아빠, 엄마)

그림 II-10 46개월(남), 회오리형(나선형) 인물

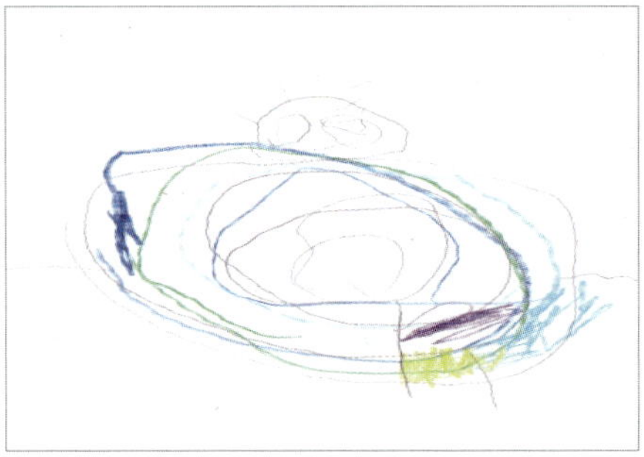

그림 II-11 46개월(남), 두족인(아빠, 엄마)

그림 II-12 45개월(남), 물고기형 인물

(2) 선의 위치(구도)에 따른 해석

종이 위의 흔적으로 손과 팔의 움직임을 통해 성격과 심리상태를 알 수 있다.

① 종이의 위쪽에 나타난 선

시선을 멀리하여 그린 것으로 유아가 팔을 들어 최대한 멀리까지 뻗거나 도구를 길게 잡고 있는 것이다. 손과 팔의 활동이 매우 자유로운 상태이지만 섬세한 조절은 힘들다. 통제력을 잃은 산만한 상태로 자기 생각이나 판단이 서면 주저 없이 바로 행동에 옮기는 적극성과 돌출행동을 보이기 쉽다.

② 종이의 아래쪽에 선이나 형태가 있는 그림

고개를 숙여 자신과 가까이 있는 곳에만 집중한 상태이다. 유아가 팔을 자신의 몸통 가까이 붙이거나 도구를 짧게 잡고 있다. 타인과의 대화나 교류를 나타내는 데 반해, 고개를 숙인 것은 현실 속의 자신을 남에게 보이고 싶지 않은 우울하고 가라앉은 마음상태로 보일 수 있다. 글씨나 숫자를 쓸 때와 같이 짧게 잡는 방법으로 손과 종이가 밀착되는 것이 특징이다.

③ 종이의 중심에 선이나 형태가 있는 그림

유아의 시선이 정중앙을 향하고 있으며 종이 전체의 크기를 생각하는 것이다. 팔의 움직임과 길이를 적절히 조절할 수 있는 상태로 종이 밖으로 선이나 도형의 일부분이 잘려 나가 생략되는 일이 극히 드물다. 실생활에서도 자기 생각과 주관에 의해 적절한 통제력을 가진 상태로 원만한 성격이라 할 수 있다.

④ 종이의 일부분에 조그맣게 그린 표현

위축되어 소심한 내성적인 성격으로 활달하지 못한 마음상태를 나타낸다. 환경에 대한 적응력이 부족하여 눈치를 보거나 불안한 상태일 때도 나타나는데, 누군가의 눈치를 보는 것이다. 과잉보호나 성인의 간섭 등 자유로운 활동이 제한되는 데 원인이 있다.

(3) 선과 도형의 표현에 따른 해석

① 끊어졌다 이어지는 것이 반복되는 선

영유아는 생각보다 행동이 앞서는 특성상 거의 단숨에 그려지는 거침없는 선들을 사용한다. 또한, 잠깐 멈칫멈칫하듯이 끊어졌다 이어지는 선들로 마치 잠시 쉬었다가 그리는 형태의 선이다. 어떤 때는 선 사이의 틈이 많이 벌어져 있거나 멈추어진 곳에서 다시 이으려는 시도를 볼 수 있는데, 집중력과 협응력의 한계를 짐작해 볼 수 있다. 18개월이 지나면 한 뼘 이상의 긴 선이 나타나는데 정상적인 발달이며, 부모나 낯선 주위 환경에 대한 부적응이나 눈치를 보는 상태로 볼 수 있다.

② 삐뚤삐뚤 그어진 선

짧은 선들을 이어 그리듯 나타난 선으로 손가락에 힘이 없는 경우가 대부분이며 소근육을 많이 사용했을 때 나타난다. 학습과 과잉보호를 가장 큰 원인으로 보며 집중력과 협응력의 부족을 나타낸다. 환경에 대한 부적응도 예상해 볼 수 있다.

그림 II-13 38개월(여), 〈발가락, 엄마〉

③ 종이 밖으로 벗어난 선

종이라는 한정된 공간에서 그려진 선을 보면 에너지가 넘치듯 속도감 있는 선들을 보게 되는데, 성격이 급하고 통제되지 않음을 나타낸다. 특히 28개월을 넘어서도 이런 현상이 3~4곳 이상 보인다면 집중력과 협응력의 저하가 우려된다.

④ 아주 작게 그려진 선이나 도형

힘없이 그려져 희미하게 나타나는 경우가 대부분이며, 학습에 의한 글쓰기에 많이 노출된 상황을 의심해 볼 수 있다. 또한, 자아가 약하며, 자신감 없고, 안으로 움츠러든 내성적인 성향을 나타낸다.

⑤ 일부분이 떨리는 듯 흐려지는 선

마치 선의 정확한 끝맺음이 없는 상태를 나타낸다. 이는 유아가 누군가의 눈치를 보는 것과 함께 약하고 불안한 마음을 나타낸다.

⑥ 힘없이 그어진 선

희미하게 표현된 것은 자신의 마음을 나타내기 힘든 상황이며, 자신감 없음을 나타낸 것으로 대개 선의 길이도 짧은 것이 특징이다. 20개월 이상에서는 발달과 자기주장에 있어 저하를 나타내며 대부분 과잉보호에서 기인한다.

⑦ 숫자나 글씨의 자음과 모음

20개월 넘으면 간혹 개월 수에 맞지 않은 표현이 나타나 보는 사람들을 의아하게 만드는 그림을 가끔 볼 수 있는데, 가족이나 친척 중에 나이 많은 형제가 있거나 성인에 의해 일방적으로 학습되어 나온 것이다. 특히 5세 이상에서나 볼 수 있는 도식화된 표현까지도 그려지는 것을 볼 수 있다.

이러한 학습(글씨)은 대근육 운동을 방해하고 유아에게 정작 필요한 자유로운 생각(상상력)과 놀이를 통한 경험(체험), 이를 토대로 자신의 능력을 적응하려는 것을 막으며, 암기식의 도식화·고정화된 생각과 움직임을 익히게 되어 집중력과 협응력만 강조된다. 이는 신체와 자아 발달의 지체, 창의력의 저하, 내성적·수동적인 성격을

그림 II-14 33개월(남), 〈ㅅ〉

만드는 지름길이며, 아이를 무기력하고 눈치 보는 아이로 만드는 것이다. 성인은 얌전한 아이(말 잘 듣고, 착하고, 통제하기 좋은 아이)로 만들기 위해서 야단치기도 하는데, 이를 과잉보호라고 한다. 적극적인 놀이를 통한 다양한 경험과 손을 많이 쓰는 아이가 창의성이 높다고 할 수 있다.

⑧ 집중적으로 한곳을 색칠하듯 표현된 선

하나의 긴 선과 하나의 색채는 유아의 생각과 마음을 나타낸 것으로, 선명하고 부드러운 느낌의 선들은 마음이 자유로운 상태를 나타낸다. 그러나 그어지지 못하고 한곳에 엉켜 있는 듯 표현된 것을 보면 마치 색을 칠하려는 시도와도 같이 보인다. 마음이 자유롭지 못하고 한곳이 고착된 것으로 양육자와의 애착분리가 어렵다는 것을 나타낸다. 과잉보호가 주된 원인으로 낯선 곳에서 불안을 느낀다.

⑨ 커다란 도형을 그리고 내부를 색칠한 것

마치 커다란 틀 안에 자유롭게 여러 색채가 갇힌 형태는 머릿속에는 많은 생각이 있으나 말로 나타내지 못하고 눈치만 보는 답답한 마음을 나타낸다. 엄마가 동생을 가졌을 때도 나타난다.

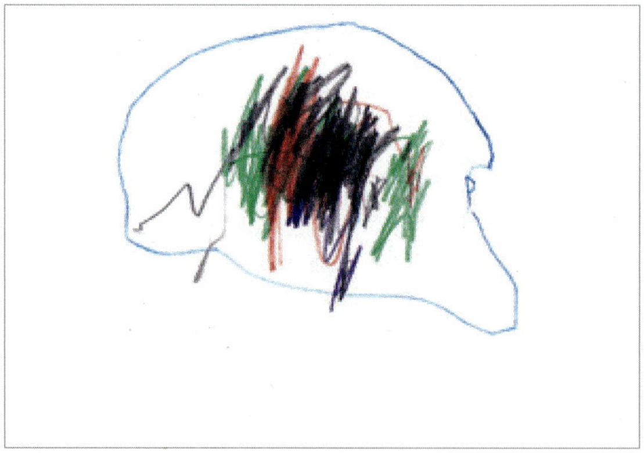

그림 II-15 34개월(남)

⑩ 삐죽삐죽 그은 선

짧은 직선이 꺾여 그어진 것으로 많은 예각을 연상케 한다. 편안한 마음보다는 예민하고 신경질적인 상태를 발산하는 것으로 지기 싫어하는 고집스러움과 선천적인 기질이 강하다는 것을 나타낸다.

그림 II-16 28개월(여)

⑪ 좌우(상하)로 거침없이 그어진 선

강한 압력으로 인해 진하며 급하게 나타나는 경우가 대부분이다. 이는 자기주장이 확실하며 고집이 세고 기질이 강하다는 것이다. 혐오스러울 정도거나 몇 번을 겹쳐서 나타낸 선들은 반항과 함께 스트레스가 있음을 나타낸다.

그림 II-17 31개월(여)

4) 점의 해석

점 – 선 – 면이라는 회화적·물리적 발전 과정의 첫 번째 단계는 점이지만, 유아에게 도구를 쥐어 줄 때 처음 그리는 것은 선이지 점이 아니다. 점을 찍는 경우는 그림 그리기에 쓰이는 팔근육, 어깨근육 등의 신체적 발달 과정과도 무관하지만 말로 표현이 안 되거나 적절한 의사표시가 어려워 불만이 안으로 쌓이는 경우에 점을 찍는다. 즉, 억눌림이나 간섭, 제약이 가해지는 상태에서 점을 찍거나 그리게 되며 일종의 저항 수단으로 나타난다.

점은 유아의 정서적·심리적 상태를 파악하는 데 도움이 되는 지표이다. 점 자체가 무의식적인 스트레스 해소법이자 자기주장인 셈이다. 방향, 크기, 압력 등에서 서로 다르며 크기는 그림을 그릴 때 사용하는 도구의 두께와 힘의 세기와 관계가 있다. 한 개의 점이라도 종이에 찍혀져 나타났다면 자신의 주장이 받아들여지지 않았거나 어떤 상황에서의 강한 거부를 나타내는 표시이다.

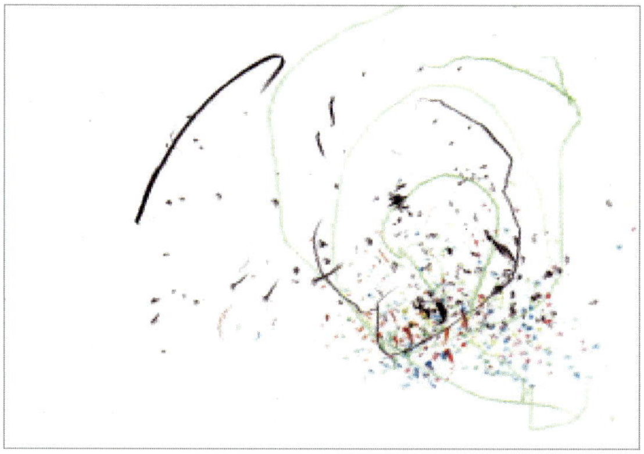

그림 II–18 28개월(남)

부모와 떨어지지 않으려는 마음(애착)을 나타내는 특별한 표현(그림 II –18 참조)

점과 선의 중간 형태로 긴 선이 엉켜 있는 것과 같은 표현으로 무엇인가에 고착된 감정의 표현으로 정지된 느낌이다. 엄마와의 애착분리가 어렵다는 것을 나타내는 것이다. 과잉보호가 주된 원인으로 낯선 곳에서의 불안을 느끼는 것이다.

4 KFD(동적 가족화) 검사

KFD(kinetic family drawing, 동적 가족화)는 번즈와 카프만(Burns & Kaufman)에 의해 발전되었는데, DAF(draw a family, 가족화)에 움직임을 첨가한 일종의 두사검사로 가족에 대한 정보를 알아보는 데 있다. 개인을 통해 가족의 역동성을 파악하기에 더욱 용이하다는 장점이 있으며, 기존의 움직임이 없는 그림 검사들과 달리 가족들이 무언가를 하는 움직임을 첨가해 그리도록 지시를 내리는 것이다. 또한, 자아 개념과 관련된 측면으로는 대인 관계의 영역에서 자신의 감정을 표출하도록 한다. 최근에는 동그라미 중심 가족화를 통해 부, 모, 자기와의 관계를 진단한다.

KFD 검사는 내담자 자신의 눈에 비친 가족들의 일상생활 태도나 감정을 그림으로 나타내므로 내담자의 주관적 판단에 의존한다. 이러한 내담자의 경험과 현재 상태에 의존한 검사는 결국 객관적·물리적 환경의 가족 인지보다는 자신이 주체적·선택적으로 지각하는 주관적·심리적 환경의 가족 인지가 적용된다. 즉, 가족을 평가하기 위한 것이 아니라 내담자가 가족을 어떻게 생각하느냐를 알아보기 위한 것이다. 그러므로 유아·아동의 감정 태도가 중요하다.

1) 검사 도구

- 준비물 : A4 용지와 연필(HB 또는 4B), 지우개 등
- 소요시간 : 30~40분 정도

2) 실시 방법

내담자가 자유로운 느낌을 가질 수 있도록 라포(rapport)가 형성되어야 하며, 시선을 마주보는 형태로 의자의 위치를 바꾸거나 평행으로 같은 방향에 앉는 것이 좋은 경우도 있다. 집단상담법도 사용할 수 있으나, 임상적 상황에서는 1:1로 검사하는 것이 바람직하다. 색채화를 하지 않는 이유는 색채에 부여되는 심상과 감정을 제외하기 위해서이다. 결국 색채라는 묘화(검사)의 자유도를 확대하는 방향이 오히려 회화 작업에 저항을 유발하게 하고, 임상적 효율성도 저하된다. 연필의 종류는 일정해야 한다. 아동은 대부분 연한 4B 정도를 좋아하고, 청년기 피험자는 치밀한 묘화를 그리기에 용이한 단단한 연필을 선택하는 경향이 있다.

(1) 검사의 지시

위와 같은 검사 도구를 피험자의 책상 위에 놓고, 다음과 같이 지시한다. "당신을 포함해서 당신의 가족 모두가 무엇인가를 하는 그림을 그려 보세요. 만화나 막대기 같은 사람이 아니고 완전한 사람을 그려 주십시오. 무엇이든지 어떠한 행위를 하고 있는 그림을 그려야 합니다. 당신 자신을 그리는 것도 잊어서는 안 됩니다." 이 같은 지시를 들은 후 피험자는 종종 "가족 모두가 어떤 하나의 일을 하고 있는 것입니까? 그렇지 않으면 개인이 각각 다른 일을 하고 있는 것을 그리는 것입니까?"라고 묻는다. 물론 어느 쪽이라도 좋다.

(2) 검사자의 태도

검사 장면을 설정하고 지시한 후에 검사자는 피험자가 그림을 그리는 과정을 주목하지 않는 것이 좋다. 혹은 검사자는 검사실을 나와서 가끔씩 들어가 보는 것이 좋다. 피험자가 그림을 거부하는 일은 거의 없지만, 만약 그와 같은 일이 생기면 피험자에게 용기를 주고 그림을 완성할 때까지 방에 머물게 한다. 이 같은 검사 장면의 설정 외에는 시간 제한을 하지 말고, 피험자가 말이나 몸짓으로 그림을 완성했다고 표현할 때까지 그 장면을 유지하도록 한다.

3) 그림 완성 후의 절차

검사자는 피검자가 그림을 완성한 후에 그림 속에서 각각의 인물상이 누구인지, 나이는 몇 살인지, 무엇을 하고 있는 것인지(행위 종류) 확인하고, 용지의 여백에 기재해 둔다. 이것은 상세하지 않은 그림을 다시 확인하기 위한 절차로 기록의 산만을 방지하고 정확한 자료를 얻기 위한 것이다. 또한, 피험자의 그림에 대한 확인 질문이 피험자의 애매한 가족 인지에 통찰을 촉진하는 것 같은 유효한 상담 효과를 수반하는 경우도 있다.

4) 해석 방법

(1) 묘사된 인물상의 특징과 그 임상적 의미

- 음영 혹은 갈겨쓰기
  - 그림에 있어서 음영이나 갈겨쓰기는 불안이나 공격을 지표한다. 음영이 붙여진 신체 부분에의 몰두(preoccupation), 고착(fixation), 불안을 시사한다. 예를 들면, 신체의 음영은 정신신체 증상(psychosomatic symptoms)의 호소와 관련된다.
- 일반적 윤곽
  - 강박적 사고로 볼 수 있고 빈틈없이 색칠해 놓은 것은 과도한 집착을 나타내는 태도를 투사한 것이다.
- 신체의 부분적 과장
  - 신체 부분의 확대나 과장은 그 부분의 기능에 대한 집착을 나타낸다. 예를 들면, 확대된 귀는 청각이나 다른 사람의 말을 받아들이는 것에 대한 집착과 관련된다. 긴 목은 의존성을 의미한다. 큰 손은 공격적 태도를 나타내고, 절도 등을 행하는 비행아의 그림에서 보인다. 이것은 명백한 행위로 표현되는 경우가 많기 때문에 한층 사회적인 태도를 밝히는 그림의 특성이다.

- 신체의 부분적 생략
  - 신체 부분의 생략은 종종 그 신체 부위의 기능 거부와 그 부분에 집착하는 불안을 의미한다. 예를 들면, 약시 아동은 눈을, 도벽을 가진 아동은 팔을 그리지 않기도 한다. 일반적으로 불안지표라고 생각된다.
- 얼굴의 표정
  - 얼굴에 나타나는 표정은 여러 가지 감정이 직접 나타나는 것으로 해석상에 더욱 확실한 지표라고 판단된다.
- 의복의 장식
  - 의복의 단추, 모양, 액세서리의 강조는 타인에 대한 의존이 높음을 의미하거나 애정욕구가 만족되지 않음을 의미한다.
- 크기
  - 인물상이 극단적으로 크거나 작은 경우가 있다. 극도로 큰 인물상은 내적 통제의 부족이나 미성숙함의 지표가 된다. 극히 작게 그린 아동은 소심, 우울(염세적), 극단적인 정서불안정인 경우가 많다.
  - 이들은 상대적으로 그린 해당 인물에게 과장되거나 축소된 자신의 견해를 시사한다. 즉, 해당 인물에 대한 자신의 관심도와 연결된다.
- 경사진 인물
  - 인물상이 기울기도 하고, 옆으로 눕게 그려진 경우가 있다. 공격적 혹은 소심한 어린이나 도벽이 있는 사람에게서 보인다. 보편적으로 강한 불안과 정서가 통제되지 않는 아동이 많다.
- 정확한 묘사
  - 묘화가 극히 정교하고, 정확함이나 질서가 강조된 경우는 환경 구성에 대한 아동의 관심이나 욕구의 반영일 것이다. 묘화의 구성에 대해서는 매우 위협적인 환경을 통제하려고 하는 시도라고 생각된다.
- 필압
  - 묘화 시 필력은 충동이 향해지는 방향을 시사한다. 즉, 충동이 밖으로 향하

는 공격적이고 활동적인 사람은 과도한 압력을 이용하고, 안으로 향하는 우울적이고 소극적인 사람은 약한 필압으로 그린다.

이상의 특징은 거의 8세 이상의 지적으로 정상인 아동의 정서지표라고 생각된다. 물론, 지적 발달 지체나 뇌기능 장애아동, 8세 미만의 아동 등에게도 적용할 수 있다. 어느 경우든지 이 지표는 전체적·상대적 해석을 바탕으로 이루어지며 기초적인 의미를 가진다.

(2) 인물상의 행위

KFD가 다른 그림 검사법, 특히 지금까지의 가족화와 다른 특징은 그려진 인물상이 행위와 동작을 수반함으로써 다양한 인물상과 전체를 통제하는 역동성이 투사되는 것이다. 즉, 자신의 눈에 비친 가족 역동을 느끼는 것이 가능하다.

'행위'의 의미는 부모와 자기상에 한해서 검토한다. 그 이유는 이 세 사람이 다수의 자료에 대해서 공통되는 가족구성원인 점과 아동이 가정이라고 하는 성격 형성의 장에 있어서 동일시의 대상으로 부모를 받아들이고 있다고 추론되기 때문이다.

- 몸 전체가 기울어져 그려진 인물
  - 누군가에게 기대려는 표현이다. 부모의 과다한 요구로 마음의 부담과 억압을 느낄 때 많이 그려지며 대인 관계의 부족으로 밖에서도 활발하지 못함을 나타낸다. 그러나 종이를 돌려가며 그리는 상황이나 자세에도 문제가 있으므로 주의해야 한다. 초등학교 2~3학년까지 정상적인 범주에 들어간다.
- 아주 작은 크기의 인물
  - 자신의 감정을 나타내기 어려운 내성적인 성격이다. 환경에 억압받는 경우로 자신감 없고, 자아가 위축된 상태를 나타낸다. 특히, 요즘 늘어나는 맞벌이 가정의 자녀에게서 자주 보이기도 하는데, 마음을 기댈 부모의 오랜 부재가 원인이다. 심하면 우울증도 의심해 볼 수 있다. 작게 자주 그려지는 한두 명은 또래와의 관계(사교성)가 좋지 않은 상태로 고독감을 나타낸다. 그리고 도화지 한쪽 구석에 작게 그려진 인물은 자신이 미워하는 사람이거나

심리적인 부담이 있는 경우에 나타난다.

- 진하며 굵은 윤곽선
  - 자신의 나약함을 숨기고 겉으로 강한 이미지를 보이려는 의도로 도피 상태를 나타낸다. 타인과의 교류 거부를 나타낸다. 또한, 등교 거부가 심한 아동이나 충동적이며 극단적인 생각을 하는 청소년기에 볼 수 있다. 교육기관의 관념적인 그림에서 가끔 볼 수 있는 표현으로 주변의 색채와 잘 구분이 되지 않기에 밑그림을 따라 사인펜 등으로 다시 긋는 한 방법이다. 디자인이나 포스터 기법 등에서 잘 정리된 느낌을 주기 위해 자주 사용되는 것을 볼 수 있다.
- 몹시 약하며 흐린 윤곽선
  - 자신감 부족, 환경에 대한 위축, 충동에 대한 엄격한 통제, 두려움, 불안한 마음 등으로 타인에게 자신의 감정을 드러내 보이기 힘든 상태를 나타낸다.
- 다시 고쳐 그린 인물
  - 그 인물에 대하여 마음이 괴로운 상태를 나타낸다. 마찰을 일으키는 존재를 나타낸다.
- 특정 인물만 생략하거나 간단히 그린 그림
  - 자신에게 스트레스를 주는 인물로 강한 거부를 나타낸다.
- 어떤 도형에 싸여 있는 인물
  - 무의식중에 기대하는 행복하고 편안한 장소로 '엄마의 태내나 가슴을 의미(자궁회기 본능)'하며 보호받고 싶은 상태를 나타낸다. 그러나 대상이 누구냐에 따라 움직이지 못하게 가두어 두는 거부적인 대상으로 바뀌는 경우도 있다.
- 뒤돌아 있는 인물
  - 환경에 대한 부적응이나 현실에서 벗어나고 싶은 도피적인 상태를 나타낸다. 보기 싫다는 거부의 뜻과 숨기고 싶은 불안한 마음으로, 좋지 못한 대인관계도 의심해 볼 수 있다. 특히, 부모나 교사의 뒷모습은 너무 엄하거나 혐

오감을 느꼈을 때이다. 초등학교 고학년 이상에서 자주 그려진다.

- 옆얼굴을 그린 인물
  - 뒤돌아 있는 것보다 덜하지만 보기 싫다는 뜻으로 초등학교 저학년에서는 잘 나타나지 않는다.
- 크기와 연령에 맞지 않게 그려진 인물
  - 일반적으로 좋아하는 사람은 크게 그리며, 싫어하는 사람은 작게 그린다. 초등학교 2~3학년까지는 비례가 맞지 않는 표현이 정상적인 범주에 들어간다. 그러나 그 이상의 연령에도 불구하고 연령에 맞지 않게 그려진 그림은 표현력의 미숙이나 정신적 발달의 지체로 판단력이 떨어지는 것을 의심해 볼 수 있다.
- 크게 강조한 인물
  - 자신을 강하게 나타내려는 의지와 지배력을 과시하기 위한 표현이기도 하며 지배력을 행사하는 대상을 나타내기도 한다.
- 다리를 삭제한 인물
  - 종이의 아랫부분이나 경계선 등을 이용하여 교묘히 그리지 않는 것으로 사춘기 아동이 잘 그리는 전형적인 표현법이다. 그러나 다리를 그릴 수 있는 공간이 있음에도 불구하고 그리지 않은 것은 우울한 기분, 낙담, 심리적 도피와 함께 표현의 어려움도 생각해 보아야 한다.

(3) 얼굴

자신이 외부의 현실 세계와 어떻게 접촉하는가를 나타낸다.

- 인물의 크기에 비해 큰 머리
  - 외동아들, 딸, 막내 등 어리광이 심한 아동의 전형적인 표현으로 쉽게 흥분하는 성격과 판단력의 저하를 나타낸다. 초등학교 2학년까지는 정상적인 표현으로 볼 수 있다.

- 납작한 머리
  - 환경에 대한 강한 억압, 무서움, 숨김 등으로 스트레스를 받고 있다는 표현이다.
- 얼굴 내부를 다시 고쳐 그린 그림
  - 자신을 나타내기 어려운 상태로 또래관계에 어려움을 나타낸다. 사춘기 아동의 그림에서도 나타나는 것은 표현의 어려움이다. 또한, 내부의 특정 부분을 여러 번 고쳐 그린 것은 그곳의 기능이 좋지 못하여 신경이 쓰이는 상태를 나타낸다.
- 얼굴 내부를 생략하여 빈 공간으로 남긴 그림
  - 관심을 가져 주기 바라는 마음과 대인 관계가 원만하지 못함을 나타낸다. 초등학교 고학년 이상의 여자 아동에게서 자주 보이는 것은 그림을 자주 그려 보지 않아서 생기는 현상이다. 또한, 내부를 그리려 해도 이상하다고 판단되기에 생략하는 것이다. 사춘기 아동의 전형적인 한 패턴이기도 하다.
- 네모난 얼굴형
  - 심술이 난 얼굴로, 자기 생각과 감정을 표출하지 못하고 마음속에 담아 둔 상태다.

(4) 머리카락

여성다움과 여성적인 충동을 상징한다.

- 머리카락의 강조
  - 길게 그린 머리카락은 여성적인 아름다움과 자기 만족을 의미하며, 자신의 아름다움을 의도적으로 나타내려 한 것이다. 주로 성적 호기심이 많은 여아에게서 많이 그려진다.
- 머리카락의 생략이나 부적절한 표현
  - 5세 이상이 그린 이러한 인물의 표현은 신체적 활동력의 저하를 나타내며, 그 인물이 정상적인 역할을 수행하지 못할 때도 그려진다.

- **뺨을 감싼 머리카락**
  - 긴 머리카락을 그리려다 나타나는 현상이다. 귀 부분을 교묘히 숨기려는 의도로 보이며, 듣기 싫다는 간접적인 표현으로 여자 아동에게서 볼 수 있는 표현으로 스트레스가 심한 상태이며 방어적인 표현이다.

(5) 눈

사람의 내면생활을 나타내는 '마음의 창'일 뿐만 아니라 외계와 접촉하는 가장 중요한 기관이다.

- **고쳐 그린 눈**
  - 시력 저하, 가려움증 등과 관련된 문제를 의심해 볼 수 있다.
- **윙크하는 눈**
  - 여자 아동에게서 자주 볼 수 있고 만화에서 그 원인을 찾을 수 있으며 좌우의 눈을 똑같이 표현할 수 없을 때도 그려진다. 시력 저하를 의심해 볼 수 있다. 타인의 시선을 피하기 위한 수단으로 그리기도 하는데, 눈치 보는 것을 나타낸다.
- **크게 강조된 눈**
  - 대개 여자 아동이 잘 그리며 만화적 표현으로 해석에 주의해야 한다. 흔히 두려움이나 불안감을 느낄 때 그려지며 시력 저하를 의심해 볼 수 있다. 또한, 자신이 감시받는 것에 대한 저항과 자립을 강하게 나타낸 것으로 '나도 잘 할 수 있으니 그렇게 감시하지 않아도 되며, 잔소리하지 않아도 된다.'는 표현이다.
- **눈동자 없이 윤곽선뿐인 눈**
  - 자기중심적이고, 남을 보고 싶어 하지 않는다는 것을 나타내는 유아적인 표현이다.

- 치켜뜬 눈, 모가 난 눈
  - 부모가 권위적이거나 엄격할 경우 나쁜 감정을 마음속에 숨겨 두고 있는 것으로 화가 났다는 표현이다. 밖에서는 자신보다 약한 아동이나 또래에게 화풀이하면서 폭력적·공격적인 태도로 발산되기도 한다.
- 눈과 눈 사이를 가깝게 그리는 것
  - 후천적인 기질이 거칠며, 폭력에 대한 방어 본능을 나타낸다.

(6) 코

사람의 감정이 잘 나타나는 기관으로 대개 간단하게라도 그린다.

- 콧구멍의 강조
  - 자신의 감정을 참지 못하고 그대로 발산하는 상태로 공격성과 반발심이 강한 경우에 나타난다.
- 긴 코나 큰 코
  - 감기나 축농증을 앓고 있는 아동이나 소아천식에 걸린 아동에게서 흔히 나타난다고 한다. 단, 거울 등을 보고 표현하거나 만화 혹은 캐릭터 그림 표현에는 주의하여야 한다.
- 코를 그리지 않는 그림
  - 주위 환경의 영향으로 감정과 행동의 표현이 억제당하는 것을 나타낸다. 어떠한 상황에서도 조용히 대화로 해결하려는 상태이다.

(7) 귀

수동적인 기관으로 대개 귀를 그리지 않는다.

- 큰 귀
  - 남의 말에 대한 경계심과 부모의 지나친 잔소리나 야단으로 귀가 아프다는 표시일 수 있다. 유난히 크게 강조된 것은 남의 말에 예민하게 반응하는 상태를 나타낸다.

(8) 입

수동적인 동시에 말로 타인과 접촉하는 적극성도 있다.

- 강조된 입
  - 유아적인 성향으로 인정받고 싶다는 것과 수다스럽거나 언어 구사력이 뛰어난 상태를 나타낸다. 진하거나 크게 그리기도 하며 빨간색 등으로 덧칠하는 경우가 대부분이다.
- 치아
  - 동물적인 공격성과 반발심을 나타낸다. 또한 욕과 같은 심한 말로 남을 비방하는 경우에도 그려진다.

(9) 목

머리에서 내려진 명령을 전달하는 통로이다.

- 생략된 목
  - 4~5세 초기의 인물화에서도 흔히 볼 수 있는 정상적인 표현이다. 특정 인물의 목이 없는 것은 행동에 대한 통제가 되지 않아 산만하거나 돌발적(충동적)인 행동을 할 수 있다는 것을 나타낸다. 이는 적응력과 판단력에도 문제가 있음을 보여 주며 부모의 과잉보호가 원인이다. 특정 인물에 그려진 것은 자신이 통제하지 못하는(말을 듣지 않는) 것을 나타낸다.
- 강조된 목
  - 충동적인 행동과 그것을 잘 조절하지 못할 때 나타나는 것으로 목 부분을 흔들기, 떨림 등이 있는 틱 장애도 의심해 볼 수 있다.
- 두꺼운 목
  - 강한 의지를 가진 고집스러운 성격을 나타낸다.

(10) 어깨

체격과 체력을 나타내며, 남성적인 힘과 자기과시의 욕구를 상징한다.

• 좌우가 가지런하며 둥근 어깨
  – 온순한 성격을 나타낸다.

• 넓은 어깨
  – 강한 것과 힘에 대한 욕구를 나타낸다.

• 각진 어깨
  – 방어적 태도와 공격적인 태도를 나타낸다.
  – 남자 아동의 초기 인물화에서 몸통을 네모로 인식하여 그릴 때 볼 수 있지만, 해석하지 않는다.

(11) 가슴

성적 관심과 자신이 의지하고 따르는 인물에 대한 무언의 표시이기도 하다.

• 가슴 부위의 무늬
  – 어머니 혹은 따뜻한 가슴에 대한 이미지를 나타낸 것으로 사랑받고 싶다는 의존적인 표현이다.

• 배꼽
  – 엄마의 따뜻한 사랑과 관심을 원하는 것으로, 특히 배꼽의 표현은 주위 환경에 대한 불안감을 해소하기 위한 본능적인 표현이다. 인간에게 엄마의 등과 태내는 가장 안전한 장소로 볼 수 있다.

• 비정상적으로 길게 그려진 몸통
  – 강해지고 싶은 마음과 공상적인 마음을 나타내기도 하며, 빨리 크고 싶다는 보상심리일 수도 있다. 반면 지적장애일 가능성도 있다.

(12) 팔과 손

자신의 환경 내에 있는 사람이나 사물을 통제하고 변화시키려는 작용을 나타낸다. 어린 아동이 인물을 그릴 때 팔을 생략하는 경우가 많은 것은 부모의 과잉보호일 수도 있고, 손에 의한 아픔이 있을 수도 있으니 유아·아동에게 물어보는 것이 정보 수집에 도움이 된다. 단지 팔이 없는 것이 좋게 보이기 때문일 수도 있다.

- **커다랗게 그려진 팔과 손**
  - 힘에 대한 보상심리를 나타내는 경우가 많다. 통제가 되지 않아 충동적인 행동도 할 수 있다. 특히 커다란 손은 하는 일이 많음을 나타낸다.
- **팔이 생략된 그림**
  - 부모의 과잉보호로 인하여 생각하고 행동하는 데 있어 팔의 필요성을 느끼지 못하는 경우로 초기 인물화에서도 자주 볼 수 있다. 5세 이상의 아동이 혼자의 힘으로 할 수 있는 것이 거의 없음을 나타낸 것으로 또래관계나 환경 적응력이 떨어지는 것을 의심해 볼 수 있다.
- **딱 붙은 팔과 손**
  - 차려 자세를 그린 것이다. 엄한 가정의 분위기로 행동에 제한을 받아 긴장된 상태를 나타낸다. 예의 바른 말과 행동을 강조한 경우이다.
- **관절이 그려진 팔**
  - 부모나 타인에 대한 의존성을 나타낸다.
- **수평이 되게 옆으로 벌린 팔**
  - '자신을 안아 주었으면' 하는 마음을 나타낸 것으로 초기 인물화에서 흔히 볼 수 있는 가장 기본적인 유형이다. 유아적인 마음상태를 나타낸다.
- **수평보다 위로 올라간 팔**
  - 팔의 움직임이 아주 활발하다는 것을 나타내며, 통제력을 잃고 타인에게 피해를 줄 수 있다. 잘 흥분하는 성격으로 공격적 태도를 나타낸다. 교육기관에서 인물의 움직임을 다양화시키려는 의도로 배우게 되는 경우가 많다.

- 등 뒤로 숨긴 팔
  - 타인과 대화하기 싫다는 거부와 방어적인 태도를 나타낸다. 사춘기 아동의 전형적인 그림 표현 중 하나이기도 하며 타인과의 의사소통에 어려움을 나타낸 것이기도 하다.
- 짧게 그려진 팔
  - 적극성이 부족한 상태로 대인 관계가 좋지 못함을 나타낸다. 유아나 어리광을 부리는 아동에게 나타난다.

(13) 손가락

환경과 직접 접촉, 조작하는 기관으로 사회성과 관계가 있다.

- 주먹을 쥔 손
  - 일반 아동화에서 흔히 볼 수 있는 표현으로 원만하지 못한 대인 관계, 난폭한 행동, 적대적 감정 등으로 해석하면 안 된다. 단지, 쉽고 편하기 때문에 이렇게 표현하는 것이다. 또한, 팔을 높이 올려 그린 관념화된 표현에도 주의하여야 한다.
- 손이 생략된 인물
  - 스스로 할 수 있는 것이 거의 없는 상태를 나타내며, 과잉보호가 원인이다. 특정 인물에 그려진 것은 그 인물이 자신에게 영향력을 거의 주지 못함을 나타낸다.
- 짧은 손가락
  - 사회 적응력의 부족으로 또래관계가 적음을 나타낸다.
- 날카로운 손가락 끝
  - 마음속에 미움의 감정이 쌓여 반발심과 공격성을 내포한 상태로 초등학교 저학년에서 자주 보인다.
- 손가락을 편 듯한 꽃잎 모양의 손
  - 양보심, 협동심, 친화성의 표현이다.

(14) 다리와 발

성격의 안정성과 환경에 대한 적응력을 상징하는 경우가 많다.

- 긴 다리
  - 키가 작은 아동은 보상심리로 그리는 경우가 많다. 반면, 키가 큰 아이도 무의식적으로 그리는 경우도 있다.
- 큰 발
  - 남자다움과 강한 힘에 대한 보상심리를 나타내며, 남성 생식기의 강한 힘을 강조할 때도 그려진다.
- 작은 발
  - 안정감 결여, 의존성과 함께 행동의 제한을 나타낸다.
- 발을 그리지 않는 표현
  - 활동에 제한을 많이 받는 아동에게서 흔히 볼 수 있다. 또한, 병으로 누워 지낼 때도 다리나 발을 전혀 그리지 않거나 다리가 보이지 않는 그림을 그리는 경우가 많다고 한다.
- 구두, 신발을 자세히 그린 것
  - 밖에서의 활동이 많음을 나타내며, 여아는 스타킹의 표현과 함께 빨간색으로 칠하기도 하는데, 예쁘다는 것을 의미하기도 한다.

(15) 인물화에 그려진 부속물

- 허리띠의 강조
  - 어린 아동이 불안해할 때 자신의 배꼽을 만지는 것과 같은 의미로 해석할 수 있다. 자신을 지탱해 줄 엄마를 찾는 것과 같다. 아동이 퇴행하면 인물의 배꼽 부분을 검게 칠해 분리불안을 표현하기도 하는데, 이는 태내로 돌아가고 싶은 소망(자궁회귀)을 나타낸다.

- **목걸이, 팔지 등의 장식품**
  - 여성적 호기심이 많은 여아가 자주 표현한다. 남에게 자신을 예쁘게 나타내려는 의도로 사교적인 면을 엿볼 수 있다.
- **옷의 무늬, 단추, 넥타이, 바지의 지퍼**
  - 그 인물에 대한 친밀감과 의존성을 나타낸다. 특히 손잡이, 넥타이, 굴뚝 등과 같이 기다랗게 생긴 것이라고 해서 성적(性的)인 것과 연관을 짓는 것은 맞지 않다.
- **모자**
  - 자신의 모습을 보이기 싫어하는 자기방어를 의미하며, 수동적인 태도나 야뇨증의 문제와도 관계있다고 한다. 실내에서 모자를 쓰고 있는 것은 멋보다는 자신의 얼굴이나 특정 부분을 숨기려는 의도가 많으며 선글라스와 같이 타인에게 자신을 노출하지 않고 자신은 타인을 볼 수 있는 기능(눈치를 살피려는)을 염두에 둔 것이다. 또한, 머리를 감싸 줌으로 추운 겨울에는 체온을 유지하는 역할도 한다.

(16) 그림의 양식

① 일반적 양식

보통 신뢰감에 가득 찬 가족관계를 체험한 아동의 KFD는 다음에 서술하는 것처럼 복잡하거나 명백한 장벽을 나타내지 않고, 온화하고 우호적인 상호 관계를 암시하는 그림이 된다.

② 구분(compartmentalization)

솔직한 애정 표현이 허용되지 않을 때 해당 인물이나 가족구성원을 선이나 사각형으로 각각 구별하고 고립화된 그림을 나타낸다. 이 양식은 사회적으로 고립되었던 아동과 내성적인 사고를 가진 아동에게서 많이 보인다. 가족의 감정적 격리를 의미하며 가족 간 인격장애에서의 도피를 의미하는 경우가 있다.

③ 종이접기 구분(holding compartmentalization)

미리 검사 용지를 접어서 몇 개의 사각형의 테를 만들고, 그 안에 가족구성원을 각각 그리는 것이며, 구분의 극단적 양식이다. 가족관계에 존재하는 강한 불안이나 공포를 나타내는 경향이 있다.

④ 포위(둘러쌈, encapsulation)

타인에 대해서 혹은 타인과의 관계에 있어 자기 자신에게 개방적인 감정적 태도를 갖지 못할 때, 타인 혹은 자기 자신을 닫아 버리는 양식이다. 강한 공포나 불안의 표현이라고 생각된다. 예를 들면, 이 양식은 책상, 그네, 줄넘기, 자동차 등의 형식으로 교묘히 표현되는 경우가 많다.

⑤ 가장자리(edging)

지적 능력에 문제가 없고, 방어적인 아동은 단순히 인물상을 용지의 주변 부위에 그리는 일이 있다. 이 양식을 나타내는 피험자는 상당히 방어적이며, 면접 때도 상당히 강한 저항을 나타내고, 문제의 핵심에 좀처럼 접근하지 않으려 하는 경우가 많다.

⑥ 인물하선(underlining individual figures)

자신이나 특정 가족구성원에 대해 불안감이 강한 경우에 그 인물상의 아래에 선을 긋는 경우가 있다. 가족구성원 상호 간 인간관계의 불안정성을 시사한다고 본다.

⑦ 상부의 선(lining at the top)

가족관계에 조금만 정서불안이 있어도 어린 아동에게는 전체가 불안과 공포가가득 찬 것으로 느껴지는 경우가 있다. 용지의 상부에 그린 선은 이 같이 격심한 불안을 의미하는 경우가 많다.

⑧ 그림 밑 · 인물 밑의 선 양식(lining at the bottom)

불안정감을 해소하기 위해서는 견고하고 강한 토대가 필요하다. 붕괴 직전에 놓여 있는 가정이나 강한 스트레스에 있는 아동의 그림에서 나타난다. 종종 장애의 강함과 이 부분의 그림 강도와는 비례한다고 생각되고 있다.

(17) 그림의 역동성

① 인물상의 묘사 순서에 대한 해석

"가족 전원이 무엇인가를 하는 모습을 그리시오."라는 지시를 주었을 때 누구부터 그리기 시작하는가는 상당히 의식적 수준의 문제라고 생각된다. 특히, 적응상의 문제를 가지지 않는 피험자의 대부분이 아버지상을 제일 먼저 그린다. 인물상의 순서는 가족 내의 일상적 서열을 정확히 반영하는 일이 많다. 그 때문에 할아버지나 자기상 등을 제일 먼저 그린 경우에는 피험자가 가족 내에서 점유하는 위치에 대해 특별히 생각할 필요가 있다.

② 인물상의 위치

종이를 상하로 구분하여 봤을 때 위쪽에 그린 인물상은 가족 내 리더로서의 역할이 피험자에게 주어지고, 아래쪽의 가장자리 양식은 용지의 주변에 인물상을 그리는 것으로 방어적인 사람이나 저항을 보이는 사람에게서 나타난다. 예를 들면, 지붕이나 사다리 위에 부자연스럽게 다른 가족과 떨어져 위쪽에 그려진 경우 등은 그 인물에게서 나타나는 불만이나 불안정감을 의미하는 것이 된다. 반대로 아래쪽은 억울함이나 침체감과 관계된다. 예를 들면, 아래쪽으로 위치하는 인물상이 그린 순서의 제일 마지막이거나 자고 있는 모습인 경우에 이 경향은 더욱 강해진다. 좌우 방향에서 우측은 외계의 관심이나 활동성과 관계되고 좌측은 내폐성이나 침체성과 관련되는 듯하다. 가족 내에서의 성 역할이라는 관점에서 보면 자기상을 남자는 우측에 여자는 좌측에 그리기 쉽다고 한다. 따라서 좌측에 그린 아버지나 남자 가족과 우측에 그려진 어머니나 여자 가족에 대해서는 해석상 특히 주의를 요하는 경우가 많다. 단, 적응자는 남녀 모두 자기상을 우측에 그리는 일이 많은 듯하다. 중앙부에 위치한 자기상은 자기중심성이나 미성숙한 인격을 의미하는 일도 있다. 조부모가 중앙에 그려진 경우에는 주의가 필요하다. 조부모가 일을 하거나 사회적·경제적으로 활동하는 경우, 가족 내의 심리적 중심 인물인 경우 등에는 더욱 그러하다. 어떠한 경우에도, 특히 피험자가 적응상의 문제를 가지고 있다면 해석상 주의해야 할 점이 많다. 물론 이것이 곧 조부모에의 소외 감정을 의미하는 것은 아니다.

③ 인물상의 크기

아동의 그림은 대체로 본 것을 객관적으로 묘사하는 경우가 많다. 3~4세가 그린 인물상이 큰 머리의 다족류 동물 같은 모습을 보이는 것은 지적 지능의 발달적 미숙이라는 것을 나타내는 것이다. 행위 동작의 묘사를 동반하는 것을 요구하는 가족화로서 KFD는 가족구성원의 묘사에 자유도와 다양성을 준다. 가족화에 행위 동작을 가미한 인물 묘화는 가족구성원에 대한 관심 정도가 인물 묘사의 상대적인 크기로 투영된다고 판단된다. 다시 말하면, 복잡다단한 가족구성원에 대한 인지적 제요인이 그림에 내포되고 그 제요인의 해석이야말로 KFD 임상심리검사로서 의의가 있다고 말할 수 있지만, 그림 내의 인물상의 상대적 크기를 검토하는 것은 그것이 인간관계 인지의 양상을 나타내는 기본적인 인물 묘화의 특징인 만큼 임상적 의의는 크다.

긍정적이든 부정적이든 관심이 큰 인물의 신체 부분이 그려지고 있다. 그리고 이 같은 가설은 연소자에게 한하지 않고 상당한 연령에 달한 피험자에게도 더욱 유효한 임상적 지표가 될 수 있다. 청년기의 남자나 어떤 종류의 부적응 상태에 있는 피험자는 자기상을 최대로 그려서 자기 고착의 양상을 나타내는 것을 볼 수 있다.

④ 인물상의 생략

그려진 인물상을 연필로 칠해서 지우거나 지우개로 지우거나 해당 인물을 용지의 이면에 그리기도 하며 완전히 생략해 버리는 일도 있다. 이는 다른 가족구성원과 동일 장면에 두기 어려울 정도로 적의나 공격, 불안 등의 부정적 감정을 안고 있는 인물에 대해 생긴다.

⑤ 타인의 묘사

가족구성원도 아니고 동거자도 아닌 타인이 KFD에 그려지는 일이 있다. 대부분의 경우는 피험자의 친구이다. 가족 내의 누구에게도 마음을 허락할 수 없는 상태에 있을 때 적지 않게 친구와의 관계가 묘사된다. 청년기의 피험자가 그린 경우에는 종종 심한 자아 확산의 상황을 의미하는 것이 된다.

⑥ 인물상의 방향

그려진 인물상의 얼굴 방향이 '정면', '측면', '배면' 중 무엇인가 하는 관점은 몸체 부분 이상으로 임상적 의미가 크다. 왜냐하면, 몸이 배면이라도 얼굴을 측면으로 그림으로써 방향을 긍정적으로 표현하기도 한다. 더욱이 인물이 자고 있는 모습이나 명백히 다른 가족구성원과 다른 차원으로 위치하는 것을 나타내기 위해 그 인물상 전체가 '도치'되어 버리는 일이 있다. 얼굴의 방향에 대해서는 정면은 긍정, 옆면은 반(半)긍정 혹은 반(半)부정, 배면은 부정적인 감정과 관련하는 경우가 많다. 도치된 인물상에 대해서는 이 얼굴의 방향과 연결해서 해석되어야 한다.

⑦ 인물상 간의 거리

그려진 가족 A와 B 사이의 거리는 단적으로 피험자가 본 A와 B 사이의 친밀성의 정도나 감정적 거리가 멀고 반감을 이야기하는 것으로 보인다. 전자의 경우에는 때때로 인물상의 접목이나 묘사의 중복성이 보이기도 한다. 그러므로 행위, 동작을 동반한 인물상은 당연히 3차원적 양성을 갖는 것이지만, 그것을 2차원의 용지 상에 표현하는 제약에 따라 생기는 인물상 간의 접촉이나 중복과는 구별되어야 하는 경우도 있다. 후자의 경우 결국 A와 B의 양자의 반감, 예를 들면 모자관계에 곤란을 가지는 피험자는 어머니상과 자기상을 용지의 양단에 그리기도 하고 그 상태를 표현하기도 한다.

(18) 상징

묘화에서 보이는 가장 구체적인 사물에는 특수한 감정이나 갈등이 있는 일이 있다. 이러한 것들을 일괄해서 '상징'이라고 부른다.

상징의 의의를 이해하여 피험자에 대한 이해가 깊어지는 경우가 임상활동에서는 종종 있지만, 상징의 해석이 주관적·독단적으로 행해진다면 피험자의 특성을 잘못 해석할 수 있다. 하나의 상징이 항상 모든 피험자에게 같은 의의와 깊이를 가진다고는 할 수 없다. 〈표 Ⅱ-4〉에 제시된 상징과 의미는 다음과 같다.

표 II-4 상징과 그 의미

상징	상징의 의미
가구	• 따뜻한 마음의 연결이 빈약하다고 느낀다. • 외적 측면을 기대하려는 경향이 강하며 어머니의 태도와 관련된다.
개, 고양이	• 개나 고양이가 가진 체온, 털의 부드러움과 발톱이나 이빨의 예리함에서 보듯이 공격이라고 하는 불규형적인 태도가 양가감정을 의미한다. • 개는 충성심과 공격성을 의미한다.
계단, 사다리	• 계단(사다리)의 도중에 있는 인물, 계단이나 사다리를 지나서 계단 위, 옥상, 지붕 위에 있는 인물과 관련한 불안이나 불안정감을 상징한다.
공	• 힘을 상징한다. • 현재의 상태에 의해 명백하고 단순한 힘(공격)이나 현실화되지 않은 폐쇄 상태의 힘(갈등) 등 여러 가지 상황의 힘을 표현한다.
귤	• 가정 내의 따스함이나 안정성을 의미한다. • 서민성의 상징한다.
꽃	• 꽃은 아름다움과 사랑, 성장·발달의 상징한다. • 일반적으로 여아가 그 여성스러움을 의미하고 강조하는 경우에 그린다.
그네	• 그네를 타고 있는 인물상은 포위 양식의 전형적인 경우로, 그네의 지주와 지면의 선에 의해 이중으로 포위되고 있을 때 이는 그 인물이 안고 있는 폐쇄감, 끌어들임의 강함이나 불안정성을 의미한다.

상징	상징의 의미
기차	• 인물상이 그 승객으로서 그려질 때는 '자전거 → 오토바이 → 자동차 → 기차'의 순서로 커질수록 의존적 요소가 크다. • 탈것이 커짐에 따라서 자기 힘이 아닌 타인의 힘에 의존한다. • 어린이(피험자)와 자동차나 기차와의 관계는 몸을 맡겨 버린 상태를 의미한다. • 반대로 탈것이 모형으로 그려질 때는 오히려 힘, 그것에의 명백한 동일시, 그들이 지배·통제할 수 있는 자신을 투영한다.
나무	• 정신적인 소생, 재생 등을 의미한다. • 특수한 형태의 나무로 분재와 작은 정원수는 다른 사람의 성장과정을 지배하고 싶다는 욕구와도 관련한다.
나비	• 사랑이나 아름다움을 상징한다. • 공상화된 심정을 표현하는 것이다.
낫	• 공격 혹은 거세 공포와 관련된다.
냉장고	• 어머니에게 기대하는 의존 욕구의 상황을 시사하는 것이다.
다리미	• 어머니의 과잉보호 혹은 애정결핍, 관심, 주의 등을 피험자가 인지하는 것으로 해석하는 것이 적절하다.
담배	• 성인다움이나 가까이하기 어려운 성인의 세계를 나타낸다.
노트	• 피험자에게 친숙하거나 가족이 각각 그려진 경우는 비밀스러운 개별적인 의미가 있다.
모자	• 소위 만들어진 상태와 자기방어를 의미하고, 수동적인 태도와 관련된다.
물	• 억울한 감정을 의미한다.
물 조리개	• 해당 인물에 관계하는 불안이나 억울한 감정이다.
바늘	• 고통을 줄 수 있는 것으로 대부분은 할머니와 어머니가 재봉하는 모습과 함께 그려지며, 억제된 공격 행동을 의미하는 일이 많다('칼 종류' 참조).
방망이	• 주로 힘, 공격을 의미한다('공' 참조).
방석	• 인물하선의 양식으로 해석되는 것이고, 방석이 강조된 묘사는 해당 개인에의 불안감을 의미한다.

상징	상징의 의미
뱀	• 뱀, 도마뱀, 개구리의 종류는 억압된 공격 충동과 수용될 수 없는 초조함 등과 관련된다. • 억압된 성적 원망을 상징한다. • 어떤 미움의 대상을 향한 공격적인 마음을 나타내기도 하지만 평소와 다른 신체 변화를 나타내는 경우가 더 많다. • 집중력이 떨어지는 원인이다.
별	• 박탈과 근원적인 비애감을 나타낸다.
부엌, 수도 (싱크대)	• 섭식 욕구의 충족이라고 할 수 있는 가정의 일차적인 기능과 관련된 것이다. • 피험자가 음식물을 먹는 것에 강한 관심이 있는 경우, 그 같은 욕구가 안정적으로 만족되지 않는 경우, 만족되지 않을지도 모른다는 불안감을 안고 있는 경우 등에 음식물과 식기, 부엌일을 하는 행위가 함께 그려지는 일이 많다.
부엌칼	• '칼 종류' 참조
부채	• 부채는 거의 정신장애군의 남자에게서 많이 보이고, 극히 드문 것이다. • 묘화자가 자아기능장애를 앓는 것과 관련되는 것인지 신중히 검토해야 한다.
불	• 화로, 스토브 같은 난방기구의 경우와 같이 따뜻한 느낌을 상징한다. • 애정 욕구에의 심한 증오나 분노의 상징이 된다.
비	• 물은 억울한 경향과 관련된다. • 발달 단계 특유의 억울한 기분을 상징한다.
전등	• 밝음, 따뜻함, 애정을 의미한다. • 빛이 가족 전원을 비추고 있는 경우와 그렇지 않은 경우의 의미가 다르다. 현실의 가족관계의 따뜻함을 표현하는 경우와 그 같은 따뜻한 애정을 얻을 수 없고 그것을 바라는 경우 등이 있다.
빗자루, 먼지떨이	• 이들은 팔의 연장이 되고, 그 인물의 지배 범위를 확장하는 것이다. 따라서 지배·통제하는 역할을 담당하는 인물을 상징하며, 때로는 공격과 거부의 감정을 의미한다. • 빗자루와 먼지떨이는 가옥이나 가구와의 관계를 시사하는 것이므로 가족관계의 본질보다 가정생활의 외면이나 체제에 대한 강한 관심을 의미하는 경우도 있다('가옥, 가구' 참조).

상징	상징의 의미
서적	• 지적 욕구와 관련된다. • 이차적인 사회적 욕구와 관계된 것이다. • 어린이의 자기표현 욕구로 단서를 얻는다. 그러나 그것이 교과서인지 만화책인지에 따라 의미가 달라진다. 전자는 가족으로부터의 기대와 강요를 받는 모습이기도 하고, 후자는 퇴행 기분과의 관련 등이 검토되어야 한다. • 합리화와 관계된다.
세탁물	• 그림 속의 세탁물과 세탁을 하는 인물(어머니)상과의 위치 관계와 크기의 비율 등은 상대적으로 검토될 필요가 있다. 일반적으로 아름다움을 좋아하는 어머니나 가족생활에 있어서 물적 관계에 중점을 두는 어머니 등 당위적 태도와 관련된다. • 때로는 다시 시작하거나 재생의 주제를 상징한다.
솔(붓)	• 벌을 가하는 인물상에 관계한다. • 페인트칠은 집에 대한 보수, 재생을 위한 행위로 가족관계의 조정을 시작한 사람(대부분 아버지)의 모습이다.
식기, 찻잔	• 가정의 어린이에 대한 섭식 욕구의 충족을 의미한다. • 가족 전체의 식사 장면과 도움 등의 행위와 동반해서 묘사되는 경우에는 긍정적인 의미를 가지고 가정생활의 평안 등을 나타내는 것이 된다.
식탁	• 화로, TV 등과 같은 의미가 있고 가족의 연대감을 표현한다. • 혼자서 사용하는 책상과 의자와는 반대의 의미가 있다.
신문	• 신문은 사회사상의 정보원이라고 할 수 있어, 그것을 읽는 사람의 사회에 대한 관심을 의미한다. • 신문을 읽는 사람은 가족 내에 있어서 사회적 책무의 대표적 수행자인 것도 의미한다. • 신문으로 사람을 가리거나 사람보다 신문이 크게 그려진 경우는 포위의 양식으로 그 인물에 대한 불안감과 거부감을 투영하는 것이 되기도 한다.
쓰레기	• 존재를 수용하기 어려운, 공격적 감정 같은 것이다. • 그림에서 누가 쓰레기를 버리려는 것인가, 쓰레기와 새로운 갓난아기가 어느 위치에 그려진 것인가 등과 같은 관점에서 역동적 해석이 중요하다.

상징	상징의 의미
앞치마	• 어머니에 대한 역할 기대를 의미한다. • 안정감, 때로는 생존의 보장을 의미한다. • 옷에 의한 포위라고도 할 수 있다. • 해당 인물의 등 쪽이 그려질 때, 앞치마 끈을 사선(X자형)으로 묶은 모습을 그리면, 그 인물에의 부정적인 감정을 의미하는 것이 된다.
양동이, 세면기	• 억울한 감정과 동시에 수동의 뉘앙스를 수반한다.
연, 새, 풍선 (애드벌룬)	• 좋아하지 않는 가족 사항에서의 이탈, 도피를 의미한다. • 대부분 혼자 그려지게 되는 경우가 많으며 자신을 구속하는 가족 환경에서 피하고 싶은 소망을 나타낸다. 특히, 다른 사람에게 접근해 있는 표현은 자신이 구속되거나 벌을 받는 것으로 인식함을 나타낸다.
연필	• 피험자가 당면한 문제나 묘화 속에서 연필이 무엇을 하기 위해 이용되는 것인가 하는 관점에서 해석한다. • 일반적으로 연필을 사용하고 있는 행위(필기, 묘화 등)는 자기방어와 합리화의 기제와 관련된 경우가 많다.
열과 빛	• 태양, 전등, 난로 등 열과 빛이 주제로 그려지는 것은 밝음, 따뜻함, 애정, 희망 등의 긍정적인 감정과 관련된다.
완구	• 피험자의 퇴행 기분과 관련된다. • 부적응 아동에게 많이 나타난다.
음식	• 사물의 묘사는 그 욕구충족을 항상 가정에서 구하고 있다. • 피험자의 퇴행 기분과 관련된다.
스토브	• 전기, 가스, 석유 등에 의한 난방기구는 사용 목적 그 자체가 가족관계의 따스함을 의미한다.
의자	• 인물상은 후두 부분만 보인다. • 고립이나 소외감을 표시하며, 등받이 부분을 그린 것는 해당 인물에 대한 거부감을 표시한다.
자전거	• 남성적인 힘을 의미, 주로 남아의 묘화에 많이 보인다.

상징	상징의 의미
자동차	• 자동차는 심리적·물리적 격리를 의미한다. • 종종 승차하고 있는 사람은 포위 양식이고, 다른 가족구성원과의 격리를 표현한다. 그 사람에게 있어 자동차는 심리적·물리적으로 또 다른 거주 공간을 의미한다.
전선	• 강한 힘에 의한 충격이나 지배를 의미한다. • 전선은 그 같은 힘의 통로이고, 통제하기 어려운 힘에 의해 가족이 지배·통제되고 있다고 느끼는 피험자의 묘화에 나타난다. 때로는 구분이나 상부의 선으로 해석되는 묘화의 양식이다.
줄넘기	• 에너지를 주는 것이 없음을 표현한다. • 해당 인물의 갈등, 자기 고착 등의 상황을 의미한다.
진흙, 오물	• 더럽혀진 것, 더러운 것, 즉 버려야 할 것이라는 부정적 감정을 표현한다('화장실, 배설물' 참조).
집	• 가족 전원이 집에 의해 포위(양식)되는 것인가, 일부의 가족구성원만이 집 안에 위치하는가, 상부의 선이나 하부의 선의 양식이 강조되고 있는가 등 가족이 안고 있는 불안감이나 불안정성과 관련된다.
집의 보수(補修)	• 아버지의 행위로 묘사한다. • 심리적인 가정에의 새로운 관계를 의미한다.
책상	• 의자와 함께 그려지는 일이 많고, 해석상 의자와 같다. 그러나 의자보다 포위의 양식으로 해석되는 일이 많고, 그 외의 경우 개인적 사용을 의미하고, 그 인물의 고립, 결기 등을 나타낸다. • 부적응아에게는 적응아의 2배 이상의 출현율을 보이고, 특히 정신장애와 비행의 피험자에게 높게 그려진다.
청소기	• 지배적이고, 통제적이며, 때로는 거부적인 태도이다('빗자루, 먼지떨이' 참조).
침구, 침대	• 인물에게 나타나는 거부 감정과 퇴행, 억울한 감정 등을 나타낸다. • 침대는 성적인 것과 관련 있다.
카드	• 카드놀이가 2명 이상의 상호작용으로 묘사되는 경우와 혼자 놀이로 묘사되는 경우의 의미가 다르다. 전자는 그 상호작용의 의미 내용이 이해되지 않으면 안 되고, 후자는 구하고 있는데도 만족스럽지 못한 인간관계가 문제다.
하수구	• 부엌과 수도(싱크대)를 묘사할 때 자주 나타난다. 그러나 물의 출구인 점에서 물과 비의 해석과 같이 여러 가지 형편의 억울한 경향을 시사하는 경우가 있다.

상징	상징의 의미
칼 종류	• 공격, 거부, 거세 공포 등과 관련되고, 반사회적 부적응행동을 나타낸다. • 가족 내에 있어서는 거부적이고 공격적인 인간관계를 맺고 있을 수 있다. • 피험자가 안고 있는 파괴적, 파멸적인 감정 경향의 강도는 칼 종류의 수와 실물의 크기, 그리고 그림에 있어서 상대적 크기 등과의 관련해 예측될 수 있다.
TV	• 안식이나 오락을 의미한다. • 그림 속 TV를 보는 사람이 한 명인지 혹은 복수의 사람인지가 중요하다. 복수의 사람은 가족의 공통 관심이나 상호작용이 시사되는 셈이다. TV는 외계의 정보와 자극이 가정 내에 전파되어 오는 미디어로서 가족의 외계 지향을 의미하고, 가족의 독자성 관점에서 보면 반대의 모습이기도 하다. • TV는 소위 이차적인 사회적 욕구에 관계하는 것이기 때문에 그 같은 방향에의 관심이 결여되기도 하고, 정신적인 장애가 없는 피험자의 KFD에 비교적 잘 그려지는 것의 하나이다.
태양	• 밝음과 따스함을 의미한다. 유아·아동의 그림에는 거의 정해진 듯이 그려진다(크기, 모양, 색채 등에 따라 다르게 해석 가능: 146~147쪽 참조). • 청소년 이상의 KFD에 태양이 보이는 경우에는 특별한 의미가 예측된다. 대부분은 피험자의 미성숙한 감정이나 퇴행 현상을 이야기한다.
화로, 난로	• 가정의 따스함 또는 우호적 인간관계를 의미하고 있다.
화장실, 배설물	• 대개 사람 눈에 보여서는 안 된다고 여기는 이러한 것이 KFD에 그려지는 경우는 마치 피험자의 여러 가지 정도의 충동 통제의 실패를 이야기할 것이다. 따라서 공격과 부정과 같은 감정의 충동적 표현으로 어린 아동의 그림에 나타나기도 한다.
무지개	• 번개와 천둥, 비바람이 다 지난 후에 볼 수 있는 무지개는 어두운 시간이 지나고 자유롭고 더 밝은 내일이 오리라는 자신의 다짐인 셈이다. • 어떤 인물이나 과거의 기억에 대한 막연한 그리움을 나타내기도 한다. • 하늘이 아닌 인물의 옷이나 사물 등에 표현된 경우는 자신과 특별한 관계가 있음을 나타낸다.
천둥, 번개	• 자신에게 관심을 가져 달라는 신호이며 거부하는 인물에 대하여 강한 충격을 주고 싶은 마음을 나타낸다.
인형, 장난감놀이	• 욕구충족이나 대리만족을 나타낸다.

태양

- 흔히 '해님'이라고 말하며 많은 연구가는 밝음과 따스함을 발산한다는 의미로 아버지를 상징한다고 한다. 일반적으로 자신이 어떤 권위적인 인물과의 관계를 강하게 의식하고 있음과 자신의 희망, 포부, 부모에 대한 바람, 자신의 과시욕 등을 나타내는 경우도 있다. 태양은 그리는 위치와 색채도 다양하기에 그 해석에 대한 의견도 많다. 5세~초등학교 2학년까지는 일정 기간 위치, 크기 등이 제일 먼저 자리 잡기에 아무 생각 없이 관념적으로 그려지는 특징이 있다.
- 대개 초등학교 2학년까지의 아이들에게서 흔하게 그려지는 도형이지만, 초등학교 3학년이 되어서는 나타나지 않는다. 이는 초등학교에서 교사들이 유치하다고 하며 그리지 못하게 하기 때문이라고 한다. 그러나 일반 성인의 자유화에서는 오히려 태양이 등장하기도 하는데, 온정에 대한 욕구를 나타낸 것으로 해석한다.
- **크기**
  - 원근법을 적용하여 가까이 그려진 커다란 태양은 자신과 가깝다는 것과 사랑을 더 많이 받고 싶다는 욕구의 표현이다. 이러한 아동은 밖에서도 자신감이 넘치는 활기찬 생활을 한다. 멀리 있는 듯이 작게 표현한 태양은 자신과 멀리 있기에 아버지의 사랑이 미약하다고 느끼는 감정 표현이며, 이런 아버지가 싫다는 거부의 표현이기도 하다.
  - 태양을 향해 기울어진 인물은 아버지에게 사랑과 온정을 받고 싶다는 욕구를 나타낸다.
- **모양**
  - 소용돌이의 태양(회오리 모양)은 빨아들여 삼키려는 듯한 느낌으로 따스한 온정을 바라는 강한 마음을 나타낸다.
  - 햇살이 지나치게 많은 태양은 간섭과 잔소리가 많은 아버지를 나타낸다.
  - 햇살이 짧고, 굵은 태양은 권위적이며 매우 엄한 아버지를 나타낸다.
  - 햇살이 가늘며 난잡한 태양은 무서운 아버지를 나타낸다.
- **색채**
  - 습관적으로 선택되는 것 같지만, 자신이 느끼는 감정과 환경에 따라 다양한 색채를 보인다. 이러한 색채들은 건강이나 왜곡된 심리를 나타낸다.
  - 빨간색으로 칠한 태양은 정상적인 생활을 하는 아버지로 출·퇴근이 일정하거나 하루 중 대화할 수 있는 시간이 충분한 상황을 나타낸다.

- 노란색으로 칠한 태양은 일주일 중 월요일에서 금요일까지는 매우 바쁜 생활을 하는 아버지로 얼굴조차 보기 힘든 상황이다. 그러나 토·일요일에는 충분히 많은 시간을 자녀와 함께 보낸다는 것을 나타낸다.
- 보라색이나 검은색으로 칠한 태양은 질병, 사고, 정신적인 스트레스 등으로 인하여 아버지의 몸 상태가 좋지 않거나 오랜 부재 또는 사망을 암시하는 경우가 많다.
- 위 이외에 2가지 이상으로 칠한 태양은 장기출장이나 출·퇴근 시간이 불규칙한 아버지를 나타낸다.
- 흐리게 칠한 태양은 마치 저녁의 노을을 연상하기도 하는데, 아버지의 꾸중이나 오랜 부재로 인하여 그리움이 우울증으로 변질된 것을 나타낸다.

• **위치**
- 아동의 신체 발달에 따라 좌우의 위치가 바뀔 수 있으므로 해석도 달라질 수 있다. 대개 무의식적으로 자리를 잡게 된다.
- 왼쪽에 있는 태양은 엄마의 간섭과 통제를 받는 것을 나타낸다.
- 가운데에 있는 태양은 자기 과시를 나타낸다.
- 오른쪽에 있는 태양은 자기 주장을 굽히지 않는 고집스러움을 나타낸다.

• **기타**
- 구름과 어울려 그리는 경우도 있는데, 구름은 어떤 불안을 나타내며 구름의 수는 가족의 수 혹은 사랑의 삼각관계에 있는 사람의 수와 관계가 있다. 아버지의 사랑과 관심을 충분히 받지 못한 상태를 나타낸다. 그러나 구름도 관념적으로 그려지는 경우가 많으므로 해석에 유의해야 한다.
- 높은 산에 반쯤 가려진 태양은 여러 가지의 일로 힘들고 지친 아버지를 나타낸다. 선글라스를 낀 태양은 만화의 영향으로 코믹하게 표현한 것으로 아버지의 관심과 사랑을 원하는 상태를 나타낸다.

• **2개 이상의 태양**
- 2개 이상의 태양을 그릴 경우는 특정 사람에 대한 사랑 혹은 애정을 그만큼 강하게 바라는 것을 나타낸 것 같다. 또한, 여름과 같이 매우 덥다는 표현을 할 때도 그려지는데, 여러 개의 태양이 있기 때문이라고 생각하는 것 같다. 그러나 장난이나 연습을 목적으로 그리는 경우도 있다.

이상에서 서술한 것은 어디까지나 하나의 수단에 지나지 않다. 이들의 해석 가설은 피험자의 사적인 세계를 지배하고 총괄하는 심리역동적 기제를 이해하는 항상 역동적, 유동적인 해석이어야 한다. 이 같은 유연성을 결여시킨다면 KFD는 말할 것도 없고, 모든 투사법 심리검사는 피험자나 임상가 모두에게 해로울 뿐이며 의미 없는 것으로 끝날 수 있다.

5) KFD(동적 가족화)와 DAF(일반 가족화)의 차이점

가족을 그리게 하여 내담자의 심리나 가족의 체계 및 가족 지각을 파악하는 검사로 KFD와 DAF는 지시가 다르다. KFD는 가족이 무엇인가를 하고 있는 그림을 그려 보라고 지시하므로 역동성 파악에 더 용이하며, 성격 변인과 상호작용 요인을 평가하는 데 효과적이다.

DAF 또한 개인의 내적 문제와 가족 내의 관계를 드러내게 하여 진단과 가족의 치료 부분까지도 다룰 수 있으며, 전문가에 의해 사용되고 있다.

5 KSD(동적 학교화) 검사

KSD(kinetic school drawing, 동적 학교화)는 Prout와 Phillips(1974)에 의해 KFD를 보충하기 위해 처음으로 소개되었다. 일반적으로 KFD를 실시한 후 이어서 KSD를 실시한다. KSD는 학교의 친구와 선생님을 포함해서 그림을 그리게 하여 내담자의 학교에 대한 태도를 알아본다. 즉, 학교에 관한 학업 인식이나 그 밖의 자기 인식, 아동의 교사상, 친구상과 친구관계를 파악하는 데 유용하다. KFD의 경우와 마찬가지로 학교화에도 비동적 학교화도 있다.

1) 검사 도구

- 준비물 : A4용지와 연필(HB와 4B), 지우개 등

2) 실시 방법

KSD 검사의 지시어는 다음과 같은 것이 원칙이나 아동의 상태에 맞추어서 융통성 있게 지시해도 무방하다.

"학교 그림을 그려 주세요. 당신과 당신의 선생님, 학생 두 명을 포함해서 그려 주세요. 막대형이나 만화 같은 그림 말고, 가능한 한 인물 전체를 그려 주세요. 당신 자신, 선생님, 2명의 학생이 뭔가를 하고 있는 것을 생각해서 그려 주세요."

그림이 완성된 후 다른 투사검사와 마찬가지로 질문하는 것이 원칙이나 아동의 상태를 고려하여 진행한다. KSD의 해석도 KFD와 마찬가지로 5가지 영역으로 나누어 해석하며 KFD의 해석에 준한다.

6 FCCD(동그라미 중심 가족화) 검사

동그라미 중심 가족화(FCCD: family-centered-circle-drawing) 검사는 번즈에 의해 처음으로 개발된 투영적 묘화법이다. 이 기법은 정신 역동적인 강한 의미를 부각시킬 수 있으며 아동기의 상처와 억압, 스트레스, 부모와 형제에 대한 양가감정, 동일시를 드러나게 한다. 다시 말하면, FCCD는 내재되어 있는 부모와 자신과의 관계를 보고, 그 관계를 통해 자기 자신을 바라보도록 하는 방법이다. 더욱이 부모와 자신의 주위에 그려진 상징 안에서 몇 개의 상징을 뽑아내어 그것들로부터 연상된 신호체계와는 대조적으로 개인 스스로가 창조하는 것이므로 나타낸 상징을 깊이 탐구할 수 있도록 해 준다.

FCCD는 미술활동의 한 방법으로 사람들에게 내재되어 있는 부모와의 관계를 통해 자기 자신을 바라보도록 하는 방법이다. 동그라미는 어느 방향에서나 같은 모양이면서 균형과 통일을 이루고 있다. 이것은 인간의 이상, 원만한 성격을 상징하며 원의 중심에 모든 것이 모아지므로, 인생의 중심이 부모로부터 형성되고 성장하여 점차 자신이 중심이 되는 인간의 성장과정과도 부합된다. 또한, 빈 공간일 때보다 원이 있어서 막막한 느낌에서 벗어나 다소 편안한 마음으로 그림활동을 시도하게 해 준다. 방법이 간접적이므로 검사자가 무엇을 원하는지, 혹은 무엇이 옳은지가 막연해 검사를 받는다는 부담감을 줄여 줄 수 있어 누구에게나 쉽게 사용될 수 있다. FCCD는 부모-자녀 관계의 역동이나 구조를 파악할 수 있고, 반응이 자유이기 때문에 부모-자녀 관계의 여러 측면을 동시에 잴 수 있다.

여기에서 부모와 자신은 현실에서의 부모가 아니라 심리적 부모와 자신이다. 따라서 하나의 표현으로 나타난 부모와 자신을 통해 보다 깊은 심리적 해석이 가능하다(加藤孝正·江口昇勇, 1990).

1) 검사 도구

- 준비물 : 직경 19.1~22.9cm의 둥근 원이 그려져 있는 21.6~22.9cm의 4B용지, 연필과 지우개
- 소요시간 : 10~30분

2) 실시 방법

검사는 자연스럽고 부드러운 분위기로 이끌어 주며 자기가 그리는 그림에 열중할 수 있도록 해 주어야 한다.

유아나 아동의 경우에는 쉬운 말로 지시를 바꾸어서 한다. "원의 가운데에 아버지와 어머니, 그리고 자기의 모습을 그려 주세요. 막대기나 만화 같이 그리지 말고 몸 전체를 그려 주세요. 그리고 아버지, 어머니, 자기의 주위에 이들과 관계된 것을 무엇이나 그려 주세요."라고 말한다.

그림의 모호한 부분을 분명히 하기 위해서 검사가 끝난 뒤 그림에 대해 질문을 할 필요가 있다. 검사자는 "당신이 그린 그림에 대해 설명 좀 해 주시겠어요." 혹은 "이 그림은 무엇입니까?"라고 질문한다. 질문 후 그 반응을 기재해 두어야 한다.

3) FCCD의 해석 기준

(1) 기준

- 인물상의 상대적 크기
  - 인물의 권위나, 인물 내부에 있는 힘의 양을 반영한다.
- 신체 각 부분의 생략과 과장
  - 눈 생략 : 감시나 보고 싶지 않음을 나타낸다. 눈의 과장은 경계를 의미한다.

- 코 생략 : 분노를 나타내지 않으려는 것이며, 코의 과장은 외부로 향한 분노이다.
- 입 생략 : 의존성과 약함을 표현할 수 없음을 나타내며, 입의 과장은 의존성이다.
- 목 생략 : 강한 의지와 완고함, 긴 목은 의존성이다.
- 팔 생략 : 힘에 대한 불안을 의미하며, 긴 팔은 힘의 조정에 대한 욕구를 의미한다.
- 허리 밑 부분 생략 : 성에 관한 부정을 의미한다.
- 발 생략 : 불안정과 집시 같은 성격을 나타내며, 길게 늘어진 발은 안정성 및 안정에 대한 욕구의 표현이다.

• 얼굴의 표정
  - 가족 중 누가 웃고 있는지, 그 표정이 행복한지 혹은 불행한지 살펴본다.

• 인물 위의 상징
  - 상징의 심리학적 의미로 해석한다. 상징이 많은 것은 관심을, 적은 것은 상호작용의 단절을 의미한다. 그리고 이 상징들이 긍정적인 상징인지, 부정적인 상징인지가 중요하다. 예를 들면, 하트는 사랑을 의미하며, 칼은 분노를 의미한다.

• 인물 간의 거리
  - 거리는 심리적인 거리를 의미한다.

• 인물들의 위치
  - 나를 중심에서 가족들이 어디에 위치하는가에 따라 친밀감을 나타낸다.

(2) 건강하게 내재된 부모·자기상의 관계 특징

• 모든 인물이 생략되거나 과장되어 있지 않다.
• 각 인물의 신체 각 부위가 균형을 이루고 있다.
• 밝은 얼굴 표정이다.

- 자신의 상이 중심에 있고, 통제되어 있다.
- 인물상의 상호 간에 지나치게 접촉되어 있지 않고, 적당히 떨어져 있다.
- 부모상은 대조적으로 위치하고, 자신의 상에 인접하는 쪽의 신체 왜곡이 없다.
- 이상적으로는 부모상이 자신의 상을 부상시켜 바로 보고 있다.
- 주위의 상징이 긍정적이고 희망적이다.
- 살고 싶은 세계가 그려져 있다.

(3) 건강하지 않게 내재된 부모·자녀상의 관계 특징

- 인물상의 신체 부위의 생략되어 있다.
- 인물상의 지나친 크기 및 왜곡되어 있다.
- 화목해 보이지 않는 얼굴 표정이다.
- 아버지상 혹은 어머니상이 중심부에 있거나 중심부가 비어 있다
- 인물들이 서로 떨어져 있다.
- 부모가 자신을 보지 않고, 눈이 없거나 앞만 보고 있다.
- 주위의 상징이 부정적이다.
- 그림에서 자신이 살고 싶지 않은 듯한 세계를 그리고 있다.

이 검사는 동그라미 중심에 가족 중의 한 사람을 그리고 그 주변을 자유연상을 통해 그 사람 하면 떠오르는 것을 그리게 함으로써 내담자와의 긍정적 또는 부정적 관계를 알 수 있는 검사이다.

7 그림에 의한 가족체계 진단

1) 가족체계 진단의 절차

가족체계이론은 개인이 역동이나 행동보다 가족 간의 관계에 주안점을 두고 있기 때문에 가족구성원 각각의 특성을 단독으로 연구하기보다는 오히려 가족구성원 간의 상호작용을 연구한다. 가족체계 진단의 효과적인 방법으로 이용되는 가족미술과제는 치료자와 내담자에게 필수적인 탐색도구로 제공된다.

평가 단계 동안 미술과제는 가족에게 상호작용을 경험하게 해 준다. 이 기법은 의사소통의 형태를 묘사하는 것으로 일차적으로는 이 과정을 통해 이차적으로는 내용을 통해 고찰된다. 치료자는 이 과제를 수행하는 동안 가족체계를 형성하는 일련의 사건을 관찰하게 되는데, 가족이 하나의 작품을 창조하는 일에 개입하는 그 순간부터 각 가족구성원의 행동을 구체적으로 기록한다. 그리하여 치료자는 가족구성원 개개인을 평가할 수 있다(Landgarten, 1987).

미술치료에 있어서 가족체계를 진단하는 절차는 다음과 같다. 치료자는 면접에서 가족 전원이 하나의 미술작업에 참여하게 될 것이라는 것을 알려 준다.

내담자들이 미술활동에 대해 저항하게 되면, 미술활동이 가족집단을 검사하기 위해 표준화된 방법이라는 것을 알려 주어 저항을 감소시킨다. 그리고 미술작업을 통해 각 가족구성원이 독특한 자기표현의 고유한 방식을 발견할 수 있다는 것을 알려 주어 내담자에게 미술작업에 대한 확신을 주고 작업을 촉진시킨다.

2) 관찰기준

치료자는 위의 3가지 절차를 통하여 기민한 관찰자인 동시에 기록자가 되어 각 구성원의 기여 정도를 기록한다. 모든 몸짓과 표시가 가족체계에 대한 하나의 단서가 된다. 아래의 17가지 항목에 유의하며 관찰한다.

- 누가 처음 그림을 시작했으며, 그 사람으로 하여금 처음 시작하도록 이끈 과정은 어떠한가?
- 구성원 가운데 나머지 사람들은 어떤 순서로 참가했는가?
- 어느 구성원의 제안이 채택되었으며, 어느 구성원의 제안이 무시되었는가?
- 각자의 개입 정도는 어떠했는가?
- 전혀 미술과업에 참여하지 않은 사람은 누구였는가?
- 누군가의 그림 위에 다시 첨가함으로써 처음 사람이 한 것을 '지워 버린' 사람은 누구였나?
- 어떤 형태의 상징적인 접촉이 이루어졌으며, 누가 이것을 시도했는가?
- 구성원들은 교대로 했는가, 집단으로 했는가, 혹은 2가지를 동시에 했는가?
- 각자의 위치는 어떠했는가?(중앙, 끝, 구석)
- 만일 방법에 있어서 변하가 있었다면 무엇이 변화를 촉진했는가?
- 각자가 얼마나 많은 공간을 차지했는가?
- 각자의 분담이 상징적으로 의미하는 것은 무엇인가?
- 어느 구성원이 독자적으로 행동했는가?
- 누가 시초자로 행동했는가?
- 누가 추종자 혹은 반응자였는가?
- 정서적 반응이 있었는가?
- 가족의 작업 형태는 협동적인가, 개별적인가, 비협조적인가?

위에 언급한 내용은 언어적, 비언어적 상호작용과 더불어 가족체계에 관한 정보를 치료자에게 제공한다. 이것은 자아의 강약, 할당한 역할, 행동형태, 의사소통 유형, 그리고 가족의 상호작용 형태를 포함한다.

가족 미술치료자는 그림이 완성됨에 따라 가족이 여기 그리고 지금의 경험에 초점을 맞추도록 도와주어야 하며, 참가자의 역할에 대해 토론하게 하여 가족이 자기반성을 하게 된다. 또한, 치료자는 면접이 끝나기 전에 가족치료 과정의 유지를 위해 그가 관찰한 것을 언급해야만 한다.

8 풍경구성법

풍경구성법(LMT: landscape montage technique)은 미술치료 혹은 그림 검사법의 하나로 1969년에 나카이 히사오(中井久夫) 교수에 의해 창안되었다.

이 풍경구성법은 로르샤흐 검사(Rorschach test)와 같이 앞에 있는 패턴을 읽고 선택·해석하는 투영적 표상과 대조적인 접근방법으로, 4면이 테두리로 그어져 있는 구조화된 공간에 통합적 지향성을 지닌 하나의 전체를 구성하는 구성적 표상을 기초로 하는 방법이다.

1) 검사 도구

- 준비물 : 도화지, 사인펜(보통 검은색 사인펜을 사용), 크레파스 혹은 색연필

2) 실시 방법

4면에 테두리를 그린 도화지와 사인펜을 내담자에게 건네준다. 그 다음에 치료사가 말하는 사물, 즉 ① 강 ② 산 ③ 밭 ④ 길 ⑤ 집 ⑥ 나무 ⑦ 사람 ⑧ 꽃 ⑨ 동물 ⑩ 돌 등 이상 10가지 요소를 차례대로 그려 넣어서 풍경이 될 수 있게 한다. 그리고 마지막에 그려 넣고 싶은 것이 있으면 그려 넣게 한다. 모두 다 그린 다음에 색을 칠하도록 한다. 지도 시 사용하는 언어나 행동은 치료의 흐름을 파괴하지 않도록 배려해야 한다.

① 한 장의 도화지를 꺼내어 사인펜으로 테두리를 그린 다음 사인펜과 도화지를 내담자에게 건네주고 "자, 지금부터 풍경을 그릴 거예요. 잘 그리는 것을 보려

는 것이 아니니까 자신이 원하는 대로 그려 주세요. 단, 내가 말하는 순서에 따라서 그려 주세요."라고 부드럽게 말한다. 내담자가 "싫어요. 최근에는 그림을 그린 일도 없고 …." 혹은 "그림을 그리라고요?", "못 그려요." 등으로 난색을 나타내는 경우도 있지만 "강을 그려 주십시오." 하고 구체적으로 '강'을 지시하면, 조금 머뭇거리다가 사인펜을 쥐고 쉽게 그리는 경우가 많다. "이 강은 오른쪽에서 왼쪽으로 흐르고 있나요?"라든가 "한가운데서 좌우로 갈라져 버렸네요, 어디로 흘러가는 것인가요?" 혹은 "아주 작은 강이네요. 이것을 표현하다니 대단해요. 초조하게 생각하지 말고 …." 등 치료사는 내담자가 그리는 여러 가지 패턴을 혼잣말로 관심을 나타내어 동기를 유발한다.

② "자, 강을 그렸습니다. 다음은 산입니다. 산을 그려 주십시오."라고 말한다. 처음에 '풍경을 그린다'는 말을 염두에 둔 사람은 대개 산이나 암벽 등의 공간을 어느 정도 위쪽에 남겨 두고 강을 그리기 때문에 그대로 안심하고 그린다. 그러나 뒤에 그릴 것을 전혀 상관하지 않고 강을 종이 윗부분에 그려 버린 사람은 '산'을 듣는 순간에는 당황하지만, 잠시 후 여러 형태로 산을 처리한다. 공간의 왜곡이나 주저함 없이 잘 그려 넣는 사람, 상당히 생각하고 나서 지도처럼 등고선상의 산을 그려 넣는 사람, 강의 상부를 색칠해서 그곳에 산을 그려 넣는 사람 등 다양하다.

③ "다음은 밭입니다. 밭을 그려 주세요." 일반적으로는 별 문제없이 그리지만, 밭을 본 적이 없는 사람의 경우에는 "논이라도 상관없습니다." 하고 말을 덧붙이는 것이 좋다.

④ "자, 다음은 길입니다. 길을 그려 넣어 주세요."라고 말한다. 이 단계에서 "2개 그려도 괜찮습니까?", "다른 길을 그려 넣어도 됩니까?" 등을 묻는 경우가 있다. 물론 강이나 산도 마찬가지이지만 그려진 수는 단수든 복수든 상관없다. 산, 강, 밭, 길이 그려지면 '풍경'은 거의 형태를 갖추게 된다. 다시 말하면, 풍경의 골격을 갖추고 구성의 기본을 형성한다. 그런데 정신병원에 입원해 있는 만성분열증자나 정신지체자, 사춘기형의 일부는 '풍경'을 구성하지 못하고 들

은 순서대로 나열하듯이 그려 넣는다. 이 현상은 '구성 포기'라고 불리며, 그 자체가 하나의 두드러진 증상이고 표현이므로 느낌을 말하거나 수정시키지 말고 그대로 계속 시행한다.

⑤ "길 다음은 집입니다. 집을 그려 주세요." 이와 같이 집, 나무, 사람을 순서대로 그려 넣게 한다. 창안자 나카이(中井)는 "집이 있으면 좋겠네.", "나무가 있어도 괜찮을까?" 등으로 대상에 따라서는 웃으면서 말끝에 신경을 쓸 필요가 있다고 지시하였다. 아무튼 검사는 명령에 의해서가 아니라 참여하여 하나의 그림을 서로 음미하는 듯이 진행해 나가는 것이 좋다. 집, 나무, 사람은 일반적으로 인격을 투영하는 것으로 알려져 있는데, 그 때문인지 사람을 그리는 것을 거부하는 경우가 자주 있다. 이 앞 단계에서는 길을 좀처럼 그리지 못하는 경우도 자주 있다. 또한, 사람을 그리는 것에 대해 거부하지 않지만 멀리 아주 작게 그려 넣거나, 가까이에 크게 그리기는 했지만 막대 그림(stick figure)으로 선으로만 묘사하여 도식화한 표현으로 처리하거나 사람만 색칠하지 않는 경우가 많다. 사람의 표현은 그만큼 저항이 강한 항목인 것 같다.

⑥ "다음은 나무입니다. 나무를 그려 주세요."라고 지시한다.

⑦ "나무 다음에는 사람입니다. 사람을 그려 주세요." 사람을 그릴 때에는 막대 그림이나 만화 그림을 그리지 않도록 주의를 주어야 한다.

⑧ "다음은 꽃입니다. 꽃을 그리세요." 내담자에게 있어서 사람 다음으로 거부감이 큰 것은 꽃으로 이때 여실히 들어난다.

⑨ "꽃 다음은 동물입니다. 어떤 동물이라도 상관없습니다. 동물을 그려 넣어 주십시오." 사람을 그리는 것을 거부한 사람도 동물은 그리는 경우가 많다. 선택되는 동물은 그 사람의 어떤 측면을 절묘하게 나타낸다.

⑩ "다음은 돌입니다. 돌을 그려 주세요." 일반적으로 어떤 풍경화를 보아도 빠짐없이 그려져 있는 항목이다. 대부분 눈에 띄지 않는 돌을 길가, 물가, 집 구석, 밭두렁, 나무 밑 등 10개 항목의 맨 구석진 곳에 둔다. 정신분열증 환자는 사람이나 동물, 길을 그리는 것은 거부해도 돌만은 확실하게 바른 위치에 그

려 넣는 경우가 많으며, 신경증 환자는 많은 돌을 여러 곳에 흩어 놓는 경우가 많고, 강박증 환자는 강가에 세심하게 정돈해 놓는다.

"자, 내가 말하는 것은 이것뿐입니다. 마지막으로 무엇인가 부족한 것이나 자신이 그려 넣고 싶은 것을 그려 주세요. 더 첨가해서 그리고 싶은 부분이 있으면 그려도 좋습니다. 풍경을 완성해 주세요."라고 말한다. 이때 가장 많이 추가하는 것이 다리이다. 다리는 흔히 길의 단계에서 강을 건널 때 이미 그려 넣는 경우가 많다. 태양이나 달을 첨가하는 경우도 있다. 하늘에 구름, 강에 물고기가 헤엄치는 것을 그리기도 한다. 이러한 풍경화의 장식물들은 환자의 내적 상황을 아는 데 상당한 도움을 준다.

풍경화가 완성된 후 12~24색 크레파스나 색연필을 제시하고 그림에 색칠해 보라고 지시한다. 분열증 환자는 흔히 강과 길을 바꾸어서 색칠한다. 또한, 낮 풍경인 하늘을 까맣게 칠해 버리거나 빨갛게 칠하는 사람도 있다. 풍경구성법에서 가장 현저한 변화를 보이는 부분은 색이라고 하였으며 색채는 투영적이라고 말한다. 그리고 채색은 구성의 마지막 단계에 실시하기 때문에 풍경구성법에 따른 변화가 묘화의 면보다 색에 있어 현저하게 나타난다고 말할 수 있다.

색칠이 끝난 뒤 치료사는 내담자가 그린 그림을 보고 다음과 같은 2~3가지 질문을 한다. "그림에 대해 이야기해 줄래요? 이것은 사계절 중 언제입니까? 시간은 몇 시경입니까? 어떤 기후인가요? 강은 어디로 흐르고 있습니까? 사람은 몇 살입니까? 이 남자입니까, 여자입니까?" 등의 질문을 한다. 날씨의 경우 대부분 맑다고 표현하나, 때로는 소나기가 내린다고 표현한다.

3) 풍경구성법의 상징과 의미

표 II-5 풍경구성법의 상징과 의미

상징	의미 분석
강	• 강박 경향이 심한 사람이나 무의식에 대해서 자아 경계가 약한 사람은 강가를 정성껏 돌로 쌓거나 콘크리트로 방파제를 만든 그림을 그린다. 때로는 강에서 도랑으로 분류되어 내려오는 그림을 그려서 갑작스럽게 평온한 분위기를 자아내는 경우도 있다.
산	• 그리는 사람이 가지고 있는 어려움을 나타낼 수 있는데, 그리는 사람의 상황과 전망을 나타내는 경우가 있으며, 극복해야 할 문제를 나타낼 수도 있다. 눈앞에 우뚝 서 있는 산, 앞길을 막고 있는 경우는 걱정과 장애 등이 놓여 있는 것을 의미하는 경우도 있다.
논 (또는 밭)	• 곡식이 푸르게 익은 논을 그렸을 경우 풍족한 미래, 성공하는 미래, 잘 뻗어 나가는 미래를 지향하고 있다는 것을 의미한다. • 밭에서 일하는 사람의 모습이나 논 혹은 밭을 갈고, 정리하고, 손질하는 모습에 있어서 학생의 경우에는 면학과의 관계를 나타낸다. • 밭에서 일하는 사람을 그리는 경우는 일반적으로 좋게 평가되나 등교 거부아, 비행 청소년에게서 많이 볼 수 있다. • 강박 경향은 길 양쪽에 나열해 있는 나무, 길 양쪽에 돌을 쌓아 방파제를 만든 것 등으로 표현되는 경우도 있다.
길	• 방향을 암시하고 인생의 길로서 명확하게 의식되는 것을 표현하는 경우가 있고, 그 길이 확실하게 강 위의 다리와 연결되어 있으면 안심한다. 막다른 길이 나오면 우울이 의심되고, 네거리의 길은 결정에 있어 고민하는 것으로 보인다.
집	• 현재의 가정을 어떻게 바라보고 있는지 외에 이와 같았으면 하고 바라는 이상적인 장래의 가정이나 과거의 가정을 나타내며, 성장하여 온 가정 상황을 나타내며 자신의 가정 상황과 가족관계를 어떻게 인지하며, 어떠한 감정을 가지며 어떠한 태도를 가졌는지를 보여 주는 경우가 많다.
나무	• 자기상을 나타내며, 내담자가 자신의 모습을 무의식적으로 느끼고 있는 것을 나타내며, 그것은 내담자 스스로 마음의 평형상태에 대하여 어떻게 느끼고 있는가를 나타낸다.
사람	• 자신의 현실상이나 이상의 모습을 나타내며 자신에게 의미 있는 사람을 어떻게 인지하고 있는지를 나타낸다.

상징	의미 분석
꽃	• 성장·발달의 상징이며 아름다움과 사랑을 나타낸다. • 높은 산봉우리의 꽃, 장례식용 꽃, 새빨간 색으로 길가에 피어나는 꽃 등은 그대로 자신의 영혼을 공감하는 꽃이며, 양친의 죽음을 애도하는 그림에서 많이 나타난다.
동물	• 판다, 기린, 공작 등 눈에 띄는 것이나 코알라, 애견, 고양이와 같이 귀여운 동물, 뱀, 돼지 등 일반적으로 싫어하는 동물 등 각 동물이 지닌 속성을 중심으로 부여되는 인간의 여러 가지 이미지와 동물의 세심한 특성과 생태, 신화, 전설 등에 그 의미를 맞출 수 있다. • 동물 그 자체가 상징성을 나타낸다. • 집, 나무, 사람, 강, 산, 길을 전부 안쪽 밑에 작게 그리고, 동물을 크게 그리는 환자의 경우는 작아진 현실을 보상하고 있다고 생각된다. • 분열증 환사나 대인공포증 환자는 도끼를 좋아하며 그리는 경우가 있고, 싸워서 상처를 입은 고슴도치, 매, 사자 등을 많이 표현하기도 한다. 등교 거부 아동은 자주 소나 말을 그리는 경우가 많고, 학교 내 폭력 학생은 고양이에게 몰려 있는 듯한 쥐 모습을 그린다.
돌	• 돌의 속성은 단단함, 냉정함, 불변성이다. 큰 돌이나 큰 바위가 전방을 가로막고 있으면 장애가 되고 큰 짐이 되며 어려움을 나타낸다. 그러나 큰 돌이라도 그 위치에 따라서 여러 가지 의미가 있다.

9 9분할 통합법

9분할 통합법은 도화지에 테두리를 친 후, 화면을 3×3으로 9분할하고 그 각 칸 속에 그림을 그리게 한다. 환자의 심리적 갈등의 중요한 부분에 가족문제가 있는데, 환자가 가족구성원에 대해서 어떤 이미지를 갖고 있는지를 나타내는 심리치료 방법이다.

가족관계를 알기 위하여 다양한 기법이 고안되고 있지만 최근에는 KFD 등이 많이 이용되고 있다. 이러한 기법은 심리치료를 실시하는 현장에서 상당히 유익하게 사용되어 왔다. 그러나 이러한 묘화법에서 표현되는 것은 가족관계의 한 면에 한정되는 경우가 많다. 가족에 대한 감정은 극히 복잡하므로 한 장면으로 한정하지 않는 편이 좋다. 9분할 통합법은 화면을 분할한 도화지를 제시하여, 가족의 다양한 부분의 이미지를 나타낼 수 있고 행복과 불행을 느낄 때를 비교적 잘 드러나게 한다.

1) 검사 도구

- 준비물 : A4용지에 자유롭게 테두리를 그린 후 화면을 3×3으로 분할한다.

2) 실시 방법

- 종이를 9칸이 나오도록 나누어 편 후 책상에 놓는다.
- 오른쪽 밑 칸부터 반시계 방향을 중심으로 순서대로 그리든지, 그 반대로 중심에서부터 시계 방향으로 오른쪽 밑 칸을 향하여 순서대로 그리든지 어떤 방법이라도 상관없다고 말한다.
- 어머니(아버지, 가족, 형 등)에 관하여 일상생활 중에서 느낀 대로, 생각나는

대로, 머리에 떠오르는 대로 무엇이든 자유롭게 그림을 그리게 한다. 아무리 해도 그림을 그리지 못할 경우에는 문자, 도형, 기호 등 무엇이라도 상관없다고 말해 준다.

- 치료의 초기에 방어가 강한 경우에는 9칸 모두 그리지 못하는 경우가 있다. 이와 같은 경우에는 '전부 그릴 필요가 없다'는 사실을 덧붙여 준다.
- 다음과 같은 과정으로 진행한다.
  - 각각의 그림에 간단한 설명을 글로 표현하게 한다.
  - 그림에 색연필이나 크레파스로 색칠하도록 지시한다.
  - 그려진 그림, 문자, 도형, 기호를 근거로 하여 연상을 묻고 그러한 이미지를 가능한 한 넓혀 나간다.
  - 마지막에 이러한 여러 가지 이미지를 하나로 파악시키기 위하여 "전체를 보면 어떤 주제가 생각납니까?" 하고 질문한다.

3) 그림 순서에 관하여 : 연상과정

종래의 흰 도화지에 의한 묘화법에서는 생각난 몇 가지의 이미지 중에서 어떤 장면을 선택하여 그리게 하는 것이 많은데, 9분할법은 9개로 구분된 칸에 생각난 순서대로 그림을 그리는 것이다.

이것은 종이 위에 자유연상을 실천하는 것이 된다. 즉, 공간적 요소만이 아니라 시간적 요소도 동시에 한 장의 종이 위에 표현되고 있다. 그리고 9분할법에 표현된 그림 순서를 추적해 보면 그 사람의 자유연상의 자세, 즉 자아방어기제 까지 읽을 수 있다.

10 콜라주 기법

'Collage'란 원래 'Coller'라고 하는 프랑스어로부터 유래된 말로 '풀로 붙인다'는 의미가 있다. 잡지나 그림, 달력, 사진, 헝겊, 단추, 실, 낙엽, 골판지, 투명지 등 우리 주변에서 쉽게 구할 수 있는 재료를 이용하여 찢거나 오리고, 잘라서 종이 등에 구성하여 붙여서 하나의 작품으로 완성하는 것으로, 20세기 초에 생겨난 미술 표현 방법이지만 그 기원은 오래되었다(Abranns, 1979).

미술 표현에서 잡지나 합판, 천 등의 평면재를 도입하기 시작한 것은 초현실파의 막스 에른스트(Max Ernst)와 입체파의 피카소였다. 이와 비슷한 방법으로 '파피에 꼴레(Papier Colle)'라는 기법이 있는데, 이것은 우표나 상표, 신문지, 벽지와 같은 종이 종류를 붙여 그림을 만드는 방법이다. 피카소(Picasso)나 조르주 브라크(Georges Braque)는 화면의 미적인 구성을 위한 조형의 수단으로 여러 매체를 사용하였다.

1960년대에 유행한 팝 아트 역시 기존의 대중 매체를 이용하여 짜 맞추는 몽타주나 콜라주 기법을 사용하여 회화의 예술성으로 작품을 만들었다. 미술사적으로 갖는 의미는 미술이 물체와의 만남을 가짐으로 우리가 흔하게 사용하고 있는 물건들이 예술품으로 간주될 수 있다는 예술의 대중화를 이끌게 되었다. 최근에는 다양한 매체를 활용한 콜라주 기법이 오늘날 미술치료의 하나의 기법으로 받아들여지고 있다.

그동안 콜라주 기법은 모래상자 놀이 치료사들이 많이 애용해 왔으며 직감이나 감각 등의 비합리적 기능을 이용한 현대적인 치료기법이다. 그렇게 때문에 이 기법은 자신을 개방시켜 주고 자신의 심상을 발견하거나 개발시킬 수가 있다. 또한, 내담자의 관심과 흥미를 분명히 해 주며, 이상과 현실의 차이를 이해하는 데 유용한 치료기법이라 하겠다.

오늘날 미술치료 기법으로 활용하고 있는 잡지사진 콜라주 기법은 1972년 벅과 프로반처(Buck & Provancher)의 평가기법으로 미국「작업치료지」에 게재된 것이 최초이며, 이후 일본의 스기우라 교코(杉浦京子, 1994)에 의해 치료기법으로서 연구·개발되어 활용되고 있다.

벅과 프로반처(1972)의 연구에 의하면 미첼(Mitchell)이 창시자라고 적혀 있다. 벅과 프로반처에 의한 콜라주 기법을 소개해 보면 다양한 잡지, 30~45cm 크기의 색도화지, 풀, 가위, 펜을 준비한 뒤 내담자에게 자신이 원하는 그림과 종이를 선택하여 작업한 후 뒷면에 자신의 이름을 쓰게 한다. 그리고 "왜 이 사진을 붙였는가?", "당신에게 어떤 의미가 있는가?"에 대한 질문의 답을 쓰게 한다. 이때 시간제한은 없으나 1시간을 넘기지 않는다.

1) 검사 도구

- 준비물 : 도화지(4절지 또는 8절지), 가위, 풀, 잡지신문, 광고지, 카달로그 등
- 소요시간 : 30분~1시간 정도

2) 실시 방법

(1) 잡지 그림 콜라주법

- 도입 방법 : "콜라주를 한번 해 볼까요. 콜라주란 자신의 마음에 드는 사진이나 그림을 자유롭게 잘라서 붙이는 것입니다." 하고 촉구한다. 연령이나 증상을 고려하여 실시한다.
- 완성 후의 처치 : 작품을 멀리 두고 서로 감상을 하며 치료사는 해석적인 말을 하지 않는다. 모래상자 치료의 작품과 동일하게 환자가 작품에 관한 이야기를 하며 서로 교류하고, 특별한 게 없는 경우에는 치료사가 작품에 대해 느낀 감상을 정리해서 말하고 종료한다.

(2) 콜라주 박스법

- 사전에 잡지에서 다양한 사물을 오려서 상자 속에 넣어둔다.
- "상자 속에 있는 그림을 선택해서 도화지에 붙여 주세요."라고 지시한다. 필요하면 가위로 잘라도 되며, 완성된 작품을 근거로 연상되는 것을 질문하며 서로 이야기를 나눈다. 잡지 그림 콜라주법과 마찬가지로 작품을 멀리 두고 서로 감상하지만 치료사는 해석적인 말을 하지 않는다.
- 이 방법은 간편하게 사용하는 것을 중시하고 있기 때문에 일반적으로 시간은 15분 정도 소요된다.

3) 콜라주 치료기법의 특징

- 언어 표현보다 정확하고 구체적이다.
- 집약적이다.
- 상징 표현을 취할 수 있다.
- 다양하게 해석할 수 있다.
- 종이, 풀, 가위, 잡지 등이 있으면 어디서나 가능하다.
- 내담자가 선호하는 잡지로 치료활동을 할 경우, 그 사람의 내적 세계를 표출하기가 더욱 쉽다.
- 그림을 그리는 것에 저항이 있는 사람이라도 도입이 쉽다.
- 실시가 간단하며, 연령층 적용범위가 폭넓다(유아에서 노인까지, 지적장애, 분열증인 성인 남성이라도 저항이 적다).
- 지적인 작업으로도 사용 가능하다.
- 표현방법에 의해 그 사람의 성격과 감성, 병리성과 증상 파악이 가능하다.
- 치료사 – 양육자 – 내담자 3자 간의 의사소통과 라포 형성이 쉽다.
- 어떤 심리학파라도 가능하다.

4) 미술치료에서의 콜라주 기법의 활용

- 가능한 한 표정이 있는 사람의 얼굴을 잘라 화지에 붙이는 작업을 한다.
- 의사소통에 있어서 표정이 미치는 역할을 체험한다(어떤 기분을 나타내는지 그 기분을 팬터마임으로 보여 주고 다른 사람에게 맞춰 보게 한다).
- 잡지에 사진이나 그림을 사용해서 콜라주를 만든다. 먼저 제목을 정한다. 제목에 맞는 것을 붙인다. 공동 작업에 의한 비언어적, 언어적 의사소통을 통해서 집단응집력을 높인다.
- 각자가 콜라주를 완성한다.
- "자신의 성격이나 생활방식을 나타내는 포스터를 만들어 주세요. 당신의 태도와 관심, 좋아하는 것, 싫어하는 것, 특징, 가족, 친구, 포부, 일, 감정, 문제 등 당신의 모든 것을 표현하는 것이 곤란하면 위에 제시한 것 중에서 선택해서 20분 이내에 작업해 주세요."라고 지시한다.
- 이 방법은 자기 인식을 깊게 하고 자기표현력을 높이는 것을 목적으로 한다.
- 최근에 가장 많이 사용되는 미술치료 기법이다. 잡지 속에서 마음에 드는 사진을 오려 붙이게 함으로써 거부의 감소, 분노의 노출, 희망을 상징하는 등 다양하게 활용할 수 있다. 표현이 쉽고 그리는 것보다 정확한 감정 전달이 우수하나 선택할 수 있는 사진 매체가 많아야 한다. 자기감정을 나타내기, 가족이나 친구에게 말하고 싶은 것, 선물을 주고받고 싶은 것, 타인에 대한 느낌 표현, 문제의 예방 및 대책방법 등을 표현할 수 있다.

11 인물화 검사

인물화에 의한 성격진단 검사는 다른 여러 가지 투사검사 중 더 깊이 있는 무의식적 심리현상을 표현할 수 있다. 이 검사는 아동은 물론 성인에 이르기까지 적용시킬 수 있다.

인물화를 심리도구로 활용하기 시작한 것은 1926년 '인물화에 의한 지능측정'을 발표한 구디너프부터인데, 이것은 이후 아동의 성격검사를 위한 투사적 기법으로 발전하게 되었다. 또한, 마코버(Machover, 1949)는 아동의 그림에 대한 임상적 해석 기준을 마련하여 '인물화에 의한 성격검사'를 개발하였다. 이것은 피검자가 그린 인물을 가지고 그 피검자의 성격 특성을 이해하고자 한 것이었으며 개인은 자기가 그린 인물화 중에서 인성, 즉 성격의 측면을 실현시켰다고 주장함과 동시에 인물화에 의한 성격의 중요한 부분을 진단하는 하나의 기법을 공개하였다.

레비(Levey)도 인물화는 자아 개념의 투사이고 그 환경에 의한 다른 사람에 대한 태도의 이상적 자아상도 투사이며 외적 사정의 결과로 시험자와 그 상황에 대한 피험자 태도의 투사이며, 일반적인 생활과 사회에 대한 그의 태도 표시라고 했다. 인물화가 투사적 기능을 갖고 있음은 많은 사람에 의해 입증되었다.

결국, 인물화는 그들의 언어를 대용하는 그림을 통해 그들의 내면 욕구, 개념, 생활 경험의 표현과 환경에 대한 지각을 이야기하며, 인물화는 그들의 자아상의 투사인 동시에 무의식 세계의 동기나 욕구를 종합적이면서 객관적으로 표현해 주는 중요한 구실을 한다.

특히, 지적 발달이 지체된 아동이나 장애 아동의 내면적 세계, 즉 성격을 파악하기 위해서는 일반적으로 투사의 방법을 활용하는 것이 적절하다. 투사적 방법에 의한 성격·행동 진단 검사 중에서 인물화 방법을 택하는 이유는 아동의 내면세계, 즉 흥미, 욕구, 갈등, 성격, 인지 능력 등에 대한 표현으로 좋은 평가를 받고 있기 때문이다. 인물화에 의한 성격 진단 타당성의 일면을 살펴보면 다음과 같다.

- 구디너프에 따르면 아동은 무엇이든지 그릴 것을 생각하고 실제로 그리는 것은 보통 인물화라고 했다. 인물화에 의해 측정되는 지능은 선천적인 정신 능력이기보다 학습에 특정되고 시간의 경과에 따라 반응이 풍부해진 지적 성숙을 의미하기 때문에 아동이 인간의 모습에 대해 갖고 있는 개념의 한 표본으로 보아야 한다. 아동은 자기와 자기에 대한 다른 상이라는 견지로 생각하기 때문이다. 따라서 인물화로 제한하는 것은 일종의 제약과 같이 생각되나 거의 제약되지 않는다.
- 자기의 몸에 결함을 갖고 있는 아동은 정신병리적 인물화에 그 결함을 나타내고 있음이 밝혀졌다.
- 인물화는 머리, 얼굴, 손, 발, 몸 어깨, 목 등 신체 각 부분에 대하여 자아상의 표현방법으로 구별할 수 있고 여러 가지 상, 자세, 연령, 복장으로 성격을 추리할 수 있다고 하였다.

1956년 일본의 오오도모(大伴茂) 박사는 피험자에 대해 실험·검토를 거쳐 그 연구 결과를 임상적으로나 연구용으로 사용하고 있다. 오오도모 박사는 인물화의 인물, 신체, 각 부위뿐만 아니라 인물의 운동 측면이나 크기 등을 관찰해 진단하고, 이런 것들을 고려하여 17개의 부위를 설정하여 성격 진단에 필요한 적절한 분석 규준을 만들었다. 이것은 일본인에게 적용해 실시한 경험과 전문가의 검토를 거친 것이기 때문에 타당성이 높다고 할 수 있다.

1) 검사 도구

- 준비물 : A4용지 2장, 4B 또는 HB 연필
- 소요시간 : 10~30분

2) 실시 방법

종이를 한 장 제시하고 사람 모습을 그리라고 지시한다. 이때 남자상, 여자상에 관한 지시는 하지 않는다. 한 장의 그림이 완성되고 나면 그 그림과 반대의 성을 그리라고 지시한다. 남성과 여성의 그림이 각각 완성되면 그려진 인물에 관해 어떻게 생각하는지나 인물의 성격, 배경, 신분 등을 질문한다. 이 검사에서는 질문과 피험자에 대한 면접이 중요하다.

개별적으로 실시할 경우 그림의 모호한 부분을 분명히 하기 위해서 검사가 끝난 뒤 질문할 필요가 있다. 검사자는 "당신이 그린 그림에 대해서 이야기해 줄 수 있나요?"라고 물어본다. 자기가 그린 그림에서 모호한 부분을 잘 구별하지 못할 때는 그림의 부분을 가리키면서 "여기는 무엇을 그린 것인가요?" 하고 물어서 그때의 반응과 그 부분의 명칭을 그림에 기재해 두어야 한다.

3) 주의할 점

분위기는 자연스럽고 부드럽게 이끌어 주나 자기가 그리는 인물에만 열중하게 하며, 검사자가 그림에 대해 암시하지 않는다. 그림에 관해 질문할 경우에는 원하는 대로 그리라고 응답한다. 예를 들어, 아동에게 "신발도 그려요?"라는 질문을 받았을 때 "신발까지 그려야지."라는 대답 대신에 "무엇이든 마음대로 사람 전체를 그려요."라고만 한다. 단, "모두 잘 그리는구나. 열심히 그렸네." 등의 칭찬과 격려는 해 줄 필요가 있다. 검사의 지시는 아동의 연령(학년)에 따라 적절한 방법으로 약간 다르게 하는 것이 바람직하다.

12 물고기 가족화(어항 그림)

물고기 가족화는 가족 내에서 자신이 받는 스트레스 상황과 가족 간의 의사소통을 알 수 있으며 대인 관계나 개인의 성격 등이 표출되는 그림이다.

어항이 그려진 도식을 주거나 어항을 그린 후 그 안을 자신이 꾸미고 싶은 세계로 꾸며보게 하는 것인데, 물고기와 물풀을 그려 넣어도 좋고 물고기의 세계를 꾸며 넣어도 좋다. 단, 자신의 수족관이나 실물을 보고 그리면 안 되며 자신이 꾸미고 싶은 세계를 마음대로 꾸미게 하면 된다. 또한, 검사자가 의도하여 '나'를 포함한 물고기의 세계를 표현한 것이어도 무방하며 피검자의 가정에 대한 비유나 마음속 내면에 대한 것을 그리게 지시해도 무방하다.

이 도식화는 그림에 자신이 없거나 인물 등을 잘 그리지 못하는 성인에게도 치료법으로 활용된다. 유아·아동에게는 그림이 정확한 언어일 수도 있고, 심리적 압박감이나 기쁨을 그림으로 드러낼 수도 있다. 따라서 가족관계나 또래관계를 이해하는 데 도움이 되며 현재 심리적 갈등을 일으키는 존재를 파악하는 데 유용하다.

완성된 그림의 어항 안은 어항을 꾸민 사람의 마음 세계로 생각한다. 어항이라는 한정된 공간은 그들의 생활과 연관 지을 수 있으며 물고기들의 여러 표현방법을 통하여 가족 간의 역동성을 살펴볼 수 있다. 이 기법은 방어기제로 인해 진단되기 어려운 가족의 역동성을 보다 쉽고 간단하게 진단할 수 있는 우회적 방법인 점에서 피험자에게 어떤 부담도 주지 않고 자연스럽게 묘화 진단에 접근할 수 있는 장점이 있다. 또한, 역동성 진단이 가능하여 가족관계나 또래관계를 이해하는 데 도움이 되며, 현재 심리적 갈등을 일으키는 존재를 파악하는 데도 유용하다.

해석할 때 그림의 내용에 대한 설명을 들어보면 분석에 많은 도움이 되며, 정확한 갈등과 억압의 상태 등을 알 수 있다. 그리고 전체적인 구조의 짜임새가 어떤 형태를 하고 있는지를 관찰하여 '내용에 의한 분석', '태에 의한 분석' 등으로 나누어 볼 수 있다.

1) 검사 도구

- 준비물 : A4용지 1장, 연필 또는 4B 연필, 색연필
- 유아일 경우 3가지 정도의 다른 종류의 어항 그림을 준비하며, 선호하는 모양을 선택할 수 있게 한다.

2) 실시 방법

검사 도구가 준비되면, 먼저 "이 어항 속에 사는 물고기 가족을 그려 주세요. 그리고 색칠도 해 보세요."라고 지시한다. 가족의 수만큼 물고기를 그린 후 누구 물고기인지 이름을 쓰도록 하며, 유아일 경우는 이야기하도록 한다. "다른 것을 그려도 괜찮아요?"라고 질문하면 "자기가 그리고 싶은 것이 있으면 마음대로 그려도 되요." 등으로 자유로운 분위기에서 그릴 수 있도록 한다.

3) 주의할 점

- 집단검사일 경우 간혹 옆 사람과의 거리가 가까워 보고 베낄 수 있으므로 올바른 진단을 위하여 거리를 두는 것이 필요하다.
- 거의 완성될 즈음에 심경의 변화로 특정 색채로 모두 덧칠해 버리는 경우가 있으니 교사는 적당한 시기에 그림을 회수해야 한다.

- 주위에 실제 어항이나 수족관이 있다면 보고 그릴 수 있으므로 주의해야 하며 분석하지 않는 것이 좋다.

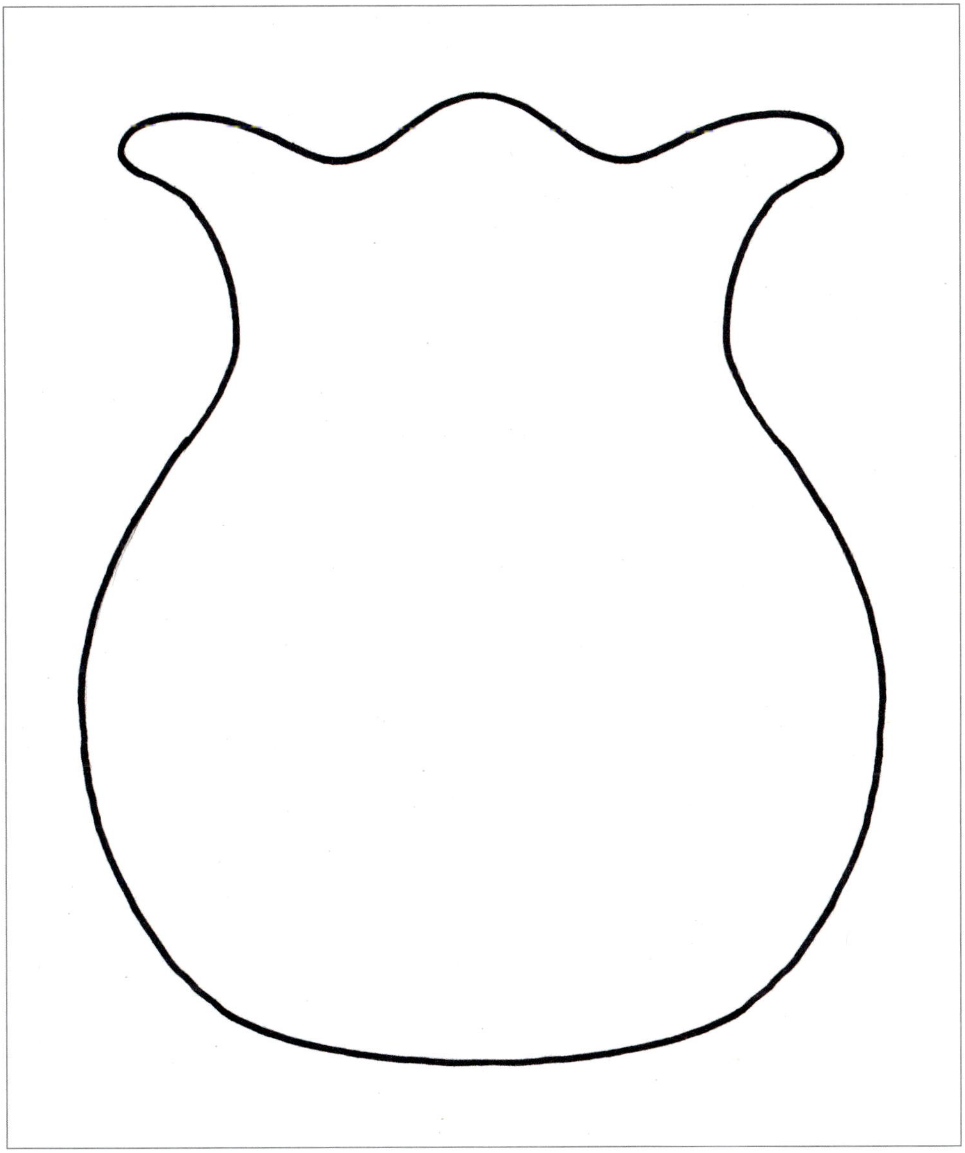

그림 II-19 물고기 가족화 검사 도구

다음은 물고기 가족화에 따른 상징의 의미를 분석한 것이다.

표 II-6 물고기 가족화에서 상징의 의미

상징	그림	의미 분석
물고기	먹이를 먹고 있는 물고기	양육적인 배고픔을 의미
	물고기를 어항 중심에 지나치게 크게 표현	고집스러운 자기중심적, 외향적인 성격
	물고기를 작게 그린 것	자존감이 낮음을 의미
	처음 그려진 물고기	자신과 밀접한 관계, 중요한 인물. 부모가 크게 그려지는 경우가 많음
	'나'보다 위에 그린 물고기	권위적, 지배적인 상징
	'나'와 수평적이거나 아래에 그린 물고기	친밀하거나 원만한 관계
	물고기들이 어항 아래쪽에 무리 지어 표현	비활동적. 지적 사고를 중시하는 내성적이고 소심하고 조용한 성격
	물고기들이 어항 위쪽에 무리 지어 표현	활동적. 행동이 앞서는 외향적이고 활달한 성격
	물고기를 다양한 색채로 화려하게 꾸며 표현	나를 봐 달라는 표현으로의 강조
	물고기의 몸에 모양을 넣어 화려하게 표현	충동적, 감각적인 성격
	특정 물고기만 무늬 등으로 화려하게 표현	자신과 관계된 매우 중요한 인물
	같은 색채로 칠한 물고기	같은 성(性), 친밀한 관계
	물고기들이 한 방향으로 늘어선 표현	의견 일치, 단합된 화목한 가족
	물고기가 서로 마주 보고 있는 표현	대화, 의견 충돌, 스트레스를 의미
	입을 벌리고 있는 아빠 물고기	권위적. 훈육이 엄한 상태로 때에 따라 폭력적이거나 위협적인 상태
	이빨을 드러낸 물고기	부정적이며 예민하고 공격적인 상태

상징	그림	의미 분석
물고기	고래, 새우, 꽃게, 거북이, 불가사리 등	가족과 다른 인물. 폭력이나 위압. 고래의 등에서 물을 뿜어내는 표현은 더욱더 위압적인 상태
	TV를 보거나 컴퓨터 게임, 공부, 누워 잠자는 표현	포위양식. 대화의 단절과 무관심.
	가족 외에 한 귀퉁이에 표현된 다른 물고기	자신의 또 다른 표현. 애정과 관심을 바라는 마음
물풀과 자갈	물고기보다 물풀이 지나치게 무성하거나 자갈을 크게 표현	적응력 부족. 열등감. 숨고 싶어 함
	물 위에 떠 있는 연잎이나 수련 잎과 어항 밖으로 무성하게 뻗은 수초	대인 관계의 어려움. 자신을 드러내고 싶지 않은 소극적인 성격
	수초나 큰 돌멩이 등으로 어항 속을 꾸민 표현	적극적인 성격. 사회성 좋음
	바닥에 깔린 작은 자갈들	욕심, 희망사항, 욕구, 불만 등
	어항 속에 집이 있는 표현	집에 대한 불만. 이사에 대한 욕구. 숨고 싶음. 또는 편안한 집
어항의 물	전체가 물로 가득 찬 표현	만족스러움 또는 욕심 많음
	전체의 2/3 정도 찬 표현	편안하고 안정적인 정서 상태
	전체의 1/2 정도 또는 이하의 표현	마음의 걱정. 정서적인 결핍
공기 방울	크게 그린 공기 방울의 표현	무딘 감정
	작게 그린 공기 방울의 표현	타인, 또래에게 예민하게 반응. 원만하지 못한 또래관계
	특정 물고기의 입에서 나오는 공기 방울	불만의 표현
	산소 공급기의 튜브, 방울, 물레방아 등의 표현	정신적으로 매우 힘들거나 걱정

13 만다라

1) 만다라의 정의

만다라(mandala)는 인도의 고대 언어인 산스크리트 말로 원상이라는 의미를 가지고 있다. 어근 'manda'는 '참' 또는 '본질'을 의미하고 접미사 'la'는 '소유' 또는 '성취'를 의미한다. 즉, 중심과 본질을 얻는 것, 우리 정신 속의 여러 차원의 합일을 가능하게 한다는 것, 그리고 우리로 하여금 우리의 총체적인 정신을 볼 수 있게 함으로써 지혜를 향하게 하는 통로가 될 수 있다는 것이다.

만다라를 심리치료에 처음으로 사용한 사람은 융이다. 스위스 취리히 대학병원의 교수이며 정신과 의사였던 융은 자신의 학문생활과 심리적인 위기에 처한 시기에 만다라를 접하게 된다. 융은 만다라를 그리는 과정에서 자기 내면의 갈등이 의식세계로 떠오르면 내면의 긴장이 상대적으로 완화되면서 자기 치유를 경험한다. 그후 융은 만다라에 대한 연구를 시작하게 된다.

2) 만다라의 기원

만다라는 원을 그리는 것에서 시작된다. 우주 속의 나 자신과 자신의 위치를 알고자 하는 욕구에서 비롯된 원형 디자인이다. 만다라를 연상시키는 동그라미, 나선형, 구형의 공간인 자궁 속, 지구, 그리고 아프리카, 유럽, 북미 대륙에 살았던 고대인들의 암각화에서 나타난 것으로 보아 만다라는 고대 인류의 삶 속에 이미 존재했다고 볼 수 있다.

만다라의 주된 형태인 원은 우리가 의식적·무의식적으로 체험한 자연의 질서를 표현한 것이다. 이러한 측면에서 만다라는 심리적인 치유와 종교적인 구원 사이를 오가는 중심적이고 우주적인 상징이며(김진숙, 1998), 자아와 무의식 사이의 균형을 회복하려는 심리적 총화인 자기인식의 표상이라 볼 수 있다.

티베트의 불교승은 만다라를 그리거나 보는 것을 종교적 수행의 하나로 여겼으며, 기독교 미술에서 성화에 표현되는 예수의 후광 역시 만다라의 하나이며, 파리의 아미앵 대성당이나 독일 쾰른 대성당의 색유리 원화창에서도 만다라를 찾아볼 수 있다.

3) 제작 방법

- 준비물 : 만다라를 그릴 종이, 문양 그림, 자, 연필, 컴퍼스, 색을 칠할 수 있는 재료(사인펜, 색연필, 유성 사인펜, 파스텔, 물감 등), 명상 음악, 초와 향, 누울 수 있는 담요나 매트 등
- 장소 : 혼자만의 조용한 장소로 외부의 간섭을 받지 않는 곳이 좋다. 작업을 하기 위해 그림을 그리기 위한 평평한 바닥과 충분한 빛과 고요하면서도 즐거움을 가져다주는 음악, 촛불이나 향을 이용한 편안함을 연출하는 것도 도움이 된다.
- 실시 방법
  - 몇 분간 명상을 통해 정신상태를 이완시킨다.
  - 이완이 되면 눈을 감고 내면세계에 초점을 맞춰 내면에 떠오르는 비전의 색상, 형태, 느낌 등의 이미지를 따라간다.
  - 눈을 뜨고, 앞에 놓여 있는 색상을 선택하여 동그라미를 그린다.
  - 원형 속을 색칠하고, 만다라의 방위를 결정한다.
  - 멀리서 감상 후 첫인상을 요약하여 만다라에 제목을 붙여 본다.
  - 만다라에 나타난 색상과 숫자, 형태의 목록을 만든다.
  - 만다라의 중심 주제와 연상들과 만다라의 제목을 사용하여 몇 개의 문장을 만들어 본다.
  - 날짜를 기록한다.

4) 만다라의 효과

- 고요하고 침착해진다.
- 주변의 현실을 새롭게 받아들인다.
- 자아를 발견하고 자신의 힘을 얻는다.
- 자기 자신을 수용하며 자기 소외를 극복한다.
- 자신의 에너지를 조정할 수 있으며, 역동적으로 이용할 수 있다.
- 갈등 상황을 더욱 쉽게 극복한다.
- 정신을 집중하고 동시에 이완할 수 있다.
- 불안이 사라지고 긴장이 완화된다.
- 경험한 것을 잘 통합한다.
- 창의적이고 적극적인 학습 자세를 갖게 된다.
- 자아존중감 형성에 도움을 준다.
- 여유와 민감성을 갖는다.
- 완성해 가면서 성취감을 느낄 수 있다.
- 신중해진다.

5) 만다라 색상의 의미

표 II-7 만다라 색상의 의미

색		상징	
1	검정	정복 불능, 개혁, 복구, 가치, 회귀, 권태, 강요, 압박, 희망, 상실, 고독, 죽음, 파괴, 죄, 슬픔, 상실, 공포, 위협, 희미함	우울
2	흰색	순결, 완전성, 덕, 구원 고결, 완전주의, 추상적 경향, 심리적 압박감, 정열, 화 등 감정이 감추어짐	정열, 화

색		상징	
3	빨강	사랑, 감각, 열정, 자기 신뢰, 힘, 권위, 외향적, 본능, 분노, 미움, 자기연민, 자기만족, 급한 성격, 무례한, 지배적, 오만한, 잔인한 자아를 발견하고 자신의 힘을 얻음	힘
4	파랑	고요, 평화, 이완, 안전, 충실, 성실, 섬세한, 감각, 원만한, 침착, 창의력, 권태, 무력감, 공허감, 야망, 불성실, 의심 많음, 한, 냉담	정서적 불안정
5	남색	신뢰, 현실적 이상주의, 꿈이 있음, 직관력 있음, 환경에 매우 적극적, 편협, 비판적, 어두운 면만을 봄	우울
6	노랑	언제나 밝음, 고요함, 즐거움, 부드럽게 흥분함, 유머 감각, 질투, 자기 과대평가, 염세적, 아첨을 잘 함, 교활, 소심, 비겁, 협소함	밝음
7	초록	균형, 성장, 희망, 저항력, 생명, 자연, 의지, 치유, 완쾌, 새로운 시작, 거짓, 욕심, 권력, 판별력 부족, 소유욕, 질투심이 많은 부모함, 인색	피곤
8	주홍	에너지, 낙천주의, 생의 욕구, 생명력, 활동성, 용기, 기쁨, 순수한 열정, 자기 확신, 독립적, 권세욕, 자기과시, 경망함, 알코올 오용	거만함
9	보라	신비주의, 영성, 초자아, 변화, 영감, 정서 존중, 대립의 극복, 개별성, 강한 정서, 고통, 단식, 포기, 노이로제 경향, 내적 긴장, 오만, 불성실함, 거드름을 피움, 속물적, 광신적	우울
10	연보라	미덕과 생산성, 감사하는 마음, 불신과 경고의 의미, 이율 배반	
11	분홍	즐길 수 있는 능력, 낭만, 우아, 애정, 자제력, 헌신, 부드러움, 보호욕구, 억제, 경쟁심의 상실, 감상적, 허약	사랑
12	복숭아	성적인 신비의 상징, 여성의 성기를 상징	
13	마젠타	생동감과 흥분, 감정적으로 들떠 있음, 살아 있다는 느낌, 참을성 없는, 이기주의, 감정적이고 산만, 집중을 못 함, 개인적인 세계의 테두리를 벗어난 것	
14	갈색	씨 뿌리고 거두어들이는 풍요로운 들판과 대지를 연상, 리비도를 의미하는 빨간색과 조정을 의미하는 초록이 혼합된 색상, 충동과 억제의 사이에 끼어 있는 느낌을 표현, 만다라의 중심부에 사용될 경우 제작자는 낮은 자존감을 보이거나 자신이 무가치하다고 생각하거나 더럽다고 생각	
15	회색	우울, 무기력, 무관심의 상징	

6) 만다라 숫자의 의미

만다라 그림에 빈번히 나타나는 형태와 연결된 개수, 예를 들어 꽃잎이나 기하형태 등의 수도 그 배경에 심리적 의미를 지닌다. 피타고라스(Pythagoras)는 "수(數)와 측도(測度)는 모든 사물의 본질이며 모든 존재의 질서를 주기 때문에 사물을 주관한다."라고 하였다(Fiala, 1997).

표 II-8 만다라 숫자의 의미

숫자	상징
0	비어 있는 원, 무(無), 영원, 완전 형태, 모든 것의 결핍, 허무
1	형태상으로 사람이 바로 서 있는 모습, 시작과 근원, 유일성, 일치와 통일, 신과 개별성, 내부의 모든 힘을 품은 중심, 개인, 초개인적, 자기중심, 어린아이의 체험
2	쌍둥이, 반대, 파트너, 짝을 지음, 친밀감, 창조, 생식, 대립, 구별, 갈등, 초기의 일체성을 극복, 이원론, 개인의 이중성
3	운동, 활력, 추진력, 비약, 과정, 남자와 여자 어린이, 새로움, 독립 욕구, 역동적 진행, 새로운 것을 이룩함으로써 대립 긴장이 풀림, 완성, 무의식으로 변형하는 운동
4	완벽함, 완결, 고요, 대립의 통일, 합리성, 의식화, 자기 자리를 찾으려는 자기인식에의 노력, 전체성, 동일성과 자기와의 긴밀한 연결, 에너지, 조화와 질서, 균형을 위한 노력
5	일체성, 중앙, 사랑, 음양의 조화로운 결합, 악에 대한 방어, 건강, 성(性), 현실 관여, 개인적 꿈과 목적을 실현하려는 노력, 오각의 별표, 현실적 인간
6	여성과 남성, 일체성과 관철, 대립의 통일, 완전성, 창의적 과정의 완성, 만족, 고요
7	하늘과 땅, 인격 수양의 길, 삶의 마지막, 성스러운 전통과 일치, 내적 활동, 신비, 자기 발견
8	우주 질서와 균형, 행운, 조화, 영원성, 정신적 완전성의 길, 영원한 변화와 재생, 전체성
9	창조적 정신, 하늘, 인간 존재의 수수께끼, 긍정적 정신 에너지, 합(合), 진실, 통일체 추구
10	폐곡선, 일체와 전체성, 신의 원리, 덕과 윤리, 부부, 현실적 삶의 인식, 수학

숫자	상징
11	해결할 수 없는 갈등, 카오스, 경과 경계 지점, 균형의 어려움, 죽음과 재생, 갈등
12	일체와 전체성, 행운, 시공의 완성, 완전성, 구제, 종결, 우주 질서, 시간의 경과, 순환의 완성
13	사기와 기만, 불행한 종말, 종말을 맞이하여야 하는 내적 과정, 양가감정, 이중 가치, 새로운 시작

7) 만다라 형태의 상징

만다라를 그리기 위하여 즉흥적으로 만다라의 견본 문양을 선택했을 때, 그 만다라의 형태는 색과 마찬가지로 선택한 사람의 정신과 영적인 현재 상태를 표현한 것이라고 할 수 있다. 만약에 일정 기간 계속해서 어떤 형태를 선호하게 되면, 그것은 반드시 그 사람의 내적 세계를 나타내는 것이다. 이러한 맥락에서 만다라를 그린 후에 만다라에 나타난 형태가 각각 어떠한 의미를 지니는지 살펴보고 자신의 내적 상태를 반영해 볼 필요가 있다.

표 II-9 만다라 형태의 상징

형태	상징
공기	하늘의 신(제우스), 남성적 원리, 호흡, 양(陽), 활동성
구름	비옥, 본질의 은폐, 인간 세계와 사자(死者) 세계 사이의 신비한 영역
거미줄	여성성, 태아와 아동기의 상태와 기억, 끝없는 자기의 변화
계란(알)	생명 에너지, 다산, 새로운 삶, 부활
칼	남성의 힘을 상징, 지도력, 위험, 정의 용기, 전쟁
꽃	봄, 아름다움, 영혼, 자궁, 생의 부활, 죽은 이에게 선물, 영혼의 모사(模寫)
나무	개혁적 삶, 의식화와 개인적 영역, 성장, 모성, 성장 욕구, 발전, 무의식

형태	상징
날개	자유, 승리, 바람, 초자연적 존재, 태양신, 요정, 악마
달	여성의 생리 주기, 여성의 인생, 어머니, 내적 지혜
태양	신(神), 신성, 빛, 남성, 우주적 지능, 부활 상징, 통치자 숭배, 예수, 선(善)
개	친구, 보초, 죽은 자의 안내자
고양이	이중 동물의 상징, 흉조(뱀과 비슷한 상징) 신성한 동물, 고집
말	고구한 동물, 요술과 관련된 연결, 청춘, 성욕, 빛의 상징
용	유력한 정신적 존재, 행운의 존재, 풍요, 음과 양의 원리, 카오스, 사탄의 상징
무지개	신과 인간의 연결(숫자 7), 남성과 여성적 원리의 성스러운 결합, 가치 있는 것, 어린이의 내적 상처를 치유
물	변화, 새로운 단계로 넘어감, 생명의 문과 죽음의 문
미로	자신의 중심을 탐구, 목표를 위한 길, 미완성의 만다라와 비교
번개	깨달음, 직관적 인식, 환희, 지혜의 획득, 잠재된 내적 힘의 활성화
별	자기 의식화, 추진력, 개별성, 영감, 감동
매듭	결합, 고정과 옭아맴, 해체, 힘의 발산
화살	목적 추구, 전쟁의 신(마르스)과 연결

표 II-10 만다라 모양의 의미

형태	상징
원	운동, 완전성, 신의 상징, 초월, 완벽, 무한, 자기 체험, 영원
중앙에 중심점이 있는 원	원이 무(無), 공(空), 존재하지 않는 것이지만, 중심점은 신적인 본질이나 자기를 상징
수평선	지상 세계와 지하 세계의 분리, 인류 근원적 모성 에너지
수직선	속세와 신성의 결합, 모든 것의 관통 에너지

형태	상징
십자형	대립의 결합, 땅과 하늘, 영적 영역과 세속의 현실, 밝고 어두움, 무의식과 의식, 삶과 죽음, 고통, 새로운 자기중심을 형성
갈고리 모양의 십자형/만(卍)형	일체성, 중앙, 사랑, 음양의 조화로운 결합, 악에 대한 방어, 건강, 성(性), 현실 관여, 개인적 꿈과 목적을 실현하려는 노력, 오각의 별표, 현실적 인간
나선형	변화와 역동, 생명력, 치유 에너지, 의식을 구성하고 고려하는 능력, 신적 창의력
역삼각형	물, 무의식, 여성, 잠재력
피라미드형	불, 리비도, 생명력, 변화, 남성, 창의성
정삼각형	상실로 인한 삶과 죽음과 재생의 주제, 무의식 내용이 위를 향함
사각형	안정성, 조화와 균형(숫사 4), 판단력, 다른 요소 사이의 균형, 합리적 사고
원 안의 정사각형	땅과 하늘의 결합, 무게 중심에서의 대립, 자신의 충만한 에너지
육각형 별	대립의 통일, 완결과 조화, 만족
오른쪽 방향	불행
왼쪽 방향	행복

그림 II-20 자연물 해와 만다라의 도식화된 형태

그림 II-21 자연물 꽃의 형태를 띤 만다라 도안

그림 II-22 만다라 문양의 실례

출처 : 정여주.

III

CHAPTER

미술 매체의 활용

제목 : 세상을 바라보다
작가 : 이기원
크기 : 41×56×10cm
재료 : 화강석 + 철 + FRP
제작 : 2015년

1 매체의 개념과 중요성

매체란 라틴어 'medium'에서 유래된 '사이(between)'의 의미로, 두 개체 사이를 이어 주는 역할을 통해 목표를 이루도록 해 주는 수단을 말한다. 미술치료에서 매체는 회화나 조소, 판화, 공예 등을 통한 표현의 수단 또는 수단에 쓰이는 재료와 표현의 방식을 총칭한다.

미술치료의 과정에서 미술 매체는 내담자에게 좋은 자극이 된다. 그 자극을 통해 내담자의 감정이나 갈등, 욕구를 표현하기 때문이다. 또한, 매체는 내담자의 생각이나 경험을 좀 더 명료화하고 생활에서 야기된 긴장을 이완 및 해소하고, 능동적으로 치료에 참여할 수 있도록 돕는다.

사람마다 미술이나 매체에 대한 선호도는 다르며 내담자의 자발성을 촉진하기 위해서는 충분한 작업공간과 동기를 자극하고 친밀감을 줄 수 있는 다양한 재료가 준비되어야 한다. 특히, 내담자의 성격은 재료를 선택할 때 주의 깊게 고려해야 할 부분이다. 같은 매체라도 내담자에 따라 치료적 반응은 다르게 나타나며, 내담자가 수용하고 좋아하는 매체일수록 자발적이고 주도적인 참여가 이루어질 수 있고 집중력을 유발할 수 있다. 매체는 내담자의 성향이나 목적, 치료시간, 환경 등에 따라 융통성 있게 선정 및 적용되어야 한다. 내담자가 직접 선택하고 선호하는 매체는 치료에서 중요한 의미를 가진다. 매체를 바라보는 미술치료사의 시각은 일반인이 바라보는 시각과 달라야 하며, 각 매체는 검토의 대상이 되어야 한다. 따라서 미술치료사는 각 매체의 특성이나 활용법, 장·단점, 유의점 등에 대한 풍부한 경험과 지식을 토대로 치료에 적용하여야 한다.

2 미술 매체의 특성

랜드가튼(Landgarten, 1987)은 매체를 선택할 때 미술치료에서 고려해야 할 중요한 2가지를 촉진과 통제로 보았다.

그림 Ⅲ-1 미술 매체의 특성

미술 재료 중 물감이나 파스텔, 무른 점토, 밀가루 풀과 같은 핑거페인팅용 습식 재료는 퇴행이나 무의식적 표현을 촉진하므로, 소극적이고 에너지 수준이 낮으며 자기 지배력이 약해 경직된 내담자에게 주로 적용할 수 있다. 그러나 충동적이고 자아 경계가 불분명한 내담자에게는 충동적 성향을 더욱 심화할 수 있다. 반면, 연필이나 색연필, 사인펜, 마커 등과 같은 딱딱한 재료는 통제력이 높은 재료로 충동적 성향을 통제하기에 용이하다.

그림을 표현할 때 잘 찢어지는 종이나 너무 얇아서 움직이는 천 같은 재질 등 내담자의 발달을 고려하지 않은 재료는 심리적 좌절을 유발할 수 있기 때문에 고려하여야 한다.

흔히 무조건 많은 양의 재료나 도구가 내담자에게 좋은 표현의 기회를 조장한다고 생각하기 쉬우나, 재료의 지배 능력을 얻을 자율적 기회가 수반되지 않는다면 자칫 내담자에게 심리적 당혹감과 좌절감을 주거나 산만한 표현으로 끝나게 될 수도 있다. 그러나 항상 제한적이고 똑같은 재료의 사용은 자칫 타성에 젖을 수 있다. 미술 매체에 변화를 주어 표현을 자극시키고, 감성적 체험을 통해 다각적 사고의 형성과 정서적 경험을 제공하며 내담자를 촉진할 필요가 있다. 그리고 미술치료사는 재료가 미술치료에 미치는 영향을 상기하여 내담자의 입장에서 주도적으로 재료를 선택하여 어려움을 겪을 때 조력할 수 있어야 한다. 또한 매체를 통해 '전달'하려는 메시지를 읽을 수 있는 예민한 감식안을 가지고 매체에 대한 끊임없는 관심과 연구하는 자세가 필요하겠다.

3 매체의 종류 및 특징

1) 그리기 매체

(1) 소묘 매체

① 연필과 지우개

연필의 흑심은 흑연과 점토를 적당한 비율로 배합하여 고온에서 구워 만든 것으로 배합의 비율에 따라 가장 단단하고 연하게 써지는 9H(hard)에서 부드럽고 진한 9B(black)까지 나누어진다.

표 Ⅲ-1 연필심의 굵기와 농도

9H~7H	매우 단단하고 색이 옅어서 금속이나 석재 등의 경질면에 사용
6H~3H	비교적 단단한 편으로 정밀 제도나 설계용으로 주로 사용
2H~B	중간 정도의 성질로 학습이나 사무 필기용, 설계 제도용으로 사용
2B~3B	무르고 진해서 정밀묘사나 속기용으로 사용
4B~9B	부드럽고 짙은 색으로 미술 소묘용, 크로키 등에 많이 사용
★ 연필심의 굵기와 농도에 따라 사용함	

연필은 표현과 수정이 자유로우며 통제가 매우 높은 매체로 투사검사에서는 주로 HB에서 4B까지를 많이 사용한다. 그리고 투사검사에서 지우개의 사용 유무는 내담자의 갈등이나 방어에서 중요한 의미를 가진다. 지우개는 수정하는 용도뿐 아니라 연필이나 목탄가루를 도화지에 펴 바른 후 지워 가며 표현할 수 있는 매체로 잘 지워지는 지우개를 적당한 크기로 잘라서 표현의 도구로 사용한다면 재료의 융통성과 창의적인 사고력에 도움을 줄 수 있다.

그림 Ⅲ-2 연필

② 크레파스와 크레용

크레파스와 크레용은 사용이 편리하여 아동에게 가장 많이 사용되는 친숙한 매체이다. 부담 없이 자유로운 표현이 가능한 재료로 원료에 따라 특성 차이가 있다.

- 크레파스
  - 크레용과 파스텔의 합성어로 안료에 왁스 또는 야자유를 배합하여 굳힌 것
  - 재질감이 부드럽고 색이 선명
  - 혼색이 가능하고 긁을 수 있으며 색이 진하게 칠해짐
  - 크레파스의 종이를 벗기면 옆면을 함께 사용할 수 있어서 넓은 면을 칠하기에 좋음
- 크레용
  - 안료에 파라핀이나 목랍을 혼합하여 굳힌 것
  - 잘 부러지지 않고 부드럽게 칠해짐
  - 손에 잘 묻어나지 않으며 경도가 강해 혼색은 가능하나 긁을 수는 없음

그림 Ⅲ-3 크레파스

그림 Ⅲ-4 크레용

③ 색연필

색연필은 안료에 왁스와 점토, 백악 등을 혼합하여 굳힌 재료로 크레파스보다는 가늘고 길어서 사용이 편리하며 손에 잘 묻어나지 않는다.

• 수성

- 그림을 그리고 붓에 물을 묻혀 칠해 주면 잘 녹아서 수채화 느낌의 효과를 낼 수 있으며 유성보다 수정이 용이함

• 유성

- 제조사에 따라 차이가 있으나 일반적으로 수성보다 색이 좀 더 진하고 발색력이 높음
- 물에 녹지 않으며 부드럽고 심이 두꺼워서 섬세한 표현이 어려움

그림 Ⅲ-5 수성 색연필

그림 Ⅲ-6 유성 색연필

색연필은 연필처럼 구조적이며 통제가 높은 재료이지만 어렸을 때부터 많이 접해 본 친숙한 재료이기 때문에 긴장을 완화시키는 효과가 있다.

④ 파스텔과 분필

• 파스텔

탄산석회와 안료를 아라비아고무, 전분 등과 같은 수용성 접착체와 혼합하여 굳힌 것으로 유분이 없는 건성 파스텔과 기름 성분을 첨가한 오일 파스텔의 종류가 있다. 도화지에 직접 칠하거나 사포 등에 문질러서 가루를 내어 손이나 솜, 휴지 등

으로 문질러서 표현할 수 있다. 색감이 화사하고 부드러우며 포근하고 편안한 느낌을 주는 등 내담자의 감성을 자극하여 긴장의 이완과 촉진의 효과가 있다. 그러나 가루 날림으로 지저분해질 수 있고 손에 잘 묻으며 부서지기 쉬워 결벽증이나 심리적으로 실패의 경험이 많은 위축된 내담자에게는 좌절감을 줄 수 있어서 주의가 필요하다. 완성 후에는 정착액을 분사해 묻어나는 것을 방지하도록 한다.

- **분필**

탄산석회나 구운 석고 가루를 물에 개어 굳힌 재료로 초크(chalk) 또는 백묵이라고도 한다. 주로 칠판 위에 글씨나 그림을 그릴 때 사용하는 재료이나 시간이 지나고 비가 오면 그림이 사라지는 특성을 이용해 야외에서 차가 다니지 않는 곳의 아스팔트, 시멘트 등의 보도 바닥에 그림을 그릴 수 있다. 야외 그림은 사진을 찍어서 작품을 보존하며, 대표적인 분필화가로 커트 웨너(Kurt Wenner), 줄리안 비버(Julian Beever) 등이 있다.

실내에서 그림을 그릴 때는 사포나 표면이 조금 거친 종이, 색이 짙은 도화지가 발색에 좋으며 분필을 식초물에 적셔서 사용하면 또 다른 질감을 낼 수 있다. 역시 완성 후에는 파스텔처럼 정착액을 분사해 묻어나는 것을 방지한다.

그림 Ⅲ-7 파스텔과 분필

그림 Ⅲ-8 분필 그림
(줄리안 비버)

⑤ 마킹펜(marking pen)

펜대 속에 펠트 등으로 된 펜심을 넣어 잉크가 심 끝으로 스며 나오게 하여 사용하는 것으로 유성 매직, 네임펜, 마커 등을 통칭하여 마킹펜이라고 한다.

- 수성
  - 주로 종이류에 사용하며 물에 번지는 효과가 있어 수채화 물감과 같이 사용이 가능함
  - 컬러 사인펜, 컴퓨터용 사인펜 등이 있음
- 유성
  - 속건성의 유성 잉크를 사용하는 펜으로 비닐, 섬유, 우드락, 알루미늄 포일 등 다양한 재질에 작업이 가능하며 다양한 재질에 작업이 가능함. 유성 매직은 마술 같은 펜이라는 뜻에서 이름이 붙여짐
  - 유성 매직, 네임펜, 보드마커 등이 있음

그림 Ⅲ-9 수성 마킹펜

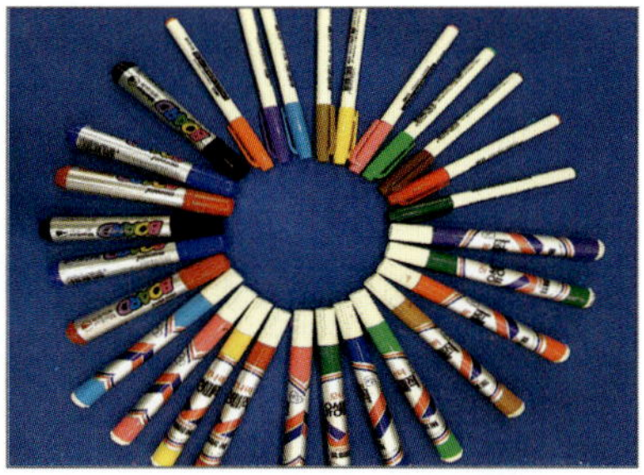

그림 Ⅲ-10 유성 마킹펜

휘발성이 강하여 사용 후에는 뚜껑을 꼭 닫는다. 특히, 유성은 물에 지워지지 않는 특성이 있으므로 옷이나 손에 묻지 않도록 주의해야 한다. 지울 때는 아세톤이나 물파스를 사용하여도 된다.

⑥ 파스넷, 목탄, 붓펜

• 파스넷

파스넷은 색감이 선명하고 부드러우며 발림성이 좋다. 파스넷은 크레파스보다 통제력이 약하며 위축된 내담자의 긴장을 이완하기에 좋은 매체이다. 그러나 무르고 잘 부러지는 특성 때문에 입으로 탐색하는 영아기나 에너지 수준이 높아 필압이 강한 내담자에게는 주의를 요한다.

• 목탄

목탄은 버드나무나 포도나무의 가지를 연소시켜서 만든 숯으로 선묘뿐 아니라 빻아서 문지를 수 있다. 목탄 전용 목탄지에 빻은 가루로 손가락, 손바닥, 주먹 등 신체를 이용해 찍을 수 있으며 식빵이나 지우개 등으로 지워서 표현할 수 있다.

• 붓펜

붓처럼 만든 펜으로 캘리그라피나 선묘, 크로키 등의 작업에 많이 활용된다.

그림 Ⅲ-11 파스넷, 목탄, 붓펜

그림 Ⅲ-12 목탄 작품

그림 Ⅲ-13 붓펜 작품

(2) 물감 매체

① 수채화 물감

아라비아고무와 안료 등을 섞어 만든 수용성 물감이다. 묽고 잘 흘러내려서 농도 조절이 쉽지 않아 조절력이 부족한 어린이나 통제가 어려운 내담자가 사용하기에는 어려움이 있음을 고려해야 한다. 색이 맑고 경쾌한 느낌이 나며 투명한 성질 때문에 번지기, 불기, 데칼코마니 등 배수성의 원리를 이용한 활동 시 사용하면 좋다.

② 포스터컬러

불투명한 수성 물감으로 수채화 물감과 달리 색이 선명하고 크림 상태로 되어 있어서 포스터 같은 불투명 그림이나 찍기 등 판화 작업에 사용하기 적당하다. 기본색인 빨강, 노랑, 파랑에 흰색과 검은색을 혼색해서 사용할 수 있다.

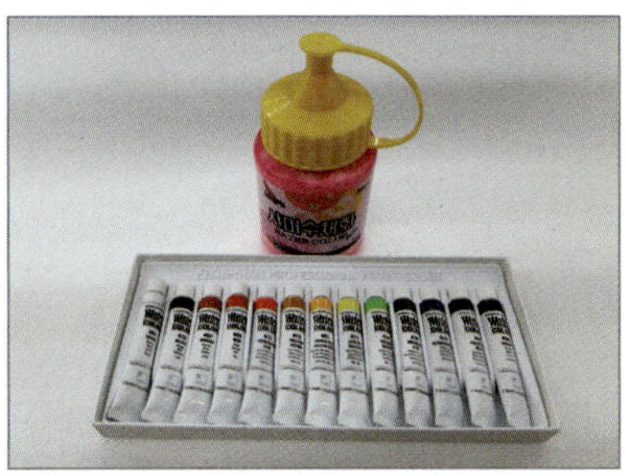

그림 Ⅲ-14 수채화 물감

그림 Ⅲ-15 포스터컬러

③ 아크릴 물감

내수성과 내후성, 속건성의 성질이 있으며 물을 많이 섞으면 수채화 물감의 효과를, 원액 그대로 쓰면 유화 물감처럼 두꺼운 질감을 나타낼 수 있다. 빨리 굳는 속건성의 성질 때문에 철 팔레트 등에 짜내어 사용하기보다 종이 포일이나 알루미늄 포일 등에 짜내어 사용하며, 붓은 굳기 전에 물에 담그면서 사용하도록 한다. 붓이나 팔레트에 물감이 굳으면 리무버(remover)로 녹일 수 있다. 접착성이 강하여 유리, 나무, 천, 비닐 등 사용 범위가 넓다.

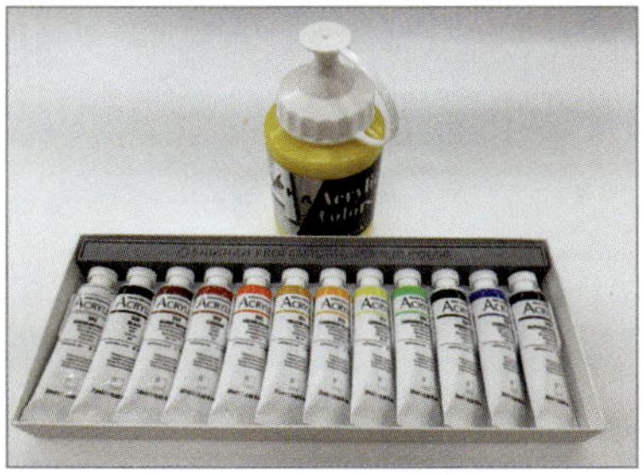

그림 Ⅲ-16 아크릴 물감

④ 마블링 물감

마블링 물감은 기름 성분의 물감으로 물 위에 떨어뜨려서 입으로 불거나 막대나 빗으로 저어 무늬를 만들고 종이로 찍어 내는 물감이다.

마블링이란 물과 기름이 섞이지 않는 성질을 이용한 것으로 우연의 효과를 살려 작품을 제작하는 기법이다. 우연히 생긴 동적 무늬를 찍어 봄으로써 무늬의 아름다움을 발견할 수 있고 찍을 때마다 모양이 달라 상상력을 키워 주기에 좋다. 사용하고 남은 마블링 물감은 물감을 풀어 놓은 물 위에 신문지를 덮어 흡착시켜 제거하며 옷에 묻지 않도록 유의한다.

그림 Ⅲ-17 마블링 물감

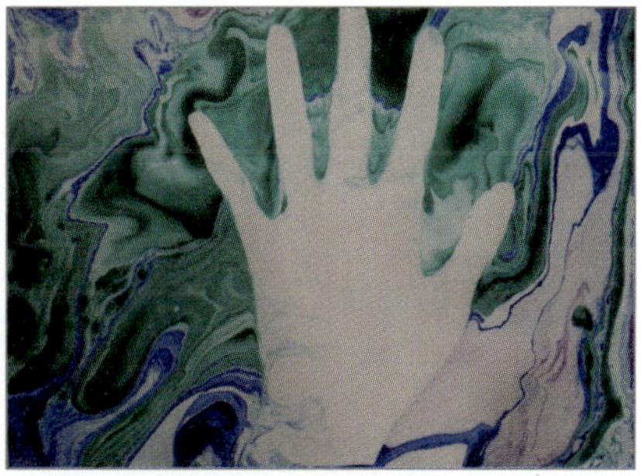

그림 Ⅲ-18 마블링 완성작

⑤ 염색 물감

염색은 실이나 천, 종이 등에 무늬와 색을 넣어 물들이는 것을 말한다. 염색의 시초는 자연에서 추출한 천연 염료로 자연 재해, 질병 등을 미연에 방지하기 위한 주술적인 용도에서 사용했지만, 오늘날에는 풍부한 색채 감각과 무늬를 이용한 장식과 건강 등의 목적을 갖게 되었다.

매염제란 염료의 흡착과 고착을 돕거나 발색이 좋도록 돕는 것을 말하며, 명반이나 구연산, 소금, 철, 동 등이 있다. 염색의 종류의 따라 필요한 재료나 도구에 대해 탐색하고 사용 방법에 대해 설명하거나 시범을 보여 준다. 염색활동이 끝나면 염색한 색이나 무늬 등에 대해 이야기 나눈다.

표 Ⅲ-2 천연 염료와 합성 염료

구분	천연 염료	합성 염료
염료 재료	• 감, 치자, 양파껍질, 심황(한약재), 포도껍질, 쪽, 황토, 도토리, 커피 등	• 직접 염료, 산성 염료, 염기성 염료 등
염색 가능한 재료	• 직물 : 면, 모시, 삼베, 마 등 • 종이 : 화선지, 종이 타월, 냅킨, 물티슈 등 • 그 외 재료 : 실, 달걀 등	• 직접 염료 : 면, 마, 견의 직물 등 • 산성 염료 : 양모, 견, 나일론, 가죽 등

⑥ 그 외의 물감

유리나 아크릴판 전용의 투명한 스테인드글라스 물감(유성 물감), 어린 유아도 쉽게 사용이 가능한 글라스데코, 우드락 위에 그릴 수 있는 우드락 물감 등이 있다. 바탕 재료에 따라 적합한 물감을 사용한다.

그림 Ⅲ-19 그 외 유성 물감

(3) 그 외의 다양한 표현 매체

① 비눗방울

비눗방울 놀이의 기원은 정확히 알 수 없지만 여러 명화에서 보여 주듯 적어도 400년 이상의 역사를 지닌 전통놀이임이 분명하다. 방울이 생겼다가 터지는 것만 봐도 성인은 동심으로 돌아가고, 아이들은 즐겁게 함박웃음을 짓는다.

비눗방울 놀이는 집중력을 향상시키고 폐활량의 승강으로 뇌를 활성화시키며 몸을 움직이는 활동을 통해 에너지 발산에 도움이 된다.

• 색깔 비눗방울 만들어서 사용하는 방법

액체 세제와 물, 소량의 글리세린, 물엿, 색소나 물감을 섞어 하루 정도 숙성해서 사용하면 방울이 빨리 터지지 않는다. 바로 사용할 때는 세제와 물, 물감만 섞어서 사용할 수 있다. 섞을 때 빨대로 꽃을 만들어 젓지 않고 톡톡 두드리듯 섞어야 잔거품이 생기지 않는다.

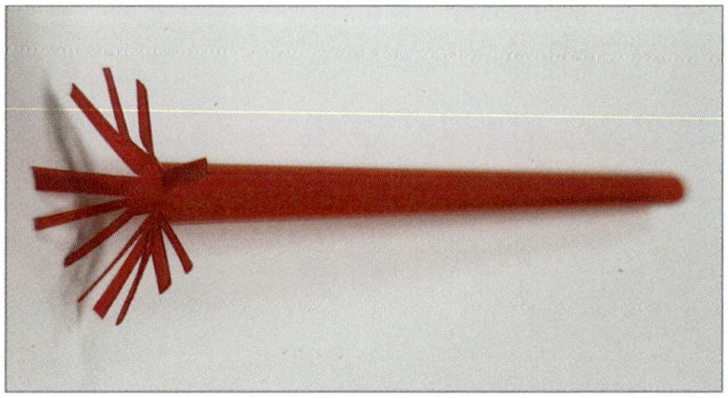

그림 Ⅲ-20 비눗방울 빨대

• 활동 방법 및 유의점

- 빨대로 불어서 거품을 만들고 거품이 올라오면 도화지를 올려놓고 찍는다.
- 바람이 불지 않는 날 야외에서 교사가 비눗방울 액을 불고, 유아는 뛰어다니며 도화지에 비눗방울 받기를 할 수 있다.
- 어린 유아는 부는 방법을 연습하며 입으로 들이켜지 않도록 주의한다.

그림 Ⅲ-21 비눗방울 (샤르댕, 1734)

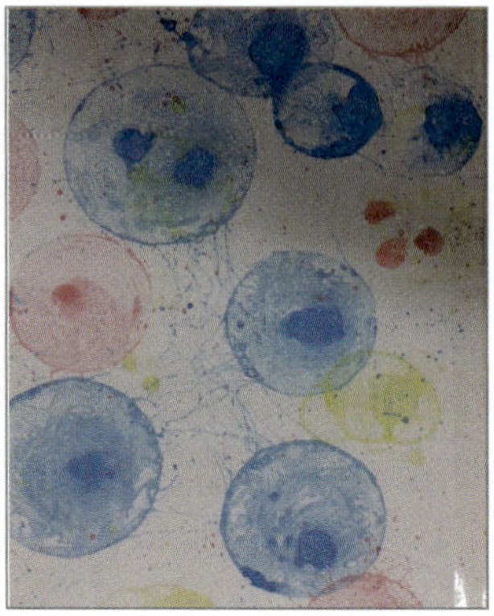

그림 Ⅲ-22 비눗방울 놀이

그림 Ⅲ-23 비눗방울 연상화

② 면도용 크림(shaving cream)

면도용 크림은 무스 타입과 젤 타입이 있다. 가볍고 부드러운 촉감이다. 무스 타입에 물감이나 색소를 섞어서 사용하면 혼색으로 인해 흥미를 유발하고 긴장을 이완시킬 수 있다. 산만하고 충동적인 내담자에게는 통제력이 다소 떨어질 수 있으며, 바닥에 비닐을 깔고 작업하도록 한다.

그림 Ⅲ-24 면도용 크림

③ 밀가루

밀가루는 촉감이 부드러워 경직된 마음을 이완시킬 수 있다. 바닥에 비닐을 넓게 깔고 검은색 등 짙은색 도화지를 깔아 주면 색의 선명한 대비로 핑거페인팅 놀이를 즐길 수 있으며 소꿉놀이 도구들을 함께 제공하면 훨씬 더 즐겁게 놀이할 수 있는 매체이다.

밀가루와 물을 혼합하면 일반 점토보다 안전하게 사용할 수 있으므로 어린 유아, 지적장애나 이식증이 있는 내담자도 안전하게 놀이할 수 있다.

다양한 색소나 물감, 바닐라향, 딸기향 등을 넣어 만들 수 있으며, 반죽 시 손에 식용유를 묻히고 반죽하면 손에 묻어나는 것을 방지할 수 있다. 밀가루 점토는 비닐봉지에 넣어 냉장고에 넣어 보관하면 여러 번 사용할 수 있다.

그림 Ⅲ-25 밀가루 그림

④ 채소

무늬가 있는 채소는 썰거나 잘라서 꾸미는 등 그 자체로 좋은 매체가 될 수 있으며, 채소를 잘라서 그 단면을 찍기 활동에 이용하면 상상력과 과학적 사고력, 풍부한 감성을 기를 수 있다. 감자와 당근 같은 채소류는 무늬가 잘 나타나는 방향으로 자르거나 모양을 새겨서 사용하며, 연근이나 파프리카, 브로콜리, 양파 등의 채소는 가로나 세로 등으로 잘라 그 자체의 무늬를 살려 찍을 수 있다.

찍기 활동에는 수채화 물감보다 색깔이 더 선명하고 농도가 짙은 포스터컬러가 적당하다. 또한, 물감접시에 얇은 스펀지, 부직포 등 패드를 깔면 더욱 작업하기 쉽다.

그림 Ⅲ-26 채소 그림

⑤ 그 외의 표현 매체

석고를 건성유로 반죽한 건축용 재료 '퍼티(putty)'의 하나인 핸디코트는 내부 마감재의 용도로 주로 쓰이나, 미술에서 거친 질감을 낼 때도 사용을 한다. 그리고 주로 물감이나 페인트의 밑 작업에 사용하는 석고와 아교의 혼합물인 젯소(gesso) 등 다양한 표현의 재료가 있다.

그림 Ⅲ-27 핸디코트와 젯소

2) 조소 매체

조소는 평면적인 그림과는 달리 양과 공간을 중시하는 입체적인 조형예술이다. 즉, 공간 속에 실재하며 손으로 직접 만지면서 만들므로 양감이나 재질감을 느낄 수 있다. 조소는 단단한 덩어리를 밖에서 안으로 깎으며 형태를 만드는 조각과 가소성이 있는 물질을 안에서 밖으로 붙이면서 표현하는 소조로 구분한다.

조소를 형태에 따라 분류하면 찰흙으로 편평한 판을 만들고 그 위에 찰흙을 붙여서 표현하는 부조와 완전 입체의 형태로 사방에서 감상할 수 있는 환조, 부조의 여백을 파내어 구멍을 낸 투조, 가느다란 선을 쌓아 올리거나 선을 따라 파 들어가는 선조 등으로 나눈다.

인물을 주제로 한 조소는 표현 부위에 따라 반입체로 얼굴만 나타낸 마스크, 목 위로 머리 전체를 표현한 두상, 가슴까지 표현한 흉상, 허리까지 표현한 반신상, 몸 전체를 나타낸 전신상, 팔·다리·머리를 생략하고 몸통만 표현한 토르소 등으로 구분한다.

부조

환조

투조

선조

그림 Ⅲ-28 조소 매체

(1) 점토

점토는 가소성이 풍부한 재료로 뭉치고 파내고 주무르고 굴리고 찔러 보는 등 자유자재로 탐색할 수 있다.

점토로 작업활동하는 동안 손가락, 손목, 손바닥 등을 움직이게 되므로 대·소근육이 발달하고 균형감각을 학습할 기회가 된다. 자연적인 소재가 갖는 흙의 냄새와 촉감으로 인해 긴장감이 이완되고 여러 가지 갈등과 욕구 등을 해소시킬 수 있다.

표 Ⅲ-3 점토활동의 표현 기법

치기	수분이 골고루 분포하도록 점토를 상하좌우로 들었다 내리치기
굴리기	점토 덩어리를 공처럼 굴리거나 떡가래처럼 바닥을 이용해 중앙에서 바깥쪽으로, 바깥쪽에서 중앙으로 굴리기
판 만들기	손바닥으로 때리거나 점토용 밀대로 밀어서 판 만들기
나누기	점토를 두 덩어리 또는 여러 덩어리로 나누거나 뭉치기

점토활동을 돕는 도구로는 점토 조각도, 밀봉, 점토판, 스펀지, 여러 가지 무늬가 있는 찍기용 도장 등이 있으며 책상 위에 나무판이나 비닐장판을 깔아서 작업할 수 있다.

① 흙 점토

가장 자연적인 재료로 감각을 예민하게 하고 만지는 대로 반응이 나타나므로 내담자의 생각이나 감정을 구조화 또는 비구조화시키는 데 도움이 된다. 점토는 주무르고 두드려 보며 치는 등의 탐색하는 과정에서 공격적인 에너지가 분출될 수 있으며, 마음의 억압과 갈등을 해소시키는 데 도움이 된다. 물과 반죽하여 크림용으로 만들어 핑거페인팅하거나 흙물로 튕기며 발산놀이를 할 수 있다.

손에 묻는 것을 싫어하거나 마른 후에 갈라지고 부서질 수 있어 좌절감을 느낄 수 있는 대상이나 산만하고 충동적인 내담자에게는 통제력이 떨어질 수 있다는 점 등을 고려하여 매체를 활용하도록 한다.

점성과 성분, 색상 등에 따라 청자토, 백자토, 분청토, 옹기토 등의 다양한 종류가 있다. 완성된 작품은 그늘에서 말리며, 용도나 목적에 따라 가마에 구워 내기도 한다. 남은 점토는 마르지 않도록 물을 충분히 뿌린 뒤 비닐에 싸서 보관한다. 굳은 점토나 점토 조각들은 물에 반죽하면 재사용이 가능하다.

그림 Ⅲ-29 흙 점토 작품

② 컬러 점토

무독성인 인조 점토로써 가볍고 접착력이 좋으며 혼색이 자유롭다. 또한, 색깔이 선명하고 손에 잘 묻지 않아서 흙 점토에 거부감이 있는 대상이라도 거부감이 없으며, 시각적인 자극과 호기심을 자극시키기에 매우 좋다. 시판되는 컬러 점토 종류로는 아이클레이, 스티로폼 알갱이가 들어가 있는 컬러 폼클레이, 고무찰흙, 컬러믹스, 천사점토 등이 있다. 컬러믹스나 고무찰흙은 완성 후 끓는 물에 삶거나 찌고, 오븐 등에 구워야 갈라지지 않으며, 지우개로 활용할 수 있다.

그림 Ⅲ-30 컬러점토

그림 Ⅲ-31 컬러점토 작품

그림 Ⅲ-32 컬러점토 작품

그림 Ⅲ-33 컬러점토 작품

그림 Ⅲ-34 컬러점토 작품

③ 지점토

흙 점토와 같은 속성을 지니고 있는 종이 점토로 접착력이 좋고 마른 후에 부서짐이 없어서 보관이 용이한 매체이다. 건조 후 원하는 색깔로 채색이 가능하며 투명래커나 바니쉬를 칠하면 색이 더 선명해지고 내수성이 생겨 장기간 보관이 가능하다. 흰색 지점토, 도예토, 데코레이션 지점토 등이 있다.

그림 Ⅲ-35 지점토

그림 Ⅲ-36 지점토 작품

④ 그 외의 점토

가면 만들기 등에 많이 활용하는 종이죽, 밀랍과 전분, 오일 성분이 함유되어 굳지 않고 재사용이 가능한 유토 등이 있다.

그림 Ⅲ-37 종이죽과 유토

(2) 석고

① 석고 가루

석고 가루는 공예용, 건축용, 의료용, 미용 등 다양한 종류가 있으며 물과 섞어서 사용한다. 크기에 따라 굳는 시간이 20분 내외로 짧고 건조되면서 열이 발생한다.

석고로 신체 본뜨기를 하거나 방향제를 만드는 등의 활동 외에 스티로폼 공, 종이접기를 한 작품 등을 석고물에 담갔다 빼서 굳히는 활동을 할 수도 있으며, 굳은 석고를 조각칼 등으로 조형할 수 있다. 석고 가루에 포스터컬러를 섞어서 색 석고물을 만들 수 있으며, 작품을 완성한 후 색을 칠하거나 래커를 뿌릴 수 있다.

쓰고 남아서 굳은 석고 가루는 세면대에 버리지 말고 신문지로 닦아 휴지통에 버리도록 한다.

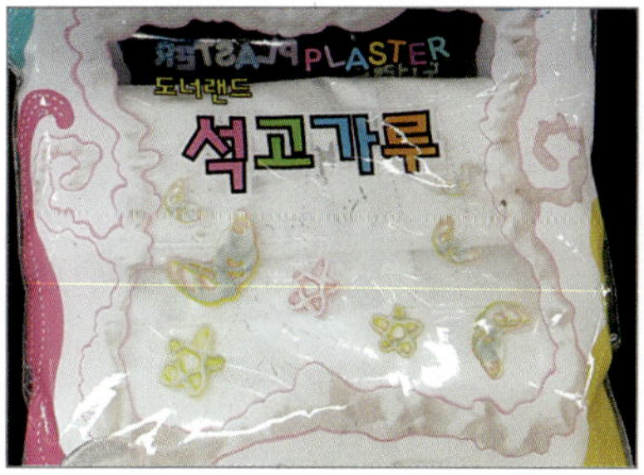

그림 Ⅲ-38 석고 가루

그림 Ⅲ-39 석고 작품

② 석고붕대

의료용 석고붕대는 적당한 길이로 잘라서 물에 묻혀 문질러 주며 신체의 일부분을 본뜰 수 있다. 손이나 발 등 신체를 본뜨는 활동을 통해서 신체의 소중함을 알 수 있고, 자아를 인식하기 좋은 매체다. 마른 후 포스터나 아크릴 물감으로 채색 또는 래커를 뿌려서 완성한다.

그림 Ⅲ-40 석고붕대 작품

3) 그림을 표현할 수 있는 재질 매체

(1) 도화지(圖畵紙)

도화지란 그림을 그리는 데 쓰이는 모든 종이류로 켄트지, 와트만지, 화선지, 색지, 목탄지, 화지(和紙) 등을 통틀어 일컫는 말이다. 도화지는 질감, 크기, 색상이 다양한 매체이므로 대상이나 활동의 종류에 따라 다양하게 제공되어야 한다. 도화지의 종류로는 켄트지, 한지, 색지, 골판지, 하드보드지, 셀로판지, 신문지, 모조지, 포장지, 마분지, 아트지, 목탄지, 크라프트지 등 다양하다. 그리기 종이로 흰색 켄트지만 제공하지 말고 활동 재료나 기법에 따라 다양한 종류의 종이를 경험하게 하며, 물감용으로는 흡수성이 뛰어나며 쉽게 찢어지지 않는 종이가 좋다. 도화지의 크기는 활동 주제, 내담자의 에너지 수준, 기질, 유형, 그날의 감정 등에 따라 변화를 주거나, 내담자가 직접 선택하도록 하는 것이 좋다.

표 III-4 종이활동의 기본 유형

구기기	손으로 구기거나 구긴 후 뭉칠 수 있다.
찢기	종이 결대로 손으로 크게 찢거나 잘게 찢을 수 있다.
구부리기	종이를 구부려서 풀로 붙일 수 있다.
뚫기	손가락으로 구멍을 내거나 펀치로 뚫을 수 있다.
자른 후 밀기	일정한 넓이로 자른 후 연필로 말 수 있다.
접기	여러 가지 모양으로 접을 수 있다.
엮어 보기	씨실과 날실을 만들어 엮을 수 있다.
태우기	모기향으로 태우거나 촛불로 그을릴 수 있다.
꼬거나 땋기	손으로 비벼서 두 가닥으로 꼬거나 세 가닥으로 땋을 수 있다.

① 켄트지(Kent paper)

일반적으로 도화지라고 명칭하는 백색의 종이로 영국의 켄트 지방에서 처음 개발하여 그 이름을 따서 켄트지라고 한다. 그림을 그릴 때 가장 많이 사용하고 있으며 손으로 쉽게 찢거나 가위 사용이 용이하다.

160~250g의 두께가 있으며 너무 얇은 켄트지는 물감 작업 시 종이가 일어나거나 흡수해 버려 실패감을 줄 수 있기 때문에 작업의 용도에 따라 두께를 조절한다.

그림 III-41 켄트지와 스케치북

그림 Ⅲ-42 켄트지 작품

그림 Ⅲ-43 김은규 작
(2016, 17세, 자폐아)

② 색지

여러 색깔로 물들인 종이를 말하며 종이접기에 사용되는 작은 색종이를 포함하여 질감에 따라 머메이드지, 디자인지, 구김지, 파인애플지, 타공지 등이 있다.

그리기 이외에 꾸미거나 만들기, 콜라주 등에 많이 활용하며 다양한 색을 통해서 색채 감각을 자극하여 미술활동을 촉진할 수 있다.

그림 Ⅲ-44 색지

③ 화선지와 색한지

• 화선지

선지라고도 하며 닥나무껍질 등을 사용한 서화 용지의 일반적인 총칭으로 서예, 탁본, 판화, 번짐이나 먹물을 이용한 작업 시에 주로 사용한다.

• 색한지

우리나라 고유의 기법으로 뜬 한지(순지, 장지 포함)에 색을 입힌 것으로 다양한 종류의 색한지가 있다. 약하면서도 질긴 촉진과 통제 매체로 전통적인 재료이기 때문에 심리적으로 안정감을 느낄 수 있고 긴장을 이완하는 효과가 있다.

그림 III-45 색한지

④ 아트지(art paper)와 마분지

• 아트지

종이에 광물성 백색 안료와 젤라틴, 아교 등의 혼합물을 칠하여 광택을 낸 종이다. 무광도 있다. 주로 사진 인쇄용이나 달력, 광택 서적, 고급 쇼핑백 등에 쓰인다.

• 마분지

흰색을 포함한 여러 색이 있으며 아트지와 같은 두께로 빳빳하고 광택이 있어 유성펜으로 작업이 가능하다. 가면, 가방 등 만들기에 많이 활용을 한다.

그림 III-46 아트지와 마분지

⑤ 크라프트지와 상자류

• 크라프트지(kraft paper)

표백하지 않은 크라프트 펄프를 사용하여 만든 갈색 종이로 강도가 강하고 내습성이 좋아 시멘트, 밀가루, 설탕, 소포 등 제품포장에 많이 사용된다. 크레파스나 붓펜 등으로 그림을 그리면 켄트지와 또 다른 느낌을 주어 도화지 매체의 변화를 주고 싶을 때 활용하면 좋다.

• 상자류

폐상자나 과자 상자 등을 잘라서 그림을 그릴 수 있으며, 폐상자에 물을 묻혀서 종이의 겉면을 떼어 내면 골판지의 느낌을 낼 수 있다. 재활용 종이로 환경 보전 의식을 고취하기에 좋은 재료이다.

그림 Ⅲ-47 크라프트지 작품

그림 Ⅲ-48 상자 작품

⑥ 트레이싱지와 벽지

• 트레이싱지

반투명한 얇은 종이로 그림 그리기에 저항감이 있거나 위축된 내담자에게 인쇄물이나 명화 등을 대고 베낄 때 사용할 수 있다. 컬러 트레이싱지도 있으며 비슷한 종이로 기름종이, 트레팔지 등이 있다.

• 벽지

벽면을 보호하고 장식을 위해 바르는 종이나 직물로 단색 외에 무늬가 있는 것도 있다. 바탕 재료의 변화를 주고 싶거나 벽지의 무늬 그림 위에 사인펜, 매직 등으로 따라 그릴 수 있다. 그리기에 부담을 가지는 내담자나 산만한 아동 등의 집중력을 높일 수 있는 재료이다.

그림 III-49 트레이싱지 작품

그림 III-50 벽지 작품

⑦ 그 외의 종이류

주름지, 골판지, 하드보드지, 신문지, 와트만지, 키친타월 등의 재료에 그림을 그리거나 조형활동에 활용할 수 있다.

그림 III-51 주름지 작품

그림 III-52 신문지 작품

그림 III-53 키친타월 작품

(2) 섬유

섬유의 종류로는 천연 섬유(식물, 동물, 광물 섬유)와 인조 섬유(무기, 유기 섬유)로 나눌 수 있다. 섬유가 얽혀 있어서 잘랐을 때 올이 풀리지 않아 그림 그리기, 염색, 바느질, 만들기 등에 사용할 수 있다.

① 펠트와 부직포

• 부직포

실을 짜서 만드는 것이 아니라 섬유에 열과 압력을 가해 만든 천으로 접착포라고도 한다. 가볍고 통기성과 보온성이 있으나 신축성이 없고 뻣뻣하며 내구성이 부족하다.

• 펠트(felt)

동물의 털과 인조 섬유에 습기와 열을 가해 압축시킨 천으로 충격을 완화하는 성질과 보온성이 우수하다. 부직포보다 조직이 촘촘하고 부드럽다. 크레파스나 마커 등으로 그림을 그리거나 만들기에 많이 활용한다.

그림 Ⅲ-54 펠트 작품

② 면과 삼베

• 면

목화솜이 원료인 천연 섬유로 수분을 잘 흡수하고 표현 감촉이 부드럽고 통기성이 뛰어나다. 합성 섬유에 비해 구김과 광택, 수축성이 떨어진다. 크레파스, 물감, 마커펜 등으로 그릴 수 있으며, 그림을 그릴 때 움직이지 않도록 고정시켜 주어 좌절감을 경험하지 않도록 도와준다.

• 삼베

삼이라는 식물의 껍질에서 뽑아낸 실로 만든 옷감으로 수분을 빨리 흡수 또는 배출하여 항균성과 항독성이 뛰어나서 여름철 옷감으로 유용하게 이용된다. 천이 뻣뻣하여 크레파스, 색연필, 매직 등 다양한 그리기 매체로 그림을 그릴 수 있으며, 감촉이 시원하여 여름철에 경험하기 좋은 매체이다.

그림 Ⅲ-55 면 작품

그림 Ⅲ-56 삼베 작품

③ 그 외의 섬유류

캔버스, 광목, 옥스퍼드, 린넨 등의 섬유가 있다.

(3) 비닐류

① OHP 필름과 비닐마대

• OHP 필름

OHP 투영기에 사용하는 투명한 필름으로 그림을 베껴서 그릴 수 있어 그리기에 자신감이 없는 내담자에게 도움이 된다. 유성 매직이나 포스터컬러, 스테인드글라스 물감, 아크릴 물감으로 작업이 가능하다.

• 비닐마대

일반 마대에 비닐을 섞어 만든 자루로, 재질이 질겨서 소금이나 옥수수 등을 담는 용도를 쓰인다. 새로운 재질의 경험으로 재료의 융통성을 경험할 수 있으며 유성 매직이나 크레파스 등으로 작업이 가능하다.

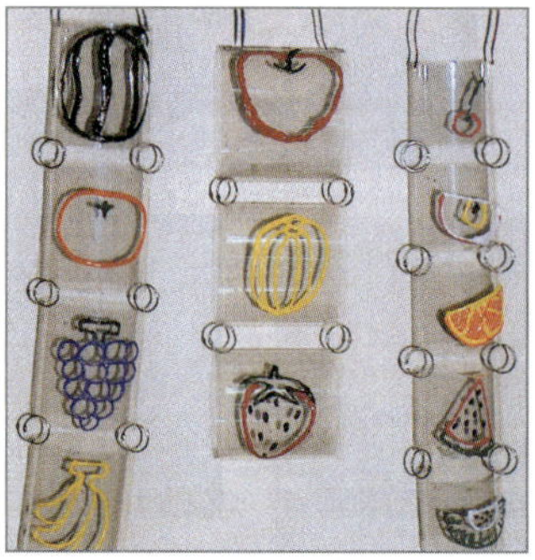

그림 Ⅲ-57 OHP 필름 작품

그림 Ⅲ-58 마대 작품

② EVA와 장판

• EVA(ethylene-vinyl acetate)

에바라고도 하며 부드럽고 유연성이 뛰어나며 충격을 흡수해 주는 성질이 있어서 다양한 용도로 사용하고 있다. 두께는 2~5T(mm)가 있으며 크레파스, 유성 매직으로 그림을 그리거나 꾸미기, 만들기 등 공예활동에 많이 사용한다. 부드러운 촉감으로 긴장을 이완시키고 창의적인 사고력을 기르기에 좋은 매체이다.

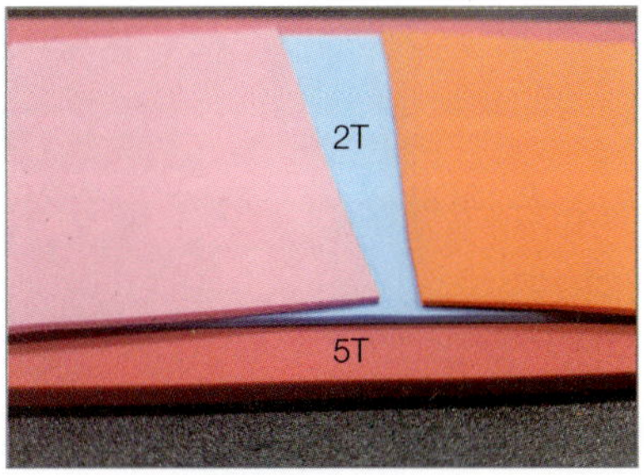

그림 III-59 EVA

• 장판

익숙한 매체인 PVC로 된 장판에 유성 매직 등으로 그림을 그리는 활동은 내담자의 지루함을 덜어 줄 수 있다. 또한, 자아 효능감이 떨어진 내담자를 촉진하는 효과가 있다.

③ 그 외의 비닐류

아세테이트지, 컬러 시트지, 홀로그램 시트지, 포장용 비닐 등 다양한 색깔의 비닐봉지 등을 미술활동에 활용할 수 있다.

그림 III-60 컬러 시트지

그림 III-61 홀로그램 시트지

(4) 스티로폼류

① 우드락

우드락은 스티로폼과 재질은 같으나 밀도를 압축해서 더 섬세하고 단단하여 미술에 많이 쓰이는 재료이다. 크기는 보통 60×90cm, 두께는 1~10T(mm), 흰색, 단면,

전면 컬러 등 다양한 종류로 시중에 판매하며, 그리거나 만들기 등에 많이 활용된다.

크레파스, 유성 매직, 우드락 전용 물감, 아크릴 물감으로 작업이 가능하며 우드락을 손으로 부러뜨리는 활동은 청각을 자극하여 공격적이고 억압된 감정을 분출시키는 데 도움을 줄 수 있다.

그림 Ⅲ-62 우드락

그림 Ⅲ-63 우드락 작품

② 폼보드

폼보드는 우드락에 종이가 양면으로 붙어 있어서 우드락보다 강도가 더 세며, 생활에서 필요한 상자, 액자, 선반 등의 제작용으로도 활용 가능하다.

종이가 붙어 있어서 크레파스, 사인펜, 물감 등 다양한 드로잉 재료로 작업이 가능하다. 흰색과 검은색 2가지가 있다.

③ 그 외의 스티로폼류

단열 재료로 쓰이나 미술에서는 폼아트, 조형물, 조각 등에 많이 사용하는 압축 스티로폼과 아이소핑크 등이 있다.

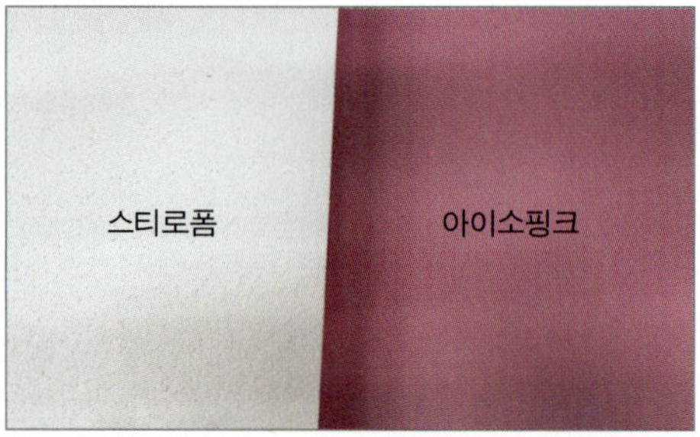

그림 Ⅲ-64 스티로폼과 아이소핑크

(5) 자연물

① 돌

표면이 매끄러운 골라 깨끗이 씻어 말린 후 아크릴 물감이나 유성 매직 등으로 작업이 가능하다. 색깔이 짙은 돌에 젯소를 발라 준 후 색을 칠하면 훨씬 발색력이 좋다. 다양한 돌멩이의 모양으로 상상력을 자극할 수 있다. 또한, 자연물은 주변에서 쉽게 구할 수 있는 매체로 자연물 소재의 특성상 친근함 주고 감성을 자극할 수 있다. 심리적으로 경직된 내담자에게 도움이 될 수 있으나, 산만하고 공격적인 대상자에게는 주의를 요한다.

그림 III-65 돌 그림

② 나무

나무로 된 소재에 사인펜이나 유성 매직 등으로 그릴 수 있다. 다양한 나무의 질감 경험을 통해 호기심을 자극시키고, 작업하는 과정을 통해 자아 효능감을 발달시킬 수 있다.

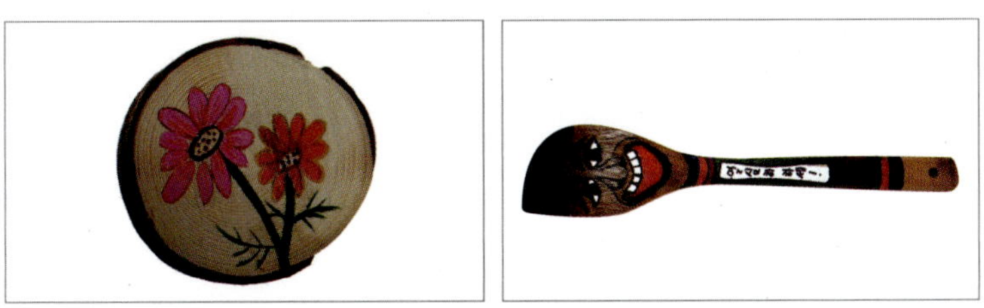

그림 III-66 나무 그림

③ 그 외의 자연물

달걀이나 해산물 껍데기 등에 그림을 그리거나 미술활동에 활용할 수 있다.

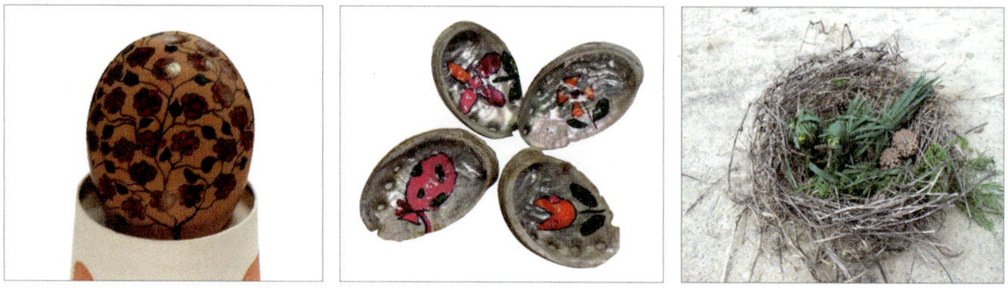

그림 Ⅲ-67 그 외 자연물

(6) 그 밖에 다양한 재질의 매체

① 사포(sand paper)

종이나 천에 유리가루나 금강사를 아교로 붙인 것으로 보통 가공물의 표현을 갈고 다듬는 데 사용한다. 숫자가 낮을수록 입자가 굵고 거칠다. 손을 통해 느껴지는 까칠한 감촉은 스트레스 해소에 도움을 주며, 익숙하지 않은 재질감의 경험으로 호기심과 창의성을 길러 준다. 사포 여러 장을 이어서 집단치료 시 협동으로 그려 보며 친밀감을 높일 수 있다.

그림 Ⅲ-68 사포 그림

② 알루미늄 포일

알루미늄 포일은 흔히 은박지로 불리며 알루미늄 합금을 얇게 압연한 시트로, 과자나 식품의 포장에 주로 사용되고 있다. 반짝거리는 질감 때문에 우주를 표현하는 재료나 유성 매직으로 그리기 등의 미술활동에 많이 활용하고 있다.

그림 Ⅲ-69 알루미늄 포일 작품

③ 그 외의 다양한 재질의 매체

긁어서 표현하는 스크래치 종이나 모노타이프용 찍기에 활용할 수 있는 투명과 불투명의 아크릴판, 타일 등이 있다. 그림을 그리는 재질에 변화를 줌으로써 재료의 다양성에 대해 알고 재료 활용의 융통성을 기를 수 있다.

그림 Ⅲ-70 스크래치 종이 그림

그림 Ⅲ-71 타일 그림

4) 콜라주 매체

콜라주는 본래 '풀칠', '바르기'를 의미한다. 화면에 인쇄물, 쇠붙이, 천, 나뭇조각, 모래 등 여러 가지 물질을 붙여서 구성하는 회화 기법 또는 그러한 기법에 의해 제작되는 회화를 가리킨다. 콜라주란 원래 '파피에콜레(papies colle)'가 발전된 것으로 1911년경 입체파 화가 피카소나 브라크 등이 화면 효과를 높이고 구체감을 강조하기 위해 그림물감 대신에 신문지, 우표, 벽지, 상표 등의 실물을 붙여 화면을 구성하였다. 그 후 이것이 발전하여 실, 모발, 철사, 나뭇잎, 잡지의 사진 등 이질적인 재료가 사용되었다. 이처럼 생활 주변에서 구할 수 있는 모든 것이 콜라주의 재료가 될 수 있다.

콜라주용 매체는 탐색하는 활동을 통해 정서적·인지적으로 다양한 느낌을 자극받게 해 주는 좋은 자료이다. 그러므로 여러 가지 사물을 만져 보고 냄새를 맡는 등 오감으로 탐색하는 과정을 통해 각 사물의 특성이나 질감을 감각적으로 경험해 보도록 한다. 탐색과정 중 여러 가지 사물을 자유롭게 놓아 보거나 형태나 종류, 촉감 등의 특성에 따라 분류해 보고 원하는 형태로 구성해 보도록 한다.

미술활동의 재료에 낯설어하거나 익숙하지 않은 내담자에게는 너무 많은 재료를 제시하지 않도록 하며 자신이 표현하고자 하는 생각과 관련된 재료의 느낌을 통해 필요한 재료를 스스로 선택하여 사용하도록 한다. 또한, 내담자가 편리하게 사용하도록 콜라주 매체를 적정 용기에 분류하여 놓은 후 사진이나 재료명을 붙여 준다.

(1) 자연물

여러 연구에 따르면 나무나 숲이 많이 보이는 집에 살거나 자연물을 많이 접해 본 아이는 그렇지 않은 아이보다 스트레스를 덜 받으며 불행에 잘 대처한다는 연구 결과가 있다. 풀잎, 나뭇잎을 빻으며 소꿉놀이하고 모래와 물을 반죽해 성을 쌓는 등 자연과 벗하며 소담스러운 추억이 많은 사람은 정서가 풍요롭고 상처를 극복하는 힘이 강하다. 나무토막 하나가 자동차가 되고 비행기가 되는 등의 놀이를 통해 상상력이 길러진다.

이처럼 미술치료에 다양한 자연물을 활용함으로써 자연과 동화되는 경험을 얻고 창의성 발달하며, 자아정체성을 확립할 수 있다.

- **종류** : 나뭇가지, 나뭇조각, 나무껍질, 나뭇잎, 조약돌, 조개껍데기, 달걀껍데기, 각종 씨앗, 지푸라기, 말린 꽃, 도토리, 솔방울, 모래 등

그림 Ⅲ-72 여러 자연물

(2) 인공물

생활 주변에서 찾아볼 수 있는 매체는 매우 다양하며, 표현의 주제나 내담자의 성향, 매체의 선호도에 따라 다양하게 선택되어야 한다. 치료사는 각 매체의 물리적이고 심리적인 속성을 잘 이해하고 숙지하여 성공적인 치료가 이루어질 수 있도록 조력하여야 한다.

- **종류** : 모루, 지끈, 빵끈, 마끈, 노끈, 매직콘, 각종 단추, 다양한 색상과 질감의 천 조각, 각종 빈 용기, 벽지, 잡지, 신문지, 아세테이트지, 골판지, 한지, 종이, 포장지, 각종 봉투, 색상·질감·두께가 서로 다른 각종 종이, 휴지, 휴지 속대, 모루, 우유갑, 각종 상자, 성냥개비, 각종 병뚜껑, 알루미늄 캔 손잡이, 고무호스, 빨래집게, 알루미늄 포일, 각종 실, 솜, 스티로폼, 부직포, 달걀판, 빨대, 각종 리본, 스팽글, 뽕뽕이, 와이어, 비닐, 종이접시, 스펀지, 나무젓가락, 그물, 바닥용 장식재(타일, 모노륨) 등

그림 Ⅲ-73 인공물

그림 Ⅲ-74 인공물 작품

5) 활용 도구

도구를 제시할 때는 반드시 사용법을 자세히 알려 주어 안전하게 사용하도록 해야 한다.

(1) 채색 도구

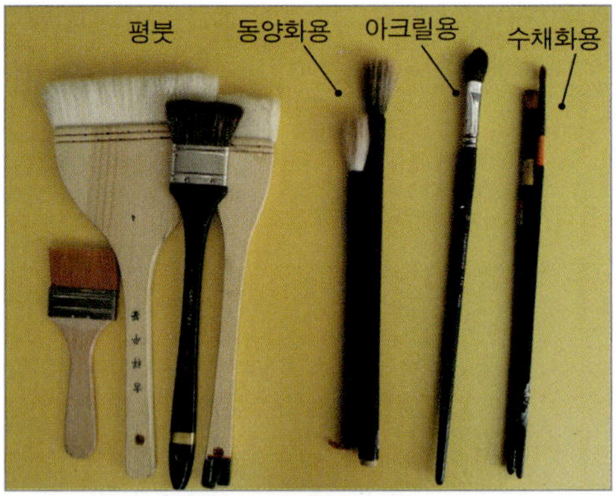

그림 Ⅲ-75 채색 도구

물감칠하기에 사용되는 붓은 수채화용, 구성용, 아크릴용, 동양화용 등이 있으나 유아가 보편적으로 사용하기 적당한 붓은 수채화용이다. 배경 작업이나 넓은 면적을 칠할 때는 평붓(백붓)이 좋다. 사용 후에는 반드시 물로 깨끗이 씻어 세워서 보관한다.

시판되는 붓 외에 솔잎 등 자연물이나 면봉, 나무젓가락, 칫솔, 솜방망이 등으로 그림을 그려 봄으로써 생활 속의 다양한 재료가 표현의 도구로 활용될 수 있음을 알고, 각 도구에 따라 다르게 표현되는 느낌을 경험할 수 있도록 한다.

(2) 접착제

물체와 물체를 접합하는 특수한 성질을 가진 물질을 말한다.

밀가루로 만든 전분풀과 동물의 가죽을 고아서 만든 아교, 각종 나무의 줄기에서 흘러내리는 레진(수액) 등의 자연 접착제와 인공적으로 제조한 화학 접착제가 있다. 화학 접착제로는 물풀, 딱풀, 목공용 접착제(201, 203, 205 등), 스프레이식 접착제(임시 접착용 : 75, 강력 접착용 : 77), 순간접착제, 공업용 강력접착제, 글루건 등이 있다.

그림 Ⅲ-76 접착제류

(3) 가위

유아용 가위는 끝이 날카롭지 않고 뭉뚝한 것이 안전하다. 가위 사용은 눈과 손의 협응력을 길러 주고, 소근육 발달이 이루어질 수 있다. 가위를 제공하기 전 바르게 가위 잡는 방법을 시범 보인다. 직선에서 곡선으로 선 따라 오리기, 점토 자르기, 빨대 자르기 등의 충분한 연습을 한다. 또한, 가위를 건네는 방법이나 사용 시 주의할 점 등 알려 주어 안전하게 사용할 수 있도록 한다.

(4) 펀칭기

펀칭기를 사용하기 전에 용도와 안전한 사용법 등을 이야기해 준다. 동그란 모양 외에 동물이나 식물 등 다양한 모양을 만들 수 있는 펀칭기가 있으므로 여러 방법으로 활용이 가능하다. 예를 들어, 구멍을 뚫은 후 나온 종이는 접시나 상자에 모아서 콜라주와 같은 다른 작업에 활용할 수 있다.

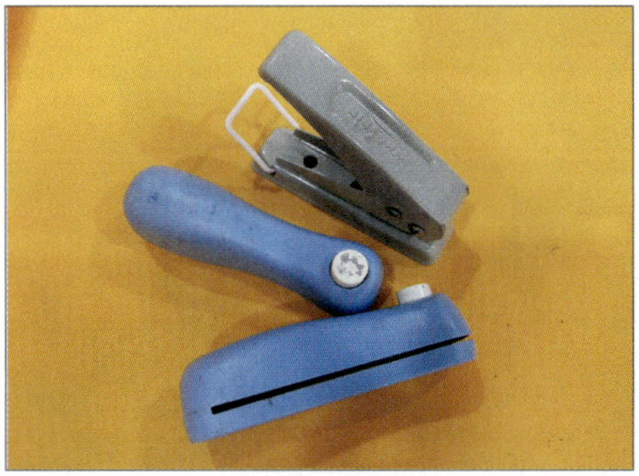

그림 Ⅲ-77 펀칭기

(5) 그 외의 도구

우드락이나 압축 스티로폼을 자르는 열선 커트기, 롤러 등이 있다.

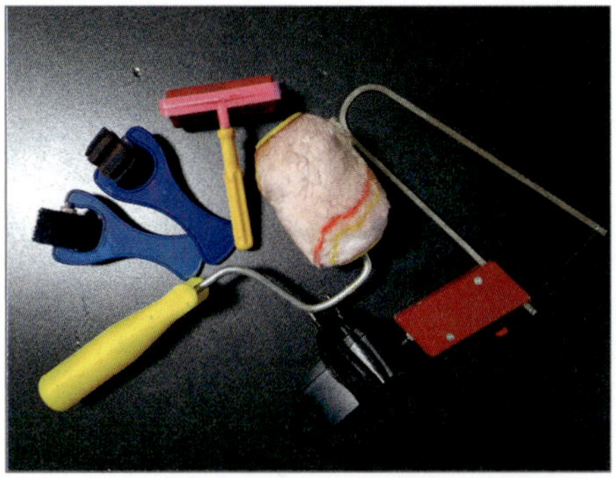

그림 Ⅲ-78 롤러와 열선 커터

Ⅳ CHAPTER

색채로 보는 심리진단

제목 : 세상을 바라보다
작가 : 이기원
크기 : 62×56×10cm
재료 : 화강석 + 철 + FRP
제작 : 2015년

1 색의 이해

1) 우리는 색채를 어떻게 보는가?

(1) 스펙트럼 현상

우리 눈에 보이는 모든 물체는 색을 가지고 있다. 물체는 빛이 없는 어두운 곳에서는 볼 수 없으며, 빛이 있기 때문에 물체를 볼 수 있다. 즉, 모든 물체가 가지고 있는 색채는 빛의 영향으로 생기는 것이다. 1666년 영국의 과학자 뉴턴(Newton)은 태양광을 프리즘에 통과시키는 실험을 하였다. 태양의 빛을 이 프리즘에 투과시키면 무지개의 색과 같이 빨강, 주황, 노랑, 초록, 파랑, 보라 등의 순서로 나누어지는데, 이렇게 나누어진 색의 띠를 '스펙트럼(spectrum)'이라고 한다. 이러한 스펙트럼 현상은 태양광선이 많은 색광의 모임으로 되어 있다는 사실을 증명하여 준다.

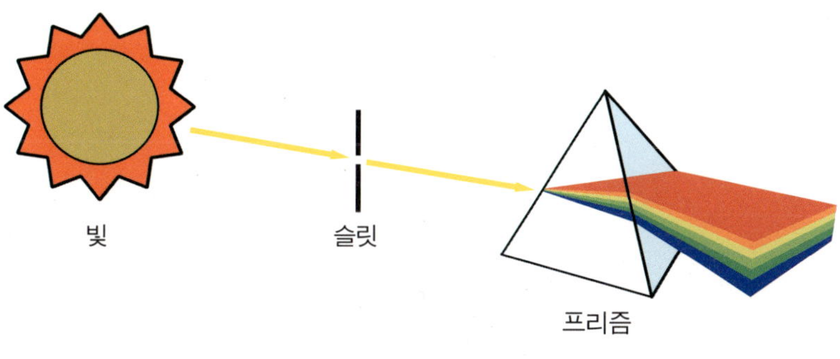

그림 IV-1 스펙트럼

(2) 스펙트럼 현상은 왜 생기는가?

스펙트럼에 나타나 우리 눈에 보이는 광선을 가시광선(visible light)이라고 하며, 태양광선은 가시광선 외에도 적외선(780nm보다 파장이 김), 자외선(380nm보다 파장이 짧음) 등 많은 광선을 가지고 있다. 광선은 파장으로 구별하는데, 빨간색 쪽의 파장이 길고(640~780nm), 보라색 쪽의 파장이 짧다(380~430nm). 광선이 보통 공간을 직선으로 나가지만, 프리즘과 같은 물체에 닿으면 공간과 프리즘의 밀도의 차이 때문에 꺾이는 현상이 일어난다. 이때 파장이 길면 조금 꺾이고, 짧으면 많이 꺾이게 되는데, 이러한 현상을 굴절 현상이라고 하며, 이 굴절 현상 때문에 스펙트럼이 생긴다.

(3) 물체의 색

여러 개의 빛의 파장이 물체에 닿았을 때 어떤 파장은 흡수하기도 하고 어떤 파장은 반사하며 투과되기도 한다. 반사, 흡수, 투과의 차이 때문에 다양한 색채가 생긴다. 빨강 파장을 비교적 강하게 반사하고 다른 파장을 흡수하면 그 물체는 빨간색으로 보이고, 초록 파장을 강하게 반사하고 다른 파장을 흡수하면 초록색으로 보인다. 모든 파장을 거의 전부 흡수하면 검은색으로 보이며, 반대로 거의 전부 반사하면 흰색으로 보인다. 회색은 빛 파장 모두를 균등하게 조금씩 반사할 때 보이는 색이다.

2) 먼셀의 20색상환

현재 색계의 종류를 보면 먼셀, NCS, 오스트발트, JIS(일본표준색체계) 색체계 등이 있으며 우리나라는 먼셀 색체계를 산업규격(KS)으로 채택하여 교육현장에서 사용하고 있다. 먼셀의 20색상환은 빨강, 노랑, 녹색, 파랑, 보라의 5가지 색을 기본으로 하여 10색상, 20색상을 만들고, 다시 10색상을 각각 10등분하여 100색상을 만들어 숫자와 기호로 색상을 표시하였다.

2 색의 심리적 이해

1) 색의 감각 반응에 대한 느낌

(1) 색의 온도감

- 따뜻한 색 : 빨강, 주황, 노랑과 같은 난색은 따뜻한 느낌을 주고, 혈압과 심폐율을 증가시켜 내분비작용을 활발하게 해 준다. 명도와 채도를 높게 사용하면 신체를 자극시키며 흥분감을 준다.
- 차가운 색 : 파랑, 청록, 남색과 같은 한색은 차가운 느낌을 주고, 심장박동을 느리게 하며 체온을 낮추고 근육을 이완한다.

(2) 색의 중량감

- 가벼운색은 명도가 높은 색이다.
- 무거운색은 명도가 낮은 색이다. 일반적으로 위쪽에 밝은색을 아래쪽에 어두운색을 쓰면 안정감을 주나 반대로 쓰면 활동적인 느낌을 준다.

(3) 색의 흥분감과 진정감

- 흥분감을 주는 색으로 난색 계열과 채도가 높은 색이 있다.
- 진정감을 주는 색으로 한색 계열과 채도가 낮은 색이 있다.

(4) 색의 화려함과 수수함

- 화려한 느낌을 주는 색으로 난색 계열과 채도나 명도가 높은 색, 금색이나 은색 등의 금속색, 무채색인 흰색이 있다.
- 수수하거나 점잖은 느낌의 색으로 채도나 명도가 낮은 색이 있다.

• 검은색은 사용 방법에 따라 수수하게도, 화려하게도 느껴진다. 그리고 색의 느낌은 그 색을 사용한 물건이나 사용 장소, 대상에 따라 달라지기도 한다.

2) 색의 연상과 상징

표 Ⅳ-1 색의 연상과 상징

색	연상과 상징	색	연상과 상징
	빨강 정열, 흥분, 애정, 위험, 혁명, 야만, 위험, 일출, 저녁노을, 분노, 활력		**파랑** 젊음, 유구, 진실, 냉정, 명상, 차가움, 영원, 성실, 추위, 바다, 깊은 물, 호수, 물
	주황 기쁨, 따듯함, 원기, 적극, 희열, 활력, 만족, 풍부, 가을, 유쾌, 광명, 건강, 양기, 온화		**남색** 숭고, 공포, 침울, 고독, 냉철, 심원, 무한, 유구, 영원, 신비
	노랑 환희, 팽창, 천박, 질투, 희망, 광명, 유쾌, 경박, 명랑, 금발, 바나나, 황금		**보라** 창조, 고귀, 공포, 신비, 경솔, 예술, 우아, 고가, 위엄, 공허, 실망, 종교, 신성
	연두 청순, 생동, 안정, 순진, 자연, 위안, 친애, 젊음, 따뜻함, 신선, 자연, 새싹		**흰색** 청결, 신성, 신앙, 순결, 순수, 소박, 정직, 백지, 눈, 설탕
	초록 안식, 상쾌, 희망, 평정, 친애, 평화, 엽록소, 안정, 지성, 건실, 소박, 여름, 중성, 절박		**회색** 평범, 침울, 수수, 겸손, 무기력, 답답함, 중성색, 점잖은
	청록 청결, 냉정, 유령, 죄, 심미, 바다, 깊은 숲, 질투, 찬바람		**검정** 정숙, 비애, 불안, 죄악, 암흑, 허무, 절망, 정지, 침묵, 부정, 주검, 밤, 탄

3) 일반적인 색채심리

눈을 자극한 빛이 일으키는 반응은 신체의 모든 기관으로 퍼져 나가는데, 정신적·심미적인 특질보다는 인체의 모든 기관에서 일어나는 반응들과 더 많이 관련되어 있다. 오늘날 감정이 억제되거나 기분이 우울해짐으로써 여러 가지 질병이 생길 수도 있고, 병리학적으로도 인체에 좋지 못한 영향을 미칠 수 있다는 점이 잘 알려져 있다. 정신적인 갈등으로 인해 육체적 기능이 떨어질 수도 있으며 그에 따라 특유한 질병이 생겨날 수 있다는 것이다. 정신적인 건강과 육체적인 건강이 밀접하게 관련되어 있다는 점에 대해서는 의심의 여지가 없을 것이다.

(1) 색채심리

표 Ⅳ-2 색채심리

색	색채심리
	검정 • 자신을 두드러지게 나타내려는 성격 • 정성 행동에 결핍을 보여 주는 성향 • 생각이나 주장을 표현하려는 방법이 미숙하여 야단이나 심한 제재를 받음 • 늘 야단을 맞을지도 모른다는 불안한 감정으로 움츠러드는 마음 • 더 심해지면 신경질적이고 반항적이게 되어 숨기고 거짓말을 하며 타인에게 화풀이하거나 전가함 • 검정의 윤곽선은 나약함을 숨기려는 자기방어를 나타낸 것
	회색 • 겸손하고 냉철한 내성적인 성격 • 억압당하고 있는 느낌으로 불안과 무서움을 만성적으로 느끼는 상태 • 경계심, 열등감, 자신감 결여 • 원만하지 못한 대인 관계

색	색채심리
	노랑 • 유아적 행복감에 찬 의존적인 성격 • 태양의 색으로 밝은 빛과 따스함, 온 세상을 지탱하는 힘인 아버지를 상징 • 상상력은 풍부하지만 적극성이 부족해 행동으로 옮기기 어려우며 새로운 환경에 대한 적응도 쉽지 않음 • 과잉보호 속에서 자란 유아 혹은 형제간의 사이에서 더 사랑받고 싶어 하는 사람의 질투 어린 마음이 어리광을 부리는 행동으로 나타남 • 어두운 노란색은 부정적인 아버지에게 유착되어 있음을 나타냄
	황토 • 긴장되고 답답한 성격 • 자기 생각을 어떻게 전해야 할지 모르는 상태로 사랑받고 싶다는 간절한 마음과 안타깝고 그리운 감정이 뒤섞여 있음 • 부모의 애정결핍으로 조바심을 나타내고 있음 • 정리되지 못한 복잡한 생각은 만성적으로 되어 소화불량, 변비, 야뇨증 등으로 나타날 수 있음
	갈색 • 허전함을 채우기 위한 욕심 많은 성격 • 어머니와의 갈등 관계를 암시 • 완고한 엄마에게 끌려다니는 아동 • 청결을 지나치게 강요당함 • 물질적·정신적인 강한 욕구를 나타냄
	분홍 • 여성적인 행복 에너지를 나타내는 성격 • 자신만의 만족감과 행복감 • 타인에게 자신을 나타내는 표현력이 부족함 • 잘 울며 소리를 지르는 것으로 경계심을 함께 표출 • 마음의 고통이나 놀람이 반영되는 경우에도 나타남 • 신체의 열이 상승하거나 감기에 걸린 상태 • 보라색의 대용으로 사용되는 경우도 있음

색	색채심리
	빨강 • 자기주장이 강하고, 넘치는 에너지를 발산하는 활달한 성격 • 신체 기능이 왕성해서 매우 건강하고 의욕적이며 활동적임 • 지기 싫어하는 고집스러움 • 생각과 정서 행동이 매우 자유롭고 변화된 환경에 쉽게 적응함 • 충동적인 상황과 공격성을 자주 보이는 성향은 통제에 대한 강한 저항이 반항으로 변한 것임 • 우울증을 치료하는 색채 • 신발, 입술, 머리카락 등 칠해지는 부분의 활동이 매우 활발한 것을 나타냄
	녹색 • 평온과 평화를 상징하는 조용한 성격 • 나보다 남을 먼저 배려하는 사려 깊은 엄마의 상징 • 변화된 환경에 잘 적응하는 조용한 아이 • 몸이 허약하거나 일시적으로 피로한 상태 • 식욕 부진, 편식하는 습관과도 연관이 있음 • 녹색을 많이 칠하거나 덧칠하는 것은 엄격한 가정교육을 나타냄
	파랑 • 긴장과 우울을 상징하는 내성적인 성격 • 규칙적인 생활, 질서, 통제 등에 잘 적응하고 말썽을 일으키지 않는 착한 아이 • 성인의 생각에 자신의 눈높이를 맞추려는 듯 쉽게 포기할 줄도 앎 • 반면, 성인이 만들어 놓은 통제에 대한 불안, 공포심, 스트레스가 또래나 동물들을 괴롭히는 등 의외의 돌출행동으로 나타나기도 함 • 전 세계를 통틀어 가장 선호되는 색으로 신경중추에 안정감을 주어 명상의 효과와 감정을 가라앉히는 색채
	보라 • 갈등과 고독을 즐기는 고집 센 성격 • 가정적으로 불행을 겪고 있다고 생각이 들 때 • 산소와 관련된 질병(소아천식 등)에 걸려 있음을 나타내는 경우 • 자기중심적인 외고집으로 또래로부터 외면당하고 있는 경우

(2) 색채 배색과 사용 방법으로 본 심리

배색이란 색과 색의 조합을 말한다. 이 배색을 기본으로 하여 서로 다른 요소와 부분들이 대립하면서도 통일성을 유지하는 색채 조화가 이루어진다. 배색의 표현에는 각 개인의 심리적 배경에 따라 차이가 있으나, 일반적으로 대립 감정이나 갈등상태 등으로 정신적인 활기를 얻고 싶을 때는 대비 배색을, 공감하는 감정이나 편안한 감정에는 동일 배색이나 유사 배색을 선호하는 경향을 보인다.

표 Ⅳ-3 색채 배색과 사용 방법으로 본 심리

배색		색채심리
동일 배색		배색에 따라 따뜻함, 차가움, 부드러움, 차분함, 솔직함, 정적임, 간결함 등의 통일된 감정
유사 배색		동일감, 협조적, 온화함, 화합, 상냥함, 건전함
반대 배색		강함, 똑똑함, 생생함, 동적임, 화려함, 극적인 효과
고명도의 배색		맑음, 깨끗함, 전체적으로 경쾌함
저명도의 배색		침착하고 무게감, 전체적으로 우중충함
고채도의 배색		자극적이고 강하며 산뜻함, 원색적
저채도의 배색		약하고 우중충함

3 유아 · 아동의 발달과 색채

1) 색의 심리적 의미

색에 대한 이미지와 연상은 인간이 생활하는 모든 것과 관련이 있으며, 주변 환경의 모든 것이 색채이며 생활 감정을 움직이는 중요한 요소가 된다. 색채는 우리가 인식하는 것과 무관하게 많은 영향을 주는데, 각각의 색은 사람의 감정을 자극하는 효과가 있고 색에서 받는 인상도 가지각색으로 사람에 따라 감정이 다양하게 나타난다. 즉, 각 개인이 같은 빛을 통해 색을 지각하더라도 그들이 경험하고 느끼는 심리적인 반응은 다르게 나타난다. 물리적인 의미의 색과 심리적 의미의 색인 색채는 인간의 내부에 깊숙이 자리 잡고 있는 무의식적 충동을 자극시켜 억눌려 있던 공포, 기쁨, 슬픔, 갈등 등을 외부로 표출하여 자연스러운 정화 작용이 일어나게 한다.

미술치료에서는 색의 일반적인 상징, 심리적 진단 및 치료로서의 적용 가능성을 다룬다. 인간이 오랫동안 자연과 환경에서 체험하게 된 원형으로 이루어져 있다. 미술치료에서는 색의 일반적 상징성을 읽어 내는 것이 중요하며, 그림에 나타난 형태와 주제, 유아·아동의 상황을 함께 고려하여 색이 주는 상징을 살펴보아야 한다. 다양한 인간의 감정은 여러 색으로 표현될 수 있으며, 같은 색이라도 다양하게 영향을 미칠 수 있다. 미술치료 상황에서는 색의 일반적 상징성을 읽어 내는 것이 중요하며, 그림에 나타난 형태와 주제, 유아·아동의 상황을 함께 고려하여 그러한 상호관계 속에서 색이 주는 상징도 살펴보아야 한다. 어느 하나 무의미한 색은 없으며, 색의 영향은 주변 색의 관계에서 결정한다. 즉, 색채란 물리적·심리적·사회학적인 측면을 동시에 가지고 있는 통합체로, 색채와 관련하여 인간의 반응을 연구하는 심리학이 중요한 분야로 떠오르고 있다.

색채는 자라나는 어린이에게 매우 중요한 부분이다. 어린이는 항상 마음속 생각을 표현하려는 욕망이 있지만, 감정을 말이나 글로 충분히 전달하지 못하기 때문에 색채를 통해 자신의 내면세계와 그들을 둘러싸고 있는 주변 환경을 표현한다.

유아는 선과 형, 색을 이용하여 그림을 그리는데, 그들의 색에 대한 반응은 비교적 예민하다. 이는 인간의 본능과 관계가 있는 것이라고 할 수 있다. 유아는 성장해 가면서 색을 정확하게 지각하고 사용하는 능력이 점차 증가하게 된다.

유아는 색을 여러 경험과 과정을 통해 인지하며, 그중에서도 음식과 아주 밀접하다. 오렌지의 색이라든지 딸기의 색, 사과의 색 등은 쉽게 익힌다. 주변 환경에서부터 알게 된 색채는 그 범위가 하나둘 차츰 넓어지게 되며, 자동차의 색, 옷의 색 등도 알게 된다. 다만, 색을 알고는 있으나 그림을 그릴 때는 엇갈리게 표현되는 경우도 있다.

2) 유아·아동의 발달과 색채

한 연구에 따르면, 아동은 자신이 선호하는 색의 환경에서 작업할 때 최상의 결과를 얻는 것으로 나타났다. 좋아하는 색의 환경에서 과제를 더 짧은 시간 내에 끝낼 수 있었고, 과제를 실행하는 중 실수하는 횟수도 더 적었다. 이 연구는 학습 자료를 제작하고 학습활동을 할 때 아동이 선호하는 색을 고려한다면 그 결과가 상당한 결실을 가져올 것이라는 증거가 된다.

학자들의 연구 결과가 반드시 맞다고는 할 수 없지만, 색깔의 심리적 의미에 관한 연구 중 대표적인 연구 보고인 로웬펠트의 색 개념의 조사를 살펴보면 〈표 Ⅳ-4〉과 같다.

표 Ⅳ-4 유아·아동의 발달과 색채

내용(연령)	색깔 개념
난화기 (2~4세)	• 아직 색의 개념은 분명하지 않다. • 색을 보고 그리는 것이 아니고 그리고 싶은 충동 자체에 뭔가 손끝이 이끌려 끄적인다. • 한두 개의 색으로 처리한다. • 색보다는 그냥 끄적인다는 개념이 더 앞선다.
전도식기 (4~7세)	• 대상을 놓고 어떤 색깔로 표현할 것인가를 생각한다. • 색채보다는 대상의 묘사에 충실하고자 더 노력하는 경향이다. • 대상의 색채는 변할 수 있다. • 대상을 놓고 색칠하는 과정에서 개인의 어떤 의식은 우리가 생각하는 것처럼 어떤 의미를 깊이 갖는 것은 아니다. • 유아들의 색채는 심리 상태와 무관하지 않지만 강한 인상을 받았다던가 좋아하는 색깔은 애용한다.
도식기 (7~9세)	• 대상과 색깔과는 자연스러운 관계를 맺는다. • 대상과 똑같게 그리지 않을 때도 있다. 맑은 하늘도 보았지만 안개 낀 하늘도 본 적이 있고 노을진 하늘도 보았기에 여러 형태의 하늘이 나타날 수 있다.
여명기(또래집단기) (9~11세)	• 원근법, 3차원적 공간 표현, 명암 등에 관심을 많이 가진다.
의사실기 (11~13세)	• 고정적인 색 관념으로 봐서는 곤란하다. 틀에서 벗어나 자연스러운 형태로 변모해 간다.

3) 유아·아동과 색채별 심리분석

색채에는 과거의 경험과 감정과 관념이 들어가 있다. 그림은 조형적 표현일 뿐만 아니라 성격과 마음 세계, 욕구, 문제행동, 가족관계, 대인 관계의 투사이기도 하다. 특히, 그림에서 정서 생활의 성질이나 그 표출 강도를 잘 반영하는 것이 색채라고 할 수 있다. 유아는 색에 대한 반응이 비교적 예민하며, 그림 속에 나타난 특징적인 색채는 유아의 감정과 정서를 무의식적으로 드러내는 경우가 많다.

색채심리의 연구는 인간심리를 이해하는 데 있어 중요한 요소로, 특히 유아·아동의 정서적 발달, 즉 인격 형성이나 지적 기능에 관한 고찰을 가능하게 한다. 심리학 측면에서는 성격과 발달 단계를 알기 위한 수단으로, 의학계에서는 여러 실험을 통해 정신질환자를 치료하는 것으로 유용하다는 것을 밝혀냈다.

알슐러(R. Alschuler)와 해트윅(S. Hattwwick), 램케(Lembke), 리드(Read), 김재은 등은 아동화에 나타난 색채를 연구하여 분석하였으며, 그 내용을 참고하여 재정리하였다.

(1) 색채 사용 유형과 일반적인 심리분석

표 Ⅳ-5 색채 사용 유형과 심리분석

색채 사용 유형	심리분석
난색을 즐겨 쓰는 어린이	일반적으로 자유롭고 감정적인 행동과 따뜻하고 애정적인 관계를 가지며, 다른 사람에 대해서는 동정적이며, 놀이에서도 협동적이고 잘 적응하는 것으로 나타난다. 애정에 대한 의존 및 욕구, 마음의 갈등이 강하며 유동적이다.
한색을 즐겨 쓰는 어린이	자기 스스로 자제하며 지나칠 정도로 순응하는 경향이 있다. 또한, 비판적이고 자기주장이 강하고 지적인 일에 흥미를 가지며, 계획을 세워 행동하고 확고한 의지를 가지고 있다. 다른 사람에 대해서 공격적이고 자기 생각을 솔직히 털어놓지 않는 것으로 나타난다.
혼색을 많이 쓰는 어린이	감정의 표현에 거침이 없으며 자유롭게 자신을 나타내거나 적극적인 성격이다. 지적 수준이 높거나 사물이나 상황에 대한 판단력이 뛰어나 적절한 대응을 잘하며, 다른 유아와 잘 융화되어 친구들 사이에서 인기가 있는 경우가 많다.
색을 적게 쓰는 어린이	감정적인 적응이나 생활 경험의 부족으로 창의적인 표현이 부족한 경우다. 고집과 망설임이 많고 적극성이 떨어지는 유아에게서 볼 수 있다. 지능이 높거나 낮다.
색을 많이 쓰는 어린이	쾌활한 성격으로 자신감이 있다. 단점으로는 집중력과 인내심이 부족하거나 성격의 변화가 많다.

(2) 색채 대비에 따른 심리

표 Ⅳ-6 색채 대비에 따른 심리

	공포심		유아적 퇴행과 성장하려는 욕구와의 갈등, 근심, 걱정
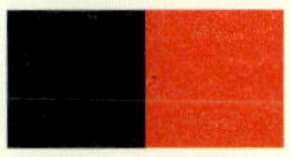	양친 사이에 심적 거리감, 성적 호기심, 어머니의 꾸지람, 부재, 사망		어머니에게 불만, 열등감
	극도의 애정 결핍, 도벽		부모의 요구 수준이 높음
	아버지의 꾸지람, 부재, 사망		파랑을 더 강조 시 강한 기본 욕구를 승화시켜 표현, 초록을 더 강조 시 강한 기본 욕구의 승화 결핍 혹은 의식적 회피
	반목, 학대, 계모	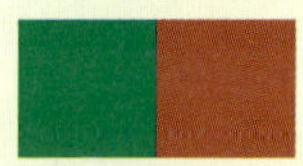	대·소변 문제
	인간관계 조화감이 낮음, 강한 반항심, 체념, 심술		인간관계 조절감 나쁨, 질투, 선망, 공격 또는 불만과 억제 사이의 갈등
	어머니의 병적 히스테리		불결, 우둔
	적개심, 공포감, 부모의 히스테리에 번민, 애정 불만 상태		깨끗이 하려는 욕구와 더럽히려는 욕구와의 갈등, 대·소변 가리기에 문제가 있음
	승인받고 싶은 욕구		부상, 실패감, 가해적, 죄의식
	출혈, 월경		질병, 상해 시의 고독감

4 푸드아트테라피

1) 푸드아트테라피란 무엇인가

푸드아트테라피(FAT : food art therapy)는 food(음식)와 art(예술), therapy(치유)의 합성어로, 음식 재료를 매개체로 스스로 창의적인 작품을 만들고 의미를 부여하면서 자아도 찾아가고, 마음의 힘도 기르는 자연 치유적인 심리치료의 한 방법이다.

음식은 일상에서 늘 가까이하는 것인 만큼 자신만의 독특한 세계를 표현할 수 있고, 함께 모여서 공동 작품을 통해 의사소통의 기술과 건강한 인간관계를 유지하는 데 효율적인 대안이라고 본다.

즉, 푸드아트테라피를 통해 생활의 기본 능력과 함께 마음의 힘을 길러 주는 것이다. 특히, 어릴수록 오감에 자극을 주면 중추신경으로 전달해서 지적 능력이나 인간의 도덕성 함양까지 교육적인 효과가 나타남을 알 수 있다. 치료라는 단어 자체의 의미가 정상아를 대상으로 적절하지 않은 것 같지만 전인적 성장 발육을 위한 교육이 치료교육이다.

(1) 개발 배경

푸드아트테라피는 이정연(2006) 교수가 정보의 홍수 속에서 자기 정체감의 혼란을 겪는 사람을 위해, 지금보다 더 나은 삶을 위해 살아가고자 노력하는 이를 위해, 깊은 성찰과 자기존중감과 자기효능감을 회복시키기 위해 개발하였다.

(2) 푸드아트테라피의 의의

우리 조상은 대소사가 있을 때마다 동네 사람이 함께 모여 음식을 장만하고, 음식이 가져다주는 즐거움과 수다를 통해 스트레스를 해소하고 정서적 안정 및 마음의 벽을 허물어 가는 경험을 나누었다. 이렇듯 푸드아트테라피는 전문적인 교육을 받지 않아도 작품을 완성할 수 있다는 점과 사소한 재료이지만 음식을 먹고 난 후 남은 재료를 가지고도 내면의 세계를 즐겁게 표현할 수 있고, 작품활동을 통해 개인의 문제를 인지하고 정서·행동의 변화를 가져올 수 있다. 또한, 자아 성장과 자기 효능감을 높일 수 있다는 데 의의가 있다.

(3) 자기효능감과 푸드아트테라피

자기효능감은 특정 영역에서 목표를 달성하기 위해 요구되는 활동을 실행하려는 자신의 능력에 대한 주관적인 믿음이다. 아무리 능력이 있다 해도 자기 능력에 확신이 서지 않으면 일을 추진할 동기 부여가 되지 않으며, 작은 난관에도 쉽게 좌절하고 목표를 향해 나아가지 못한다. 자기효능감이 높은 사람은 자신의 능력보다 조금 더 힘든 일일지라도 성취하고자 하는 의욕을 가지고 인내와 끈기로 일을 수행하여 실제 자신이 원하는 목표를 달성하게 된다. 자기효능감이 삶의 질을 높이는 데 실질적으로 영향을 준다는 연구 결과는 학업, 스포츠, 정신건강 등 여러 방면에서 입증되고 있다.

푸드아트테라피는 창의적인 작품을 만들어 작품에 의미를 부여해 보면서, 심리적으로 즐거움과 해방감을 경험하고 위축된 잠재력을 신장하는 다양한 활동으로 구성되어 있다. 지금, 여기에서의 창의적인 경험은 개인의 인지, 정서, 행동에 동시적으로 변화를 가져와 다른 삶의 영역에서도 활기 있게 참여하고 추진하는 계기를 마련해 준다. 푸드아트테라피는 단기간에 작품을 만들고 해체하고 재구성하는 일련의 과정을 거치면서 다른 치료에 비해 자기효능감의 변화 정도가 상대적으로 높다고 판단된다.

(4) 통합 예술로서의 푸드아트테라피

푸드아트는 식품을 도구로 하여 자신의 내면세계를 감성적으로 표현하는 예술의 한 장르이다. 푸드아트테라피는 음식에 사용되는 다양한 재료를 이용하여 심리치료를 하는 통합적인 예술치료이다. 로저스(C. Rogers)의 딸인 포저스(C. Fogers)가 심리학에 표현예술치료를 도입한 이유로 한 가지 양식의 예술이 다른 양식의 예술을 자극하고 육성함으로써 다양한 예술의 상호 교직성과 창조성이 자기 분석과 자기 통찰을 이끌어 주는 점을 들고 있듯이, 서로 연결되고 불러일으키는 공감각의 경험을 예술의 정상적인 특성으로 볼 수 있다.

푸드아트테라피는 오감을 자극하는 놀이와 예술, 그리고 심리치료가 연속적으로 진행되는 마당극과 같으며, 통합 예술로서의 위치를 지니게 된다.

(5) 푸드아트테라피의 장점

① 음식이라는 친화적인 소재가 정서적 안정감을 줄 수 있다.
② 다양한 표현 방법을 통해 나의 느낌과 상대방의 느낌을 교류할 수 있다.
③ 매체를 선택함에 있어 누구나 쉽게 구할 수 있으며 매체 자체가 꾸밈이 없어 편안함을 준다.
④ 자신에게 속한 문제들을 알아차릴 수 있으며 정서적인 문제들을 극복하는 데 도움을 준다.
⑤ 각자 작품 속의 의미를 나누면서 주변의 다양한 반응과 지지를 얻을 수 있다.
⑥ 서로의 작품에 대한 피드백을 통해 함께 깨닫고 성장하는 계기가 된다.
⑦ 작품을 만드는 과정에서 해체가 용이하며 다양하게 작품을 재구성할 수 있다.
⑧ 하찮은 음식 찌꺼기라도 훌륭한 작품으로 탄생하는 것을 보며 자기 존중감을 기를 수 있다.
⑨ 자신의 작품 속에서 스스로 문제를 풀어 나가는 모습을 통해 자신감을 얻을 수 있다.

⑩ 실생활의 음식을 매체로 사용하므로 대화가 적은 사람도 즉각적인 이야기로 이끌어낼 수 있다.

2) 푸드아트테라피의 교육적 가치

(1) 놀이, 창의성과 심리치료

위니컷(Winnicott, 1974)은 "아동이나 성인이 창의적이고 전인적이 될 수 있는 것은 놀이를 하면서이며, 놀이할 때뿐이다. 그리고 개인이 자기를 발견하는 것은 오직 창의적인 상태에서만 가능하다(p. 63)."라고 언급하면서, 성인 심리치료에서 '자기에 대한 감각(a sense of self)'과 관련하여 놀이의 중요성을 처음으로 인정하였다. 제도적이고 기계적인 틀에서 벗어나 식품 재료를 다루며 놀고, 자기만의 미학을 발견하는 과정에서 우리는 자아성장의 가능성을 확인하게 된다.

창의적인 해석이나 의미를 재구성해 가는 치료자와의 대화를 통해 푸드아트테라피는 유희로 시작하여 자신의 내면과 만나고 새로운 가능성을 발견하는 과정에까지 이르게 된다.

3) 푸드아트테라피 적용 프로그램

(1) 푸드아트테라피 교육계획안

표 Ⅳ-7 푸드아트테라피 주제별 교육계획안

주제	재료 및 내용
나	뻥튀기 과자와 채소로 나를 표현
우주 속의 나	귤, 쌀 등을 이용해 우주와 우주 속의 나를 표현
우리 집	식빵과 색깔이 있는 과자를 이용해 가족을 표현
사랑하는 나의 가족	가족구성원을 뻥튀기로 표현
우리는 한가족	주먹밥과 채소로 가족애를 표현
가장 듣고 싶은 말, 자주 사용하는 말	밀가루 반죽을 이용해 뇌를 시각화하고 긍정적인 사고를 통해 스스로 긍정적인 언어를 사용할 수 있도록 표현
나의 꿈	빵을 주재료로 하여 나의 꿈을 표현
나에게 주고 싶은 선물	소금, 초코파이를 이용해 나에게 주고 싶은 선물을 표현
상상 속의 새	과자와 곡식을 이용해 상상 속의 새를 표현
고구마 배	고구마와 빼빼로를 이용하여 여러 배를 표현
만다라	과자와 사탕으로 만다라를 표현

(2) 실제 사례

① 주제 : 나

② 주제 : 우주 속의 나

③ 주제 : 우리 집

④ 주제 : 사랑하는 나의 가족

⑤ 주제 : 우리는 한 가족

⑥ 주제 : 내가 가장 듣고 싶은 말, 자주 사용 하는 말

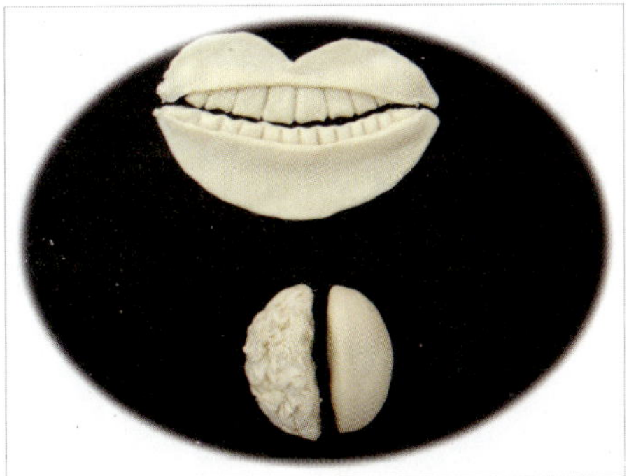

⑦ 주제 : 나의 꿈

⑧ 주제 : 나에게 주고 싶은 선물

⑨ 주제 : 상상 속의 새

⑩ 주제 : 고구마 배

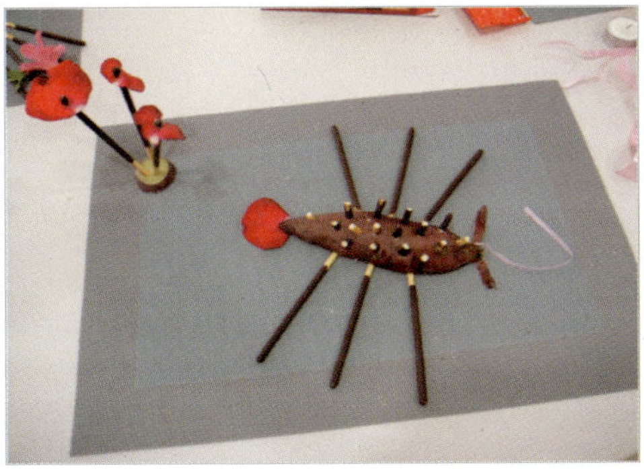

⑪ 주제 : 만다라

V

CHAPTER

기법과 매체에 따른 작품심리분석

제목 : 세상을 바라보다
작가 : 이기원
크기 : 62×36×10cm
재료 : 화강석 + 철 + FRP
제작 : 2016년

1 동그라미 가족화

• 사례 1 : 주의력결핍 아동

그림 V-1 7세(여), A4, 연필과 색연필

다소 불안정한 느낌는 그림으로 가족들이 일정한 간격으로 벌어져 있다. 이것은 모두가 자신의 일로 바쁘게 움직이고 있다는 표현으로, 아침과 저녁 2번 얼굴을 보는 대개 맞벌이 가정이나 모두가 바쁘게 생활하는 가정에서 잘 나타난다.

자신을 가운데에 그리고 엄마와 아빠 사이의 거리가 먼 것은 바쁜 엄마와 아빠 사이에 대화가 충분하지 않으며, 부모가 가정일을 등한시하는 느낌을 나타낸 것이다. 자기 고집대로 하려는 무서운 아빠는 검은색으로 칠했다. 그래도 엄마를 자신과 가까이 그린 것은 엄마에 대한 애착으로 보이지만 몸을 빼는 듯한 엄마에게서 기대만큼의 적극적인 면이 부족해 보인다.

모든 가족에게서 코가 보이지 않는 것은 애정표현, 자기 생각 등의 감정을 표출하지 않고 자재하고 있다는 표현이다. 가족들과 한 자리에 모여 평소의 불만을 말하고 싶어도 아빠가 말을 하지 않으려고 하고 어떤 일을 하자고 해도 움직이지 않아 아이가 중간에서 갈팡질팡하고, 우울해 보이기도 하며, 스트레스도 많이 받는 것 같다.

• 사례 2 : 주의력결핍 아동

그림 V-2 5세(여), A4, 연필과 색연필

엄마를 가장 크게 그렸으며 가족 모두가 공주 같이 예쁜 자신을 바라본다고 생각하고 있다. 구두를 신은 엄마와 자신은 매우 활동적이며 가깝다는 표현이다.

모두 목이 없으나 자신만은 목을 그렸다. 자신은 생활을 잘 하고 있으나, 가족이 자기 뜻대로 움직여 주지 않음을 나타낸다. 그러나 손가락을 편 듯 그려진 부모는 자신(피검자)의 애정표현이나 요구를 다 수용하지만, 뒤쪽에 있는 동생은 그렇지 못하다. 마치 주먹을 쥔 것 같은 표현에서 다른 가족과 사뭇 대조적이다. 머리카락을 지운 흔적도 보인다. 매우 진하게 칠한 머리카락의 강조는 여성적인 아름다움을 표현한 것이지만 동생과 엄마 사이의 벽을 만들기 위한 의도일 수도 있다.

2 난화 – 색연필

• 사례 1 : 17개월(남)

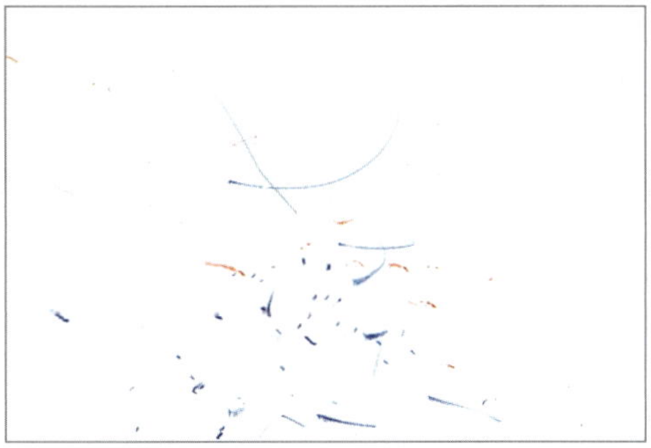

그림 V-3 17개월(남), A4, 색연필

발달은 양호하다. 매우 짧은 점, 선들이 신경질적으로 보인다. 12개월을 막 넘은 영아가 종이 위에 점이나 선을 찍었다는 그 자체만으로도 자기표현의 시작이라는 출발점이 된다. 초기의 난화는 대개가 손목을 움직여 그으며 손과 팔의 통제가 잘 되지 않기에 종이 밖으로 넘어가는 선들이 많이 보이는 것 특징이다.

선을 긋는 행위에는 어떤 목적이 있는 것이 아니다. 하얀 종이를 인지하고 짧은 시간이라도 집중했다는 것과 새로운 것에 대한 흥미와 자극을 주는 것으로 만족해야 한다.

• 사례 2 : 20개월(여)

그림 V-4 20개월(여), A4, 색연필

발달은 매우 양호하며, 속도감 있는 굵은 가로선은 자신의 주장이 강하다는 것과 매우 급하고 활달한 성격을 나타낸다. 이런 면은 엄마는 물론 친조부모님조차도 통제하기 힘들다고 한다. 또한 집에서의 엄격한 통제는 밖에서 또래에게 화풀이를 하게 되는 동기가 된다. 영아부터 이어져 온 과잉보호식 잘못된 양육이 원인으로 최근 엄마에 대한 믿음이 부족해져 애착이 더욱더 증가되어 나타난 현상이다.

급한 선과 점은 자신의 감정표현을 즉흥적으로 발산하려는 강한 반항과 조급함을 나타내고 있다. 화가 나면 자신의 얼굴을 손으로 긁거나 소리를 지르고 심지어 또래를 때린다고 한다.

• 사례 3 : 27개월(남)

그림 V-5 27개월(남), A4, 색연필

발달은 양호하지만 종이의 아랫부분에 힘없이 둥글고, 작게 그려진 도형들은 많은 생각과 함께 매우 소극적이며 우울한 감정이 복잡하게 뒤얽혀 있는 상태로 조심스럽게 행동하고 눈치를 보는 표현이다.

늘 가까이 있던 엄마가 직장을 갖기 위해 교육기간에 보내려고 하면서부터 이렇게 변했다고 한다. 요즘은 아빠도 싫고, 할머니도 싫다고 하며 오직 엄마하고만 같이 있으려고 하는데, 애착분리가 되지 않은 상태에서 환경이 변화되어 불안을 더욱 더 심하게 만드는 것이다. 녹색이 많이 보이는 것은 엄마와 같이 있는 시간이 많다는 것을 나타내며, 빨간색과 녹색의 대비는 이성에게 인기가 많다는 것의 표현이다.

• 사례 4 : 34개월(여), 양손 사용

그림 V-6 34개월(여), A4, 색연필(양손 사용)

발달은 양호한 편으로 매우 활동적이며, 생각도 많은 아이이다. 엄마와 떨어지면 불안이 심하며 급해서 집중력도 떨어지는 상태를 보이고 있다.

매우 진하고, 속도감 있는 선들과 점은 자기 생각이 강하다는 것과 부모가 통제하면 할수록 반항이 더 심하다는 표현이다. 부모의 통제는 마음의 스트레스로 쌓여 또래들을 괴롭히는 등의 화풀이로 변하고 있다.

평소 건강한 편으로 빨간색과 녹색을 좋아한다. 얼마 전, 집단으로 하는 미술수업에 참여했다가 감기를 옮아와 1주일 넘게 병원에 다니고 있다. 보라색은 잘 사용하지 않는 색으로 호흡기 질병과 관계된 것이다.

• 사례 5 : 38개월(남)

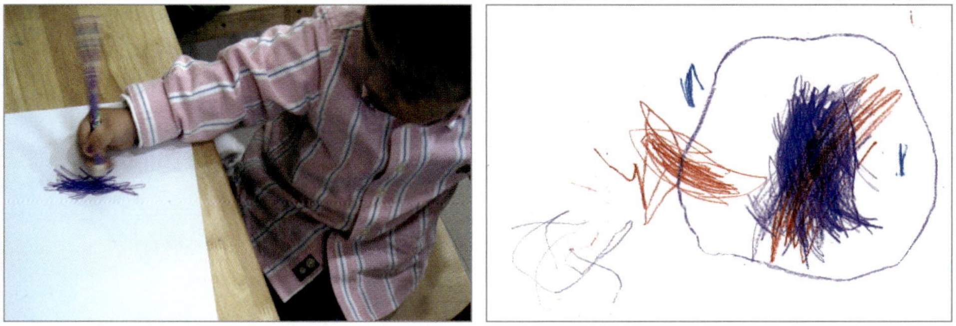

그림 V-7 38개월(남), A4, 색연필

발달은 양호한 편으로 매우 활동적이며 집중력도 좋은 편이다. 엄마에 대한 애착이 강하며 눈치도 매우 빨라 한두 번 말로 해서 통제가 되지 않는다고 한다.

커다란 도형을 그리고 내부를 여러 가지 색으로 칠한 것은 자기 생각을 제대로 전달하기 어려운 답답한 마음을 타나낸 표현이다. 2~3개월 전에는 장염에 자주 걸렸지만 요즘은 감기로 인하여 다시 장염에 걸린 것 같다. 보라색과 갈색의 대비는 질병으로 인한 일시적인 대장의 문제를 나타낸 것이다.

• 사례 6 : 47개월(여)

그림 V-8 47개월(여), A4, 색연필

발달이 저조하며 반항이 심한 상태로 엄마도 통제하지 못하는, 유치원에서도 집중하지 못하는 거부의 표현으로 퇴행이다. 활달한 남자아이 같은 성격이어서 외출 전에 엄마는 몇 번씩 주의를 주고 약속을 하지만, 말릴수록 더 하는 성격으로 끝내는 화장실로 끌려가 야단을 맞는다고 한다. 엄마의 과잉보호에서 오는 양육 실패의 경우로 볼 수 있다.

이 시기에 인물이 나오지 않는 것은 오직 자기중심적인 생활을 하겠다는 것으로 또래관계와 사회성 발달에 큰 장애를 초래한다. 검은색과 빨간색의 강한 대비는 산만함과 함께 다른 아이들에게 피해를 주는 것을 나타낸다. 또한, 타고난 기질적인 면도 강하며 감정 변화도 심해 특별한 관리가 필요하다.

3 가족 인물화

• 사례 : 초등학교 5학년(여)

그림 V-9 초등학교 5학년(여), A4, 연필+색연필

아빠는 화를 잘 내는 아빠는 킹콩, 엄마는 보석, 나는 인간, 7살 남동생은 자주 다툰다는 상징으로 아기 호랑이를 연상했다.

아빠는 목장에서 일하며 새벽 5시에 일을 나가는데, 요즘 들어 걸을 때 오른쪽 무릎이 아프다고 한다. 엄마에게 먹을 것을 달라고 조르다가 혼이 나는 남동생은 아빠와 닮은 자세로 그렸으며 왼손에는 사탕을 들고 있다. 이 사탕은 어린아이를 달래 주려는 의미와 '어림'의 상징이기도 하다.

손을 뒤로 하여 숨기거나 아주 간단히 표현한 것은 그림을 많이 접해 보지 않아 표현력이 떨어지는 사춘기 아동에게 자주 보이는 패턴이다.

4 물고기 가족화

• 사례 : 7세(여)

그림 V-10 7세(여), A4, 연필+색연필

아빠 물고기는 엄마 물고기의 위에 있으며 어항에서 가장 크게 표현되었다. 아빠 물고기의 입에서 엄마 물고기에게로 향하는 검은색과 공기 방울은 불만과 폭언에 가까운 말로 보인다. 엄마의 표정이 시무룩해 보인다.

가장 위쪽에 위치한 오빠 물고기는 집안에서 가장 자유로운 존재이며, 아빠 물고기의 앞쪽에 놓인 화려한 표현의 언니 물고기는 아빠의 사랑을 가장 많이 받고 있음을 나타낸 것으로 자신과 갈등관계인 경우가 많다.

상대적으로 엄마 물고기의 아래에 위치한 자신을 아기라고 작게 표현해 좀 더 어려져서 사랑과 귀여움을 받고 싶어 하는 유아적인 상태를 나타낸다. 이러한 표현은 아동이 환경에 적응하기 힘든 상태일 경우가 많다.

그림 전체가 답답해 보이는 것은 아이가 느끼는 가정적인 환경이 답답해 보인다는 것이다.

5 K–HTP

• 사례 : 초등학교 2학년(남)

그림 V–11 초등학교 2학년(남), A4, 연필

숲속에서 통나무집을 짓고 생활하는 남자는 아침에 일어나 산책을 한다고 한다. 공기가 맑은 숲속에서 자급자족하며 살아가는 조용한 여유로움이 느껴진다. 그러나 한편으로는 너무 복잡해서 답답하다는 생각마저 든다.

커다란 나뭇가지 위에는 새, 열매, 벌집 등이 공존하고 있으며 기둥의 왼쪽으로 곁가지가 나오고 있다. 자기과시이며 행동에 대한 통제가 제대로 되지 않아 돌출행동을 나타내는 것이다. 땅선(기선)을 분명히 그은 것은 불안에 대한 안정으로도 볼 수 있지만, 이 시기의 아동이 흔히 표현하는 패턴 중의 하나일 수도 있다.

반복되는 일정대로 움직이는 일상과 아파트의 답답한 생활에서 벗어나고 싶은 상상의 세계를 표현한 것 같다. 각각 독립된 통나무집은 간섭받고 싶지 않은 것에 대한 강한 표현일 수도 있다.

6 HTP

• 사례 1: 초등학교 6학년(여)

그림 V-12 초등학교 6학년(여), A4, 연필

부모는 맞벌이를 하며 사이가 좋지 않아 보인다. 아빠는 이른 출근과 늦은 퇴근으로 아이와 얼굴을 대하는 시간이 적다. 여성스러운 면이 많다. 오빠가 간섭을 많이 함으로 인하여 싸움이 잦은 편이다.

연못가의 한 마리 양은 우울하고 외로운 자신의 또 다른 상징으로 관심을 가져달라는 표현이다. 마치 사람의 얼굴을 닮게 표현한 집은 퇴행이며 더 어려지고 싶은 아동의 마음이다.

• 사례 2: 초등학교 4학년(남)

그림 V-13 초등학교 4학년(남), A4, 연필

아빠의 회사가 지방에 있어서 최근 2년까지 가족과 떨어져 살았다. 엄마는 집에서 공부방을 운영하며 자녀를 돌보기에 큰 문제가 없다고 말한다.

나뭇잎 전체가 구름 모양인 것은 아동이 얌전하고 예의 바른 성격임을 나타낸다. 기둥 중간 부분이 가늘고 끊어졌다 이어진 것을 보면 우유부단한 성격으로 보인다. 이러한 현상은 아동이 손목의 소근육을 사용했기에 나타난 표현으로 종이 전체를 인지하지 못한 것이다. 과거 부모의 과잉보호에서 오는 영향으로 주위 환경에 대한 적응력 부족을 나타낸 것이다. 얽혀 있는 가지의 표현을 보면 초등학교 고학년이 됨에 따라 현실에서 부딪치는 많은 고민과 생각이 복잡함을 알 수 있다.

자아는 건강하며 밖에서는 온순하고 순종적이나 집안에서는 욱하는 성격과 예민한 반응을 보인다.

• 사례 3: 초등학교 6학년(여)

그림 V-14 초등학교 6학년(여), A4, 연필

엄마는 전업주부로 아이들에게 신경을 많이 써 주는 것 같다. 모든 면에서 오빠가 잘한다는 말을 듣기 싫어하는 명랑한 아이이다. 또래보다도 얼굴이 그리 예쁜 편은 아니기에 항상 외모에 대한 콤플렉스가 있다.

7 ADHD

• 사례 1 : 5세(남)

그림 V-15 5세(남), A4, 연필+색연필, 〈무제〉

조금은 산만하기도 하며 배변훈련이 어려운 상태로 병원에서 ADHD라는 진단을 받았다고 한다.

선으로 형태를 그리는 것은 아동의 마음이며 설명으로 구체적인 형태가 표현되어야 한다. 그러나 아직 어리기에 알아보기 힘든 형태에 힘 있는 색칠만이 존재하고 있다. 강한 기질과 눈치를 보는 산만한 성격을 알 수 있는 부분이다. 어릴 때부터 부모의 과도한 기대감에서 오는 엄한 가정환경과 통제가 원인이다. 또한, 원에서도 일반적인 교육과 원칙만을 고집하기에 더욱더 깊어진 것 같다. 색칠공부를 하듯 빈틈없이 칠하기를 강요하는 것은 어린 남아에게는 매우 힘든 노동이며 스트레스일 수밖에 없다.

•사례 2 : 초등학교 2학년(남)

그림 V-16 초등학교 2학년(남), 8절, 연필+색연필, 〈바닷속〉

아이가 ADHD로 판정을 받고 나서 어머니는 매우 놀랐다고 한다. 그림의 형태가 작다고 이를 소극적이며 위축된 상태로 보면 안 된다. 오히려 급하고, 산만해서 야단과 통제가 일상화가 된 것이 원인이며 교사나 또래를 괴롭히는 아동이 더 많다.

조용한 담임교사의 기준에서 보면 아이를 매우 산만하고 정신이 없다고 생각할 수도 있다. 아동의 상태를 이해하지 않고 교사의 눈높이에서 보면 분명 이런 남아의 성향을 이해하기 힘들 수도 있을 것이다. 엄마는 조금 급하고 까부는 정상적인 남자아이의 성격이라고 생각했지 병원에 갈 정도로 심하지 않다고 생각하고 있다.

•사례 3 : 왼손 사용

그림 V-17 초등학교 1학년(남), A4, 연필+색연필, 〈스파이더맨과 칼을 든 나〉

평소 아이는 너무 산만하고 부산해서 여동생이 다니는 유아교육기관 교사가 ADHD로 보이니 진단을 받아 보라고 권유했다. 엄마는 집과 가까운 정신과 병원 입구까지 갔는데, 갑자기 아이가 손을 뿌리치려는 행동과 함께 자신이 뭘 잘못했기에 병원에 가야 하느냐며 울고불고 난리를 쳐서 결국은 그냥 집으로 와야만 했다고 한다. 그래서 결국 필자의 연구소로 오게 되었다.

엄마는 이 그림을 보며 상담이 끝나는 시간까지 눈물을 훔치셨다. 이 아이의 가장 큰 문제는 엄마의 무관심이었으며 아동은 관심과 사랑을 받고 싶었는데, 그렇지 못했다는 데 원인이 있었다. 부모뿐만 아니라 주변 사람에 대한 미움의 감정과 분노가 오랫동안 지속된 결과로 볼 수 있다.

칼을 들었다고 폭력성과 반항심을 내포하고 있다고 보면 안 된다. 누구나 이런 성향은 다 가지고 있는 평범한 것이다. 또한, 이 아동은 병치레도 거의 하지 않는 아주 건강하고 정상적인 아동이었다. 단, 공격적인 부분이 자주 나타난다고 했다.

8 과잉보호

• 사례 1 : 5세(여)

그림 V-18 5세(여), A4, 연필+색연필

교사인 엄마는 아이 때문에 3년간 휴직했다가 올해 복직을 했다. 직장이 멀리 있어서 아이가 유아교육기관의 종일반에 있다. 부모는 토요일과 일요일에는 가까운 곳에서 야외활동을 많이 하는 편이며 집을 예술 공간으로 만들다시피 했는데, 전지 4장을 깔아 주고 놀이를 하라고 했더니 일부분만 가지고 논다. 모든 활동을 놀이로 하며, 자신이 갖고 노는 물건을 절대로 버리지 못하게 하기 때문에 엄마의 잔소리가 많다.

자신을 그렸는데, 생각도 많고, 의욕도 있는 정상적인 발달을 보이고 있는 인물이다. 가슴의 하트는 엄마를 찾는 외로움을 나타내는 것이며 소근육의 발달이 다소 약해서 생기는 집중력의 저하를 보인다. 이는 손의 놀림이 빨라서 생기는 것으로 대근육 활동만을 강조한 놀이의 결과로 목이 없는 것과 연관이 있다.

• 사례 2 : 초등학교 1학년(여)

그림 V-19 초등학교 1학년(여), A4, 사인펜, 〈이사 가는 날〉

맑고 화사한 어느 봄날, 트럭에 짐을 하나 가득 묶어서 이사 가는 모습을 수성 사인펜으로 아주 조심스럽게 그린 그림에서 여린 아동의 마음을 읽을 수 있다. 무지개는 더 나은 삶을 향한 또는 무언가 그리워하는 마음을 상징하는 것이다. 평탄치 못하며 금방이라도 무너져 내릴 것 같은 한 줄의 땅과 그 위에 무거운 짐을 실은 트럭, 키 작은 나무를 지탱하고 있는 뿌리가 투명하며 연약하게만 보인다. 어쩔 수 없이 이사를 해야만 하는 현실을 거부할 수 없는 힘없는 자신을 작은 나무와 뿌리로 형상화한 것이다. 트럭의 앞을 막고 서 있는 노란색 꽃들은 장애물처럼 보이며 나무뿌리는 트럭의 반대로 뻗어 이사 가고 싶지 않은 마음을 표현한 것이다.

9 틱

• 사례 1 : 35개월(남)

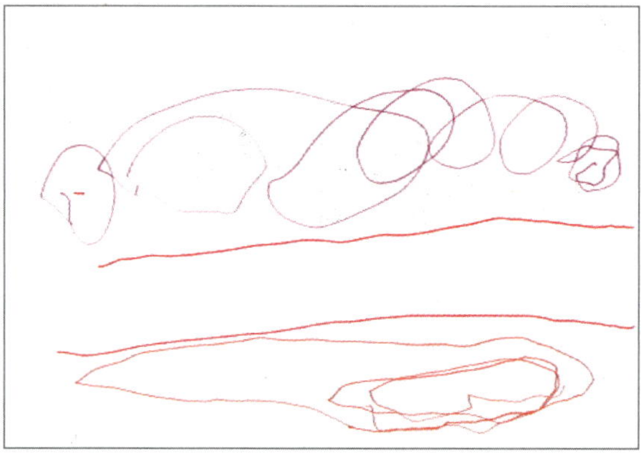

그림 V-20 35개월(남), A4, 색연필, 〈기찻길〉

집에서는 아주 활발한 아이로 모든 면에서 적극적으로 참여하는 편이다. 발달은 양호한 편으로 자유로운 사고와 활동, 그리고 건강함을 보이는 선과 색채의 그림으로 기차, 기찻길, 나무를 그린 것이다. 그러나 너무 산만하다는 주위의 말을 듣고 갑자기 돌변한 엄마의 강압적인 태도와 목소리에 심한 충격과 불안을 느꼈던지 눈을 심하게 깜박이는 증상을 보여 정신과 상담도 받았다. 독재형의 부모 밑에서 억압 속에 자라면 이런 틱이 발생할 수도 있다. 방임이 아닌 민주적으로 아이를 잘 키운다는 것이 얼마나 어려운 일인지 부모 역할도 훈련이 필요함을 새삼 느껴 본다.

• 사례 2 : 7세(남)

그림 V-21 7세(남), A4, 색연필, 〈로봇과 자동차〉

눈과 입을 씰룩거리는 현상이 가끔 보여 별로 대수롭지 않게 여기다가 3개월 정도 지나니 점점 심해져서 필자의 연구소를 찾은 사례이다. 스트레스를 많이 받고 있거나 아니면 엄마에 대한 불만 때문에 그런 것인지 궁금하다고 말한다.

요즘 남아들이 선호하는 로봇과 자동차를 그린 것으로 색칠에서 통제와 억압에서 오는 심한 스트레스와 강박 증세를 보인다. 이러한 방법은 남아를 내성적으로 만드는 지름길로 미술교육이 오히려 스트레스를 줄 뿐이다.

또한, 종이와 가까이 눈을 맞추는 자세는 시력을 저하시킬 뿐이다. 방문미술을 배운다고 하지만 그림은 즐겁게 그려야 하고 자세 또한 바르게 고쳐 주어야 한다. 그리고 아동의 특성에 맞게 지도해야 하는데, 부모나 교사의 마음에 들도록 무조건 꼼꼼하게만 칠하라고 가르치는 것이 미술교육이 아니다. 이 그림은 전형적인 학원의 관념화된 그림으로 보라색과 갈색의 대비는 장염에 걸려 있을 확률이 크다고 본다. 엄마는 입학 전이라 마음이 급해 학원을 다섯 군데나 보내고 있었다. 필자는 상담을 통해 먼저 학습량을 줄이고 아이에게 자유 시간을 줄 것을 당부했다.

10 반항장애

• 사례 : 초등학교 4(남)

그림 V-22 초등학교 4학년(남), A4, 색연필, 〈칼과 방망이를 든 경찰과 도망가는 도둑〉

녹색으로 아주 빠르고 간단하게 그렸다. 그림을 많이 그려 보지 않은 아이로 통제된 생활이나 학습에 전념하는 평범한 남아의 그림이다. 녹색은 어릴 때부터 통제된 생활에서 꼼짝 못하고 눌려 있어야만 하는 아동을 대변하는 색채이다. 동생이 2명 더 있다 보니 엄마는 폭언과 폭력으로 아이들을 통제하는 양육 방법을 선택한 것이다. 어느 날부터는 이유를 대며 반항하기 시작했으며 통제가 어려워지자 엄마는 눈에 보이는 것을 들거나 머리를 잡고 때리기에 이르렀다. 이러한 반항은 학교생활에서도 그대로 이어졌다. 칠판 글씨가 많은 날이면 "왜 칠판에 글씨가 많아요?" 하며 담임교사에게 큰소리를 치고 수업 중에 돌아다니는 등의 부적응이 심하다고 한다.

폭력은 폭력을 낳는다. 폭력의 피해자는 상처가 마음속에 억압된 응어리로 남게 되어 그것이 폭력적인 그림으로 표현되기도 한다. 또한, 또래들이 가까이하지 않는 상황으로 발전해 왕따 아닌 왕따로 인식되기도 한다. 인터넷에 떠돌아다니는 막대인물(졸라맨)은 자기 일에 최선을 다하기보다는 적당히 넘어가려는 안일함이 있다.

참고 문헌

강위영·이상복·이근매(2003). 발달장애아동을 위한 언어·행동치료의 실제. 서울: 교육과학사.

강정원(2002). 아동의 부적응 행동에 대한 유치원교사와 초등학교 저학년 교사의 인식 비교연구. 유아교육학논집, 6(1).

고정곤(2001). 한국화 기법을 활용한 추상적 심상 표현 연구 고등학교 한국화교육 중심으로. 미술교육논총, 11권. 한국미술교육학회.

고현(2005). 유아·아동 미술치료 심리 이해. 영·유아 정보연구소, 6-30.

____(2008). 유아의 문제행동 검사도구 개발. 조선대학교 대학원 박사학위 논문.

____(2009). 현대인의 정신건강과 푸드아트테라피. 한국푸드아트테라피학회.

____(2013). 푸드아트테라피가 청각장애 청소년의 자기효능감과 사회성에 미치는 효과. 예술심리치료연구, 9(4).

____(2014). 푸드아트테라피 프로그램이 지적장애 청소년의 자기효능감 및 사회성 향상에 미치는 효과. 예술심리치료연구, 10(1).

고현 외 공저(2017). 심미감 발달을 위한 미술교육과 미술치료. 서울: 정민사.

공마리아 외(2004). 미술치료개론. 서울: 동아문화사.

권기딕·김동언·최외신(1993). 가족미술치료의 이론과 실제. 서울 : 특수교육.

____________________(2000). 가족미술치료. 서울: 동아문화사.

권상구(2001). 아동미술교육. 서울: 미진사.

권준범(2002). 미술심리치료 검사를 활용한 미술교육 프로그램에 관한 연구. 홍익대학교 대학원 박사학위논문.

김경연(1987). 부모의 아동평가, 자아존중, 양육태도와 아동의 자아 존중과의 관계. 부산대학교 박사학위청구논문.

김계현(2001). 학생들의 자존감 발달지도. 상담과 선교.

김동연(2000). 재활심리학개론. 서울: 동아문화사.

______(2003). 아동임상미술치료. 서울: 학지사.

김동연·공마리아·최외선(2002). HTP와 KHTP심리 진단법. 서울: 동아문화사.

김동연·이성희(1997). 결손 가정 아동의 자긍심 강화를 위한 집단 미술치료. 미술치료연구, 4(1).

김동연·정현희(2002). 동그라미 중심 가족화에 의한 심리진단과 치료. 대구: 대구대학교 출판부.

김동연·최외선(1997). 아동미술치료. 한국미술치료학회 제17회 연수회자료집.

김미경·최영해·장은희·이혜정. 아동미술치료. 경기: 파워북.

김상숙(2007). 우리 아이 성격별 교육 백서. 서울: 상서각.

김선주(2004). 발달장애아동을 위한 집단프로그램이 사회성 향상에 미치는 효과. 신라대학교 석사학위논문.

김선현(2006). 마음을 읽는 미술치료. 서울: 넥서스 books.

______(2009). 임상미술치료학. 서울: 계축문화사.

김성애·홍은숙 역(2004). 특수교육 심리학. 경기: 양서원.

김송은(2005). 공부 잘하고 싶으면 혼자서 공부해라. 서울: 한스미디어.

김은숙(2005). 콜라주 기법 적용이 ADHD 아동의 행동과 심리변화에 미치는 영향. 국민대학교 석사학위논문.

김은영(2000). 미술작업환경유형과 과제선택유형이 유아의 사회·정서발달에 미치는 영향. 성균관대학교 대학원 석사학위논문.

김재은·김동국· 여광응(1985). 인물화에 의한 간편 지능검사. 서울: 교육과학사.

김정(1995). 유아미술입문. 일지사.

김정숙·신지혜·손윤경(2009). 아동미술치료의 이론과 실제. 경기: 교문사.

김정희 역(2004). 현대 심리치료. 서울: 학지사.

김진숙(2003). 인간관계의 이론과 실제. 서울: 창지사.

______(2006). 미술치료학개론. 서울: 학지사.

김판수 외(2007). 공부의 절대시기 자기 주도 학습법. 서울: 교육과학사.

김현지(2006). 발달장애아동의 촉각중심 감각활동을 위한 미술치료매체 활용방안. 원광대학교 동서보완의학대학원 석사학위논문.

김희화(1990). 아동의 자아 존중감 구성 영역과 발달. 부산대학교 석사학위 논문.

노안영·강영신(2003). 성격심리학. 서울: 학지사.

두영란(2002). 난화 상호 이야기법이 ADHD아동의 부적응행동에 미치는 효과. 대구대학교 특수교육대학원 석사학위논문.

문정화·하종덕(2005). 창의성. 서울: 학지사.

박광숙(2005). 유아를 위한 창의적인 조형활동. 경기: 형설출판사.

______(2015). 영유아 미술교육. 경기: 양서원.

박은혜 외(2001). 장애 아동을 위한 미술교육. 서울: 학지사.

박정아(2016). 연간 미술교육 프로그램에 의한 유아미술 활동지도. 서울: 창지사.

백범영(2000). 한국화의 이해. 조형논총.

백양희·장영숙·고정자(1998). 자신감이 결외된 아동의 자존감 향상과 사회성 향상을 위한 미술치료 사례연구. 미술치료연구, 5(1).

백중열(2005). 전뇌계발을 위한 영재미술교육. 경기: 양서원.

______(2015). 아동미술교육과 심리. 경기: 공동체.

백중열·오현숙(2006). 교사를 위한 아동미술교육의 이해. 경기: 공동체.

보건복지부(2007). 아동상담현황. 보건복지부.

서수균·권석만(2002). 자존감 및 자기애 성향과 공격성의 관계. 한국심리학회지, 21(4).

성은현(2005). 자아 존중감. 일반적 자기 효능감과 창의적 인성의 관계. 아동학회지, 26(1).

성태제(2006). 연구방법론. 서울: 학지사.

송명자(2003). 발달심리학. 서울: 학지사.

신민섭(2002). 그림을 통한 아동의 진단과 이해-HTP와 KFD를 중심으로-. 서울: 학지사.

심영옥(2001). 한국미술의 사상과 예술세계: 유영국의 예술세계에 관한 연구. 현대미술연구소 논문집, 3, 68~95.

안동선(2000). 아동의 한국화 지도에 있어서 흥미 유발을 위한 표현활동 연구. 조형교육.

안선희(1992). 국민학교에서 한지작업을 통한 전통미술지도. 한국교원대학교 대학원 석사학위논문.

양경희(1997). 21C를 위한 열린 아동미술교육. 서울: 학지사.

양연숙·장혜자·김현지·김연주·송진영(2014). 영유아 미술교육. 경기: 양서원.

오가영(2006). Theraplay 기법을 적용한 미술치료 프로그램의 효과. 전북대학교 대학원 박사학위논문.

오승진(2015). 미술치료사, 심리상담사, 미술전공자를 위한 색채심리. 서울: 동문사.

유시덕(2005). 엄마·아빠 내 생각을 읽어주세요. 서울: 여름솔.

윤치연(2003). 발달장애의 이해(개념·원인·예방 및 진단기준). 경기: 형설출판사.

이겸노·손재식(1997). 빛깔있는 책들 Vol.22. 문방사우. 서울: 대원사.

이근매(1994). 풍경구성법에 의한 미술치료. 미술치료 연수회자료집, 제4회, 19-36.

______(2003). 정서·행동장애아동을 위한 미술치료의 실제. 서울: 교육과학사.

이부영(2006). 분석심리학: C. G. Jung의 인간심성론. 서울: 일조각.

이소은·권기남(2015). 아동미술. 경기: 양서원.

이숙·정미자·최진아·유우영·김미란(2004). 아동상담. 경기: 양서원.

이정연(2006). 푸드아트테라피. 서울: 도서출판 신정.

______(2008). 현대사회와 프드아트테라피. 한국푸드아트테라피학회.

이향(2000). 장르별 미술실기지도. 경기: 양서원.

이현(2001). 어머니-자녀 관계 향상을 위한 집단활동 프로그램-사회극과 집단미술치료를 기초로-. 한양대학교 대학원 박사학위논문.

임지향·조기연(2005). 미술치료가 발달장애아동의 자기표현과 대인 관계에 미치는 영향. 정신지체연구.

장연집 역(1994). 아동이 그린 가족화 분석. 경기: 교문사.

전경원(2005). 창의학(동서양의 하모니를 위한). 서울: 학지사.

전성수(2001). 어린이 미술의 과거와 현재 그리고 미래. 미술설계.

정보인·윤현숙(2000). 0~5세 발달단계별프로그램. 서울: 교육과학사.

정여주(2005). 미술치료의 이해: 이론과 실제. 서울: 학지사.

정현희(1992) 한국과 일본의 아동이 지각한 어머니 양육행동비교. 동의논집, 19.

______(1994). 동그라미 중심 부모 자녀 그림법을 통한 부모자녀 친밀도 측정의 타당화연구. 미술치료연구, 1(1).

정현희·오미경(1993). 청소년기 자녀의 부모에 대한 애착과 자아개념의 관계에 관한 연구. 대한가정학회지, 31(1), 85-95.

조미영(2011). 미술심리치료의 이해와 실제. 서울: 파란마음.

주리애(2000). 미술치료는 마술치료. 서울: 학지사.

_____(2004). 미술치료 요리책. 서울: 아트북스.

지근석(1999). 종이작업을 이용한 미술교육의 상향성에 관한 연구. 상지대학교 대학원 석사학위논문.

천성문·박순득·배정우·박원모·김정남·이영순(2006). 상담심리학의 이론과 실제. 서울: 학지사.

천은영·김경신·김영(2016). 미술치료. 서울: 동문사.

천은영·안라리·유수정·이명자(2010). 유아미술교육. 서울: 동문사.

최양미·김애자 (1998). 아이들의 그림나라-유아교사를 위한 생활 속의 유아미술지도서. 서울: 창지사.

최영희·이미옥(2004). 소조활동을 통한 집단미술치료가 청소년의 스트레스 감소에 미치는 효과. 미술치료연구, 11(2). 한국미술치료학회.

최외선·김갑숙·최선남·이미옥(2006). 미술치료기법. 서울: 학지사.

최외선·이근매·김갑숙·최선남·이미옥(2006). 마음을 나누는 미술치료. 서울: 학지사.

최외선·정현희(2004). 동적 가족화와 심리진단. 대구: 중문출판사.

최윤희·김갑숙·최외선(2005). 한국·미국의 미술치료연구 동향. 미술치료연구, 12(3), 507-542.

한경미(1995). 아동의 조형활동을 위한 재료 활용방법 연구. 성신여자대학교 교육대학원 석사학위논문.

하정연·김용환·백정이(2015). 자연친화적 접근의 유아미술교육. 경기: 공동체.

허혜경·류진순(2014). 누리과정에 기초한 유아미술교육. 서울: 도서출판 신정.

한국미술치료학회(1994). 미술치료의 이론과 실제 1(1). 서울: 동아문화사.

_____________(2000). 미술치료의 이론과 실제. 서울: 동아문화사.

_____________(2001). 미술치료의 이론과 실제. 서울: 동아문화사.

한국산업정보원·한국미술치료학회(2004). 미술치료연구총서. 대구: 한국미술치료학회.

한국청소년예술치료연구소(2016). 특수 아동·청소년 미술심리치료 사례분석. 서울: 컬처스토리.

Alschuler, R. H. & Hattwick, L. W. (1947). *Painting and personality*. A study of young children II. Chicago: University of Chicago press.

American Psychological Association(2002). *Diagnostic and Statistical Manual of Mental Disorders*(4th Ed.). Washington, DC: APA.

Ascota, M. I. (1989). *The Kinetic Family Drawing: A Development and Validity Study*. PH. D. Dissertation. Washington University.

Axline, V. M. (1973). Playtherpy. Bulletin books, inc. Ballard, R., Crino, M. D., Rubenfeld, S. (1988). Social Desirability Response Bias & the Marlowe-Crown Social Desirability Scale. *Psychological Reports, 63*(1).

___________ (1974). *Play Therapy*. Boston: Houghton Mifflin.

Ballard, R., Crino, M. D., Rubenfeld, S. (1988). Social Desirability Response Bias and The Marlowe-Crowne Social Desirability Scale. *Psychological Report*, *63*, 227-237.

Bee, H. (1978). *The Developing child* (2nd ed.). NY: Happer & Raw Pub. Lnc.

Bens, R. M. (1985). *Child, Family, Community*. NY: CBS College Publishing.

Bertalanffy, L. von. (1968). *General Systems Therapy: Foundation, Development, Application*. NY: Brazillier.

Betensky, M. (1973). Patterns of visual expression in art psychotherapy. *Art Psychotherapy*, *1*(2), Fall.

Brophy-Herb, H. E., Lee, R, E., Nievar, M. A., & Stollak, G. (2007). Preschoolers' social competence: relations to family characteristics, teacher behaviors and class climate. *Journal of Applied Developmental Psychology*, *28*, 134-148.

Brown, F. G.,(1976). *Principles of Education&Psychological Testing*. Holt, Rine-hart & Winston.

Buck, J. N. (1948). The H-T-P. *Journal of clinical child psychology*, *4*, 151-159.

________ (1948). The H-T-P technique: A qualitative and quantitative scoring manual. *Journal of Clinical Psychology*, *4*, 317-396.

Buck, R. E. & Provancher, M. A. (1972). Magazine picture collages as an evaluative technique: American *Journal of Occupational Therapy*, *26*(1). 36-39.

Burns, R. C. (1979). *Kinetic Family Drawings: Practice and research panel. Annual meeting of the american association of psychiatric services for children*. Chicago. NY: Taperecording. Audio transcripts Ltd.

__________ (1982). *Self-growth in families*. NY: Brunner/Mazel.

Burns, R. C. & Kaufman, S. F. (1970). *Kinetic family drawings (K-F-D): An introduction to understanding children through kinetic drawings*. NY: Brunner/Mazel.

__________________________ (1972). *Actions, styles and symbols in kinetic family drawings(K-F-D): An interpretative manual*. NY: Brunner/Mazel.

Colman, V. D. & Farris-Kufrene, P. B. (1996). *Art therapy & psychotherapy*. Washington, DC: Taylor & Francis.

Crain, W. C. (1980). *Theories of Development*. Prentice-Hall. Drawing C. N. Y :Brunner/Mazel.

Di Leo, J. (1970). *Young Children and their drawings*. NY: Brunner/Mazel.

Dickman, S. B. (1996). The Use of Art Therapy as a Predictor of Relapse in Chemical Dependency Treatment. *Journal of American Art Therapy Association*, *13*(4), 232-237.

Eng, H. (1954). *The Psychology of Children's Drawings* (2nd ed.). London: Routledge and Kegan Paul.

Erickson, G. D. & Hogan, T. P. (1981). *Family Therapy: An Introduction to Theory and Technique* (2nd ed.). monterey, C. A.: Books/Cole.

Flitton, B. & Buckroyd, J. (2002). Exploring the Effects of a 14 Week Person-Centred Counselling Intervention with Learning Disabled Children. *Emotional and Behavioural Difficulties*, *7*(3), 164-177.

Furth, G. M. (2002). *The secret world of drawings : a Jungian approach to healing through art*. Toronto, Canada : Inner City Books.

Gardner, H. (1980). *Artful Scribbles: The Significance of Children's Drawings*. NY: Basic Books.

Goodenough, F. L. (1926). *Measurement of intelligence by drawings*. NY : Harcourt, Brace and world Inc.

Hammer, E. F. (1969). Hierarchical organization of personality and the HTP, achromatic and chromatic In Buck, J. N. & Hammer, E. F. (Eds.) *Advances in House-Tree-person techniques : Variations and Application*. Los Angeles : Western psychological services, 1-35.

____________ (1971). *The clinical application of projective drawings*. Springfield, IL : Charles C Thomas.

Harris, D. B. (1963). *Children's Drawings as Measures of Intellectual Maturity*. NY: Harcourt, Brace & World, Inc.

Harter, S. (1983). Developmental Perspectives on self-esteem. In P. H. Mussen(ed.), *Hand-Book of child psychology*(4th ed.). Vol. 4.

Heineman, T. (1975). Kinetic Family Drawings of siblings of severely emotionally disturbed children. Tests Abstracts. School of Social Welfare, University of California at Berkeley.

Henricsson, L. & Rydell, A-M. (2006). Children with behavior problems: the influence of social competence and social relations on problem stability, school achieve-ment and peer acceptance across the first six years of school. *Infant and Child Development*, *15*, 347-366.

Hurwitz, A. & Day, M. (2001). *Children and their art; Method for the elementary school* (7th ed.). Orlando, FL: Harcourt College Publisher.

Jolles. I. (1952). *Catalogue for the qualitative interpretation of the H-T-P*. Call.: Western psychological services.

Jung, C. G. (1979). *World and image. Bollingen series XCVII*. Princeton, NJ : Princeton University Press.

Kagan, J. (1971). *Personality Development*. Harcourt Brace Jovanouvich Inc.

Kaufman, J. M. (2001). *Characteristics of emotional and behavioral disorders of Children and Youth*. NJ: Prentice-Hall.

Klepsch, M. & Logie, L. (1982). *Children draw and tell*. NY: Brunner/Mazel.

Koppitz, E. M. (1968). *Psychological evaluation in children's Human figure drawing*. NY : Grune and statton.

Kramer, E. (1975). *Art as therapy with children*. NY: Schocken Books.

________ (1998). *Art as therapy with children*. NY: Schocken Books.

Kutnick, P. (1978). Children's drawings of their classrooms: Development and social maturity. *Child Study Journal*, *8*, 175-185.

Landgarten, H. B. (1981). *Clinical Art Therapy*. NY:Brunner Mazel.

______________ (1987). *Family Art Psychotherapy*. A Clinical Guide and Casebook, NY: Brunner/Mazel.

Layton, M. C. (1984). Specific features in the Kinetic family drawings of children. Doctoral dissertation. Temple University. University Microfilm Internation 300N. Zeeb Road, Ann Arbor, MI 48106.

Lowenfeld, V. & John, A. M. (1982). *The Lowenfeld lectures : Viktor Lowenfeld on art education and therapy*. University Park : Pennsylvania State University Press.

Machiodi, C. A. (1999). Inclusive or exclusive. *Art Therapy: Journal of the American Art Therapy Association*, *13*(4), 150-151.

Machover, K. (1949). *Personality Projection in the drawing of the human figure*. Springfield, IL: C. C. Thomas.

Malchiodi, C. A. (1998). *The Art Therapy Source Book : Art marking for Personal Growth, Insight and Transformation*. NY: The Guilford press.

_____________ (2000). Authority or advocacy: Art therapy in service of self or others. *Art Therapy*, *17*(3), 158-159.

_____________ (2002). Medical Art Therapy with Children, London : Athenaeum Press (김동연·이재영·홍은주 역). 아동미술심리 이해. 서울: 학지사. (원전 출판: 1999)

Metzner. R. (1981). The tree as a symbol of self unfoldment. *The American theosophist*, Fall.

Mussen, P. H., Conger, J. J., Kagan, J., & Huston, A. C. (1990). *Child Development and personality* (7th ed.). NY: Harper & Row. Translated into Italian, Russian.

O'Hare, D. (1981 Eds.). *Psychology and the Arts*. New Jersey: Humanities Press.

Perry, D. G. & Bussey, K. (1984). *Social development*. Englewood Cliffs, New Jersey: Prentice-Hall.

Plokker, J. H. (1965). *Art from the Mentally Disturbed*. Boston: Little Brown.

Prout, H. T. & Celmer, D. S. (1984). School drawings and academic achievement : A validity study if the kinetic school drawing technique. *Psychology in the schools*, *21*, 176-180.

Prout, H. T. & Phillips, P. D. (1974). A clincal note: The kinetic school draawing. *Psychology in the school*, *11*, 303-306.

Reynolds, C. R. (1978). A quick scoring guide to the interpretation of children's Kinetic Family Drawings (KFD). *Psychology in the Schools*, *15*, 489-492.

Rorschach, H. (1942). *Psychodiagnostics: A diagnostic test based on perception* (P. Lemkau & B. Kronenberg, Trans.). Berne, Switzerland: Hans Huber.

Rubin, J. A. (1987). *Approaches to Art Therapy*. NY: Brunner/Mazel, Inc.

__________ (1999). *Art therapy : An Introduction*. Philadelphia, PA : Brunner/Mazel.

__________ (2001). The art of art therapy. NY : Brunner/Mazel. 미술심리치료총론 (김진숙 역). 한국표현예술심리치료협회. (원전 출판: 1984)

__________ (2006). Art Therapy: An Introduction. Taylor & Francis. 미술치료학 개론 (김진숙 역). 서울: 학지사. (원전 출판: 1999)

Saavedra, J. M. (1980). Effects of perceived parental warmth and control on the self evaluation of Puertorican adolescent males. *Behavior Science Research*, *15*, 41-54.

____________ (1987). Regulation of atrial natriuretic peptide receptors in the rat brain. *Cell. Mol. Neurobiol*, *7*, 151-174.

Ulman, E. (1992). Art Therapy: Problem of Definition. *American Journal of Art Therapy*, *30*.

Van Krevelen, D. A. (1975). On the use of a Family Drawing Test. *Acta Puedopsychiatria*, *41*, 104-109.

Wadeson, H. (1980). *Art Psychotherapy*. Canada: John Willey & Sons, Inc.

Williams, G. H. & Wood, M. M. (1977). *Developmental art therapy*. Baltimore: University Park Press.

저자 소개

고 현

조선대학교 대학원 교육학 박사
America L. A. Lordland Medical College/Hypnosis

경력

현) 조선대학교 사범대학 초빙교수/교육대학원 외래교수
광주예술심리치료 상담연구소장
전남도립대학교 유아교육과 겸임교수
힐링푸드아트 협회장/도형성격 상담협회장

전) 한국유아교육학회 광주 · 전남지회장
광주광역시 유치원 평가팀장
서영대학교 유아교육학과 겸임교수

논문 및 저서

창의적 문제해결 수업이 보건계열 대학생의 일상적 창의성과 문제해결능력에 미치는 효과(2016, 학습자중심교과교육학회)

예비중등교사의 자기주도 학습능력 및 창의적 리더십과 문제해결능력 간의 관계 분석: 자기효능감의 매개효과를 중심으로(2017, 학습자중심교과교육학회) 외 50여 편

사회복지사의 직업정체성과 조직몰입 관계에서 자아탄력성과 사회적지지의 매개효과(2021, 인문사회 21)외 50여편

매체를 활용한 영 · 유아미술교육과 미술치료(2008, 창지사)
신교육학의 탐색(2010, 동문사)
교육과정의 이해(2011, 학이당)
예비교사를 위한 실기교육방법론(2015, 정민사)
문제해결능력(2015, 정민사)
교직윤리와 안전교육(2016, 정민사)
심미감 발달을 위한 미술교육과 미술치료(2016, 정민사)
행동하는 심리학(2016, 한국과학심리센터)
안전교육학(2016, 한국과학심리센터)
생활지도와 상담(2017, 공감플러스)
심리학의 이해(2017, 학이당)
학교폭력예방 및 학생생활지도(2018, 공감플러스)
인간심리의 이해(2021, 공감플러스)외 12편

민형덕

국립 목포대학교 대학원 교육학 박사

경력

현) 세움교육심리연구소장
목포대학교/광주대학교 외래교수
하브루타교육협회 광주센터장
청소년 지도사, 정신보건 상담사, 에니어그램 전문 상담사 외 다수

논문 및 저서

행복누리카드를 활용한 인성교육 프로그램이 만 5세 유아의 공동체의식과 친사회적 행동에 미치는 영향(2015, 한국유아교육학회)
질문 중심의 하브루타 수업이 예비유아교사의 창의적 인성과 문제해결능력에 미치는 효과(2017, 학습자중심학회)
학습자 중심 질문수업이 비판적 사고성향, 창의적 문제해결능력 및 협력적 자기효능감에 미치는 효과(2017, 박사학위논문)
대학생이 인식한 학업 및 취업스트레스와 대학생활적응관계에서 회복탄력성과 사회적지지의 매개효과 (2020, 학습자중심교과교육학회)
하브루타학습에서 성취목표지향성과 학습만족도 관계 및 협력적 자기효능감과 사회적지지의 매개효과 (2021, 동아인문학회)

네 질문이 뭐니? (2019, 매일경제)
실전교회하브루타(2019, 두란노 서원)
룻기성경하브루타 (2020, 생각나무)
알기쉬운 교육심리학(2020, 공감플러스)
인간심리의 이해(2021, 공감플러스)

박광숙

계명대학교 예술치료학과 박사 수료

경력

현) 꿈그린아이 미술연구소 소장
계명문화대학 겸임교수
계명대학교, 대구보건대학교, 수성대학교 등 외래교수
한국아동미술심리치료학회 운영위원

논문 및 저서

유아미술교육의 이론과 현황 연구(1997)
유아를 위한 창의적 조형 활동(2005, 형설)
톡 톡 튀는 환경구성, 코너구성 그리고 모빌(2009, 다음세대)
영유아 미술교육(2015, 양서원)
유아 · 아동 영재 미술 프로그램 개발자(MBC 영재 창의성 교실)

박신희

조선대학교 대학원 교육학박사
UNIVERSITY OF THE NATIONS DTS 수료

경력

현) 조선간호대학교 강의전담 교수
조선대학교 교육대학원 외래교수
광주보건대학 외래교수
새봄심리상담연구소장
힐링푸드아트 전문가

논문 및 저서

지역아동센터 아동이 지각하는 사회적 지지가 아동의 자아탄력성에 미치는 영향(2015, 아시아교육연구)
지역아동센터내 배려관계 형성프로그램 개발 및 효과 연구(2016, 학습자중심교과 교육연구)
ADHD아동에 대한인지행동치료와 예술심리치료의 상담사례연구(2016, 한국예술심리치료학회)
지역아동센터 이용 아동과 구성원간 상호작용에서 나타난 '배움'과 '돌봄'의 질적사례연구 (2019, 박사논문)
대학생이 인식한 학업 및 취업스트레스와 대학생활적응관계에서 회복탄력성과 사회적 지지의 매개효과 (2020, 학습자중심)
유아놀이성과 사회정서발달관계에서 부모자녀 상호작용의 매개효과(2021, 동아인문학회) 외 다수

생활지도와 상담(2017, 공감플러스)
학교폭력예방 및 학생생활지도(2018, 공감플러스)
인간심리의 이해(2020, 공감플러스)
알기쉬운 교육심리학(2021, 공감플러스)

최은희

조선대학교 대학원 석사
중등학교 2급정교사 , 서양화 전공

경력

현) (주) 생각나무 이사
한국하브루타연합회 교육연구원
바스키즈 미술학원 원장
하브루타 부모교육강사
Thinking Art 질문놀이 연구소 소장
이코노아이 어린이 경제 시사 논술강사
한국하브루타연합회 교육연구이사
광주예술심리치료상담협회 미술치료 전담교수

제2판

미술교육과 미술치료

초 판 1쇄 발행 2018년 1월 31일
제2판 1쇄 발행 2022년 1월 7일

지 은 이 | 고현 · 민형덕 · 박광숙 · 박신희 · 최은희
펴 낸 이 | 김기섭
편 집 인 | 김민수 · 이상희
펴 낸 곳 | 창지사 www.changjisa.com
08589 서울시 금천구 가산디지털 1로 83 파트너스타워 1차 9층
전화 (02)719-2211~3
팩스 (02)701-9386
등 록 | 1977년 4월 28일 · 제1-421호

ISBN 978-89-426-1498-1 (93370)

값 19,000원